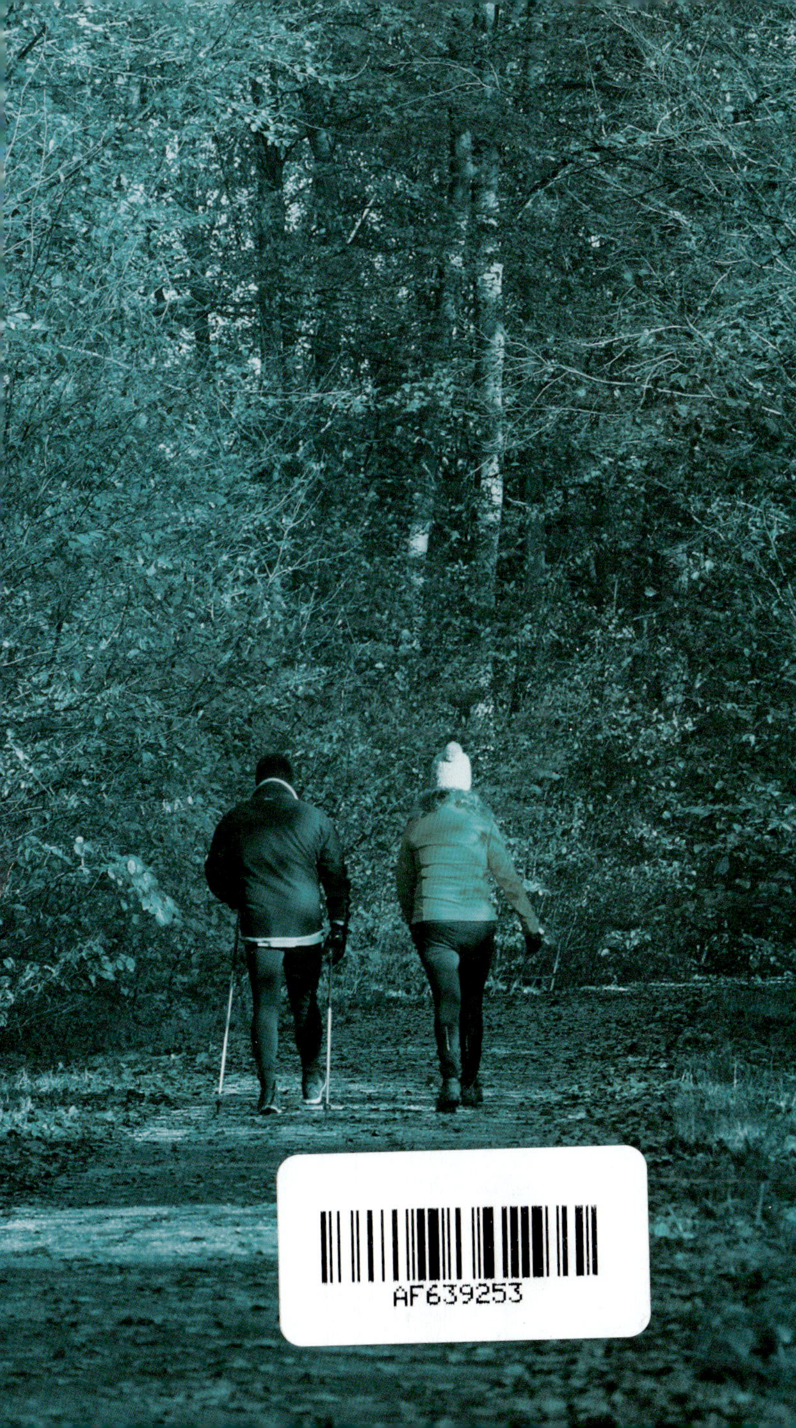

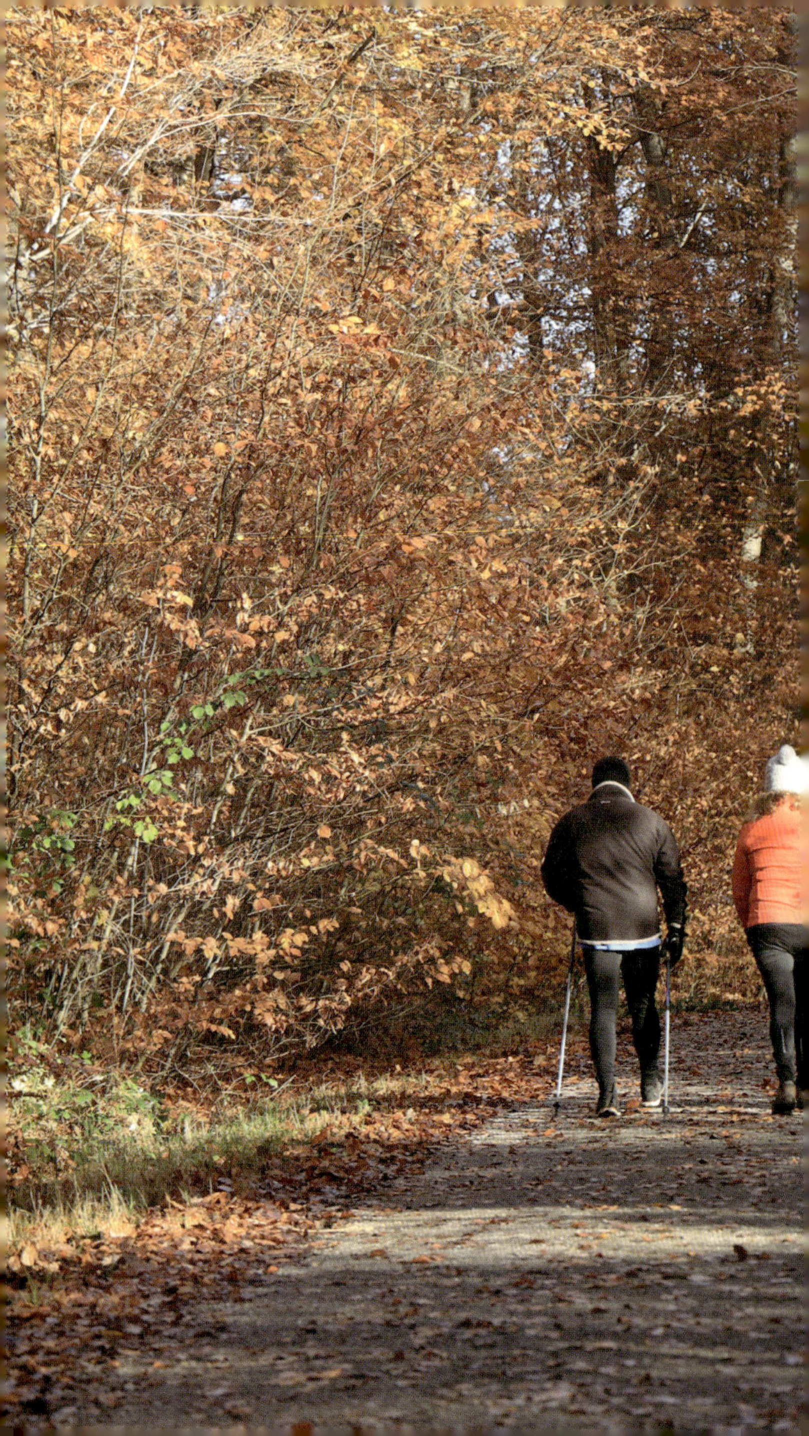

Dieter Buck

Wandern im Landkreis Esslingen

Die 30 schönsten Touren

verlag regionalkultur

Vorwort

Liebe Leserin, lieber Leser,

Sie wandern mit diesem Führer durch den Landkreis Esslingen. Dabei erwartet Sie eine wie nur selten zu findende abwechslungsreiche Landschaft mit verschiedenen Elementen.

Der Landkreis beginnt im Norden mit einem Teil des Schurwalds. Dieser Höhenzug ist das waldreichste Gebiet im Landkreis und mit kleinen, heimeligen Dörfern besiedelt. Südlich davon schließt sich das Neckartal an. Wie bei allen Zielen, in denen Wasser vorkommt, locken auch dort Wanderungen mit idyllischen Seen und Flussansichten. Auch ein großer Teil der Filder gehört zum Landkreis Esslingen. Hier wandern Sie zwar oft durch die flache Filderebene, es gibt aber schon Ecken dort, wo es etwas ansteigt. Dass diese Landschaft nicht nur aus den Feldern mit dem berühmten Filderkraut besteht, merken Sie an den Wäldern und den Streuobstwiesen, durch die unsere Wege führen.

Über das Albvorland, das uns oft weite Blicke auf den Albtrauf beschert, erreichen Sie schließlich die Albhochfläche. An deren Rand, dem Albtrauf, bieten sich herrliche Blicke sowohl am Trauf entlang wie auch weit hinaus ins Albvorland. Auch Burgruinen sind hier zu finden, die Sie auf den beschriebenen Touren aufsuchen werden.

Ich wünsche Ihnen viele erholsame und interessante Wanderungen, allzeit schönes Wetter und viele angenehme Begegnungen unterwegs.

Dieter Buck

Biosphärengebiet Schwäbische Alb

Vielfalt trifft Weitblick

Das am Albtrauf mit seinen ausgedehnten Hang- und Schluchtwäldern, Streuobstwiesen sowie auf der Albhochfläche mit ihren vielfältigen Wacholderheiden und bunten Blumenwiesen gelegene Biosphärengebiet Schwäbische Alb ist 85 000 Hektar groß. In ihm findet man eine historisch gewachsene und traditionelle Kulturlandschaft, und kaum an einer anderen Stelle in Baden-Württemberg existiert eine solche Vielzahl an Lebensräumen, seltenen Tieren und Pflanzen sowie kulturhistorischen Sehenswürdigkeiten. Das Biosphärengebiet wurde 2008 durch das Land Baden-Württemberg ausgewiesen und ein Jahr später durch die UNESCO zum ersten Mal zertifiziert.

Wie schon in diesem Buch beschrieben locken hier Wanderungen und natürlich auch Radtouren in atemberaubender Natur, weiter abenteuerliche Höhlen, Burgen und Burgruinen. Ebenso ein großes Thema des Biosphärengebiets Schwäbische Alb ist der Genuss – nicht umsonst setzen sich über 100 offiziell anerkannte Partner für eine hohe Qualität der Produkte und Dienstleistungen ein und tragen somit zum Erhalt unserer schützenswerten Kulturlandschaft bei.

Weitergehende Informationen über das Großschutzgebiet bietet das Biosphärenzentrum Schwäbische Alb. Dort findet man auf rund 450 Quadratmeter eine interaktive Ausstellung, die viel Wissenswertes und zugleich spannende Unterhaltung für Groß und Klein bietet.
www.biosphaerenzentrum.de
www.biosphaerengebiet-alb.de
Zusätzlich zum Biosphärenzentrum gibt es ein Netzwerk an weiteren Info- und Erlebniszentren:
www.biosphaerengebiet-infozentren.de

Die Touren

Am Rande des Schurwalds

Filder, Schönbuch und Aichtal

Neckar und Albvorland

Schwäbische Alb

blau = leicht, rot = mittelschwer, **schwarz** = schwer

ANLEITUNG

Die **GPX-Dateien** zu den Touren dieses Führers können Sie hier und auf verlag-regionalkultur.de herunterladen

GPX-TRACKS

Einleitendes

Der Landkreis Esslingen

Mitten im Zentrum Baden-Württembergs, der Landeshauptstadt benachbart und in einer der wirtschaftsstärksten Regionen Europas mit vielen innovativen mittelständischen Betrieben, darunter zahlreiche Weltmarktführer, liegt links und rechts des Neckars der Landkreis Esslingen.

Rund 540 000 Menschen leben in seinen 44 Städten und Gemeinden. Der Landkreis zählt mit rund 642 Quadratkilometern zu den flächenmäßig kleinsten und gleichzeitig zu den am dichtesten besiedelten Landkreisen in Baden-Württemberg. Trotzdem wurde mit ca. 286 Quadratkilometern fast die Hälfte des Landkreises unter Natur- und Landschaftsschutz gestellt, dazu findet man hier 670 Naturdenkmale.

Der tiefste Punkt des Landkreises ist der Wasserspiegel des Neckars bei Esslingen-Mettingen mit 229 m ü. NN, den höchsten Punkt mit 830 m ü. NN findet man im Brucker Hölzle bei Bissingen-Ochsenwang.

Trotz der dichten Besiedlung gibt es aber weite Bereiche mit einer faszinierenden Natur, mit dichten Wäldern oder aussichtsreichen Felsen. Zahlreiche Menschen von nah und fern, insbesondere aber aus dem mittleren Neckarraum, suchen hier Erholung. Durch die Erschließung durch den VVS mit öffentlichen Verkehrsmitteln kann man auch fast überall bequem ohne Auto anreisen. Auch der Neckar, eine der bedeutendsten europäischen Wasserstraßen, ist ab Plochingen für den Güterverkehr erschlossen. Davor zeigt sich der Fluss oft von seiner idyllischen Seite.

Rund um Weilheim an der Teck liegt Deutschlands größtes Kirschanbaugebiet. Überhaupt wird das Albvorland durch seine Streuobstwiesen geprägt. Die im Verein „Schwäbisches Streuobstwiesenparadies e. V." zusammengeschlossenen Landkreise entlang des Albtraufes besitzen das größte zusammenhängende Streuobstwiesengebiet in Europa. Ein großer Teil davon gehört zum Landkreis Esslingen.

Der Trauf der Schwäbischen Alb ist nicht nur ein beliebtes Naherholungsgebiet, sondern besitzt auch eine reiche Flora und Fauna mit vielen Natur- und Landschaftsschutzgebieten sowie Naturdenkmalen. Ein Teil des „Biosphärengebiets Schwäbische Alb" liegt ebenfalls im Landkreis Esslingen, und für dieses Biosphärengebiet war der Albtrauf das Alleinstellungsmerkmal, das eine Unesco-Anerkennung erst möglich machte.

Wer auf seinen Wanderungen neben Natur auch gerne kulturelle Sehenswürdigkeiten „mitnehmen" will, findet im Landkreis zahlreiche mittelalterliche Stadtkerne, die teilweise Mitglied der Deutschen Fachwerkstraße sind, wie die ehemalige Reichsstadt Esslingen am Neckar selbst, wo man die älteste Fachwerkhäuserzeile Deutschlands findet, sowie Kirchheim unter Teck mit einem ebenfalls markanten Fachwerkzentrum. Viele weitere kleinere Orte bieten aber auch das eine oder andere Fachwerkhaus oder idyllische Szenen im Ortskern. Historisch interessant sind weiter der Heidengraben bei Erkenbrechtsweiler, der das größte keltische Oppidum (Stadt) dieser Art im Mittelalter war, oder der Römerpark in Köngen, das einstige römische Kastell Grinario.

Wer weiter zurück in die graue Vorzeit gehen will, findet in Holzmaden im Urweltmuseum Hauff und im Urweltsteinbruch Holzmaden Spuren Millionen Jahre alten Lebens in Form von weltberühmten Fossilien aus prähistorischer Zeit. Auch die vielen Relikte früherer vulkanischer Tätigkeit in der Gegend, darunter das Naturschutzgebiet Randecker Maar sowie das nahe hierzu gelegene Torfmoor/Schopflocher Moor verweisen auf diese prähistorischen Zeiten zurück. Hier ist auch das Naturschutzzentrum des Landkreises zu finden, in dem man sich über die die Natur und Frühgeschichte der Schwäbischen Alb informieren kann.

Außer in Burgruinen wie der Festungsruine Hohenneuffen oder der Burg Teck kann man auch im Freilichtmuseum Beuren mit seinen ausgewählten ländlichen Gebäuden Eindrücke von der Geschichte des Alltags der Regionen Mittlerer Neckar, Filder, Schurwald und Schwäbische Alb sammeln.

Ein weiterer Landschaftsraum ist die Filderebene, eine flache Hochebene, die durch ihr „Filderkraut" berühmt geworden ist. Zu den beliebtesten Ausflugs- und Wanderzielen dort gehört das Siebenmühlental. Daran grenzt der Schönbuch mit seinem Naturpark an. Ein Teil dieses ausgedehnten, geschlossenen Waldgebiets gehört ebenfalls zum Landkreis Esslingen.

Sicher wandern

Wichtig ist, dass man seine eigene Leistungsfähigkeit realistisch einschätzt: Bewältigt man die Strecke und die Höhenmeter? Unterwegs schlappmachen oder total erschöpft ankommen möchte man ja nicht, das hinterlässt auch keine guten Erinnerungen an die Tour. Auch sollte man berücksichtigen, dass man an heißen Sommertagen schneller an seine Grenzen kommt als an kühleren Tagen. Gerade dann ist es wichtig, immer genügend zu trinken dabei zu haben, und auch bei kürzeren Touren ist ein kleiner Vorrat an Essbarem zu empfehlen. Auf den Karten kann man auch ersehen, ob die Wanderungen eher im schattigen Wald oder durch Freiflächen mit voller Sonneneinstrahlung verlaufen und sich danach richten.

Besser als alleine zu wandern ist es, wenn man mindestens zu zweit unterwegs ist. So kann im Fall des Falles immer einer Hilfe holen. Ein Fuß ist schnell verknackst und dann kommt man oft nicht mehr weiter. Für Alleinwanderer ist es empfehlenswert, Freunde oder Bekannte darüber zu informieren, wo und wie lange sie unterwegs sein wollen.

Um Hilfe herbeirufen zu können, ist ein Handy sehr nützlich. Das hat heute wohl jeder dabei. Allerdings kann der Empfang in bestimmten Bereichen, sowohl in den Tälern wie auf den Höhen, schlecht sein. Kann man die Notrufnummer 112 nicht wählen, sollte man zunächst ein wenig umhergehen, vielleicht ist in kurzer Entfernung doch ein Empfang möglich. Ansonsten sollte man das Handy aus-

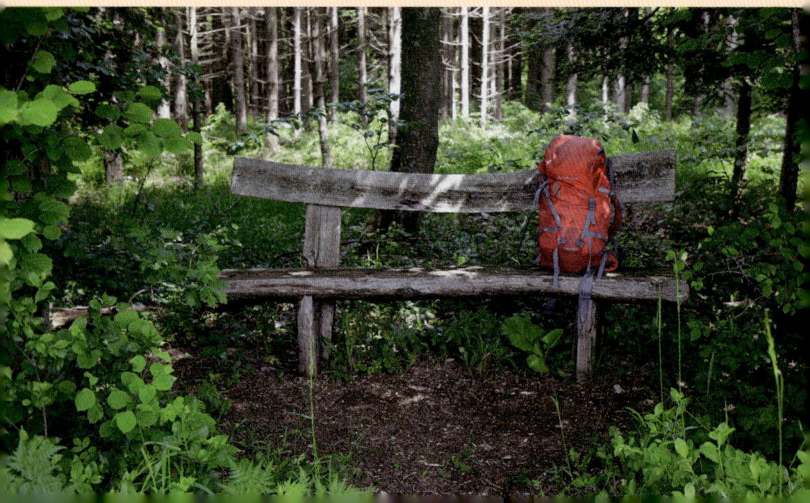

schalten und beim Wiedereinschalten – anstatt sich in sein eigenes Netz einzuwählen – gleich 112 eintippen. Wenn man Glück hat, sucht sich das Gerät das nächste verfügbare Netz.

Die richtige Ausrüstung

Was braucht man zum Wandern? Eigentlich nichts Besonderes. Man zieht sich eine wandergeeignete Kleidung an: Gut waschbar, bequem und je nach Wetter auch wind- und regendicht (oder zumindest -abweisend) sollte sie sein, aber auch atmungsaktiv. Dies gilt auch für den Anorak. Jeans als Hosen sind eher ungeeignet: Sind sie einmal nass, dauert es lange, bis sie wieder trocken sind. Da eignet sich ein Kunststoffgewebe, das schnell trocknet, besser. Da man im Wald auch manchmal auf engen Wegen geht, in die vielleicht dornige und stachelige Zweige ragen, sollte der Stoff fest sein und nicht gleich kaputtgehen, wenn man mal von einer Brombeere „angegriffen" wird. Der Fachhandel hat ein großes Angebot an wandergeeigneter Kleidung auf Lager, sogar nach Geschlechtern getrennt. Dort erhält man auch eine fachkundige Beratung.

Am allerwichtigsten sind jedoch die Schuhe. Wer hier sparen will, macht es an der falschen Stelle. Man sollte sich, optimalerweise im Fachgeschäft mit guter Beratung, geeignete Wanderschuhe kaufen. Diese sollten zum einen wasserdicht sein, sodass man auch einfach mal durch eine Pfütze gehen kann, ohne sie mühselig umgehen zu müssen, und zum anderen bis zum Knöchel reichen sowie mit einer Sohle aus-

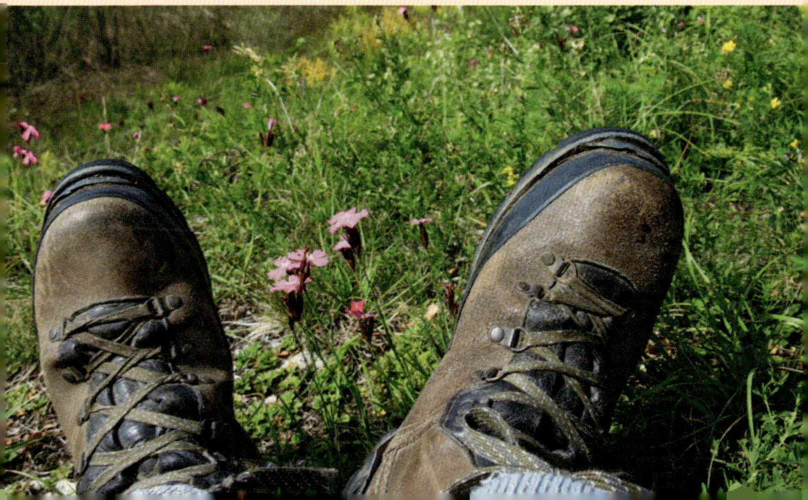

gestattet sein, mit der man problemlos über Wurzeln und Steine steigen kann. Am besten verlegt man den Schuhkauf in den Nachmittag oder Abend, wenn die Füße ohnehin etwas dicker sind. Zusätzlich zu den perfekten Wanderschuhen benötigt man allerdings auch noch geeignete Socken. Besser geeignet als Socken aus Wolle oder Baumwolle sind spezielle Wandersocken, die entweder zu einem hohen Anteil oder ausschließlich aus Kunstfasern bestehen. Dadurch ist gewährleistet, dass die Feuchtigkeit nach außen transportiert wird und der Fuß trocken bleibt. Somit wird die Gefahr der Blasenbildung verringert. Einige Wanderer tragen auch zwei Paar Socken, da dann die Socke nicht an der Haut reibt, sondern Socke an Socke. Dies ist dann allerdings beim Schuhkauf bzw. der Wahl der richtigen Schuhgröße zu berücksichtigen. Auch hier sollte wieder eine fachkundige Beratung in Anspruch genommen werden.

Als Ergänzung zu dieser Grundausrüstung empfiehlt es sich außerdem, weitere nützliche Gegenstände bei den Wanderungen mit sich zu führen. Ganz brauchbar sind beispielsweise immer wieder ein Taschenmesser, eine Schnur und eine Tüte (für den Abfall, aber auch zum Sammeln irgendwelcher Fundstücke – vor allem wenn man Kinder dabei hat). Auch wenn man nicht gerne daran denken möchte, sollte man stets auf mögliche Verletzungen vorbereitet sein, denn gerade auf Pfaden hat man sich schnell mal den Fuß übertreten. Eine elastische Binde kann hier wahre Wunder bewirken und zumindest den Weg zurück zum Ausgangspunkt ermöglichen. Einen Schnitt, einen Riss oder eine aufgeschürfte Stelle hat man sich ebenfalls schnell zugezogen. Hierbei sind Pflaster, Verbandsmaterial und Desinfektionsmittel im Rucksack äußerst hilfreich. Selbst gegen Stiche von Insekten gibt es Hilfsmittel: Geräte, mit denen man einen Stachel oder das Gift in der Stichstelle entfernen kann, sowie Geräte oder Salben zur Milderung des Juckreizes erhält man in der Apotheke.

Gibt es unterwegs Gefahren?

Löwen, Tiger und giftige Spinnen treffen wir in unseren Wäldern zwar nicht an, aber es gibt ein paar Dinge, die in den letzten Jahren an Bedeutung gewonnen haben und über die man sich Gedanken machen sollte:

Waldgebiete sind immer auch Zeckengebiete. Ein Zeckenbiss kann Krankheiten von der Hirnhautentzündung

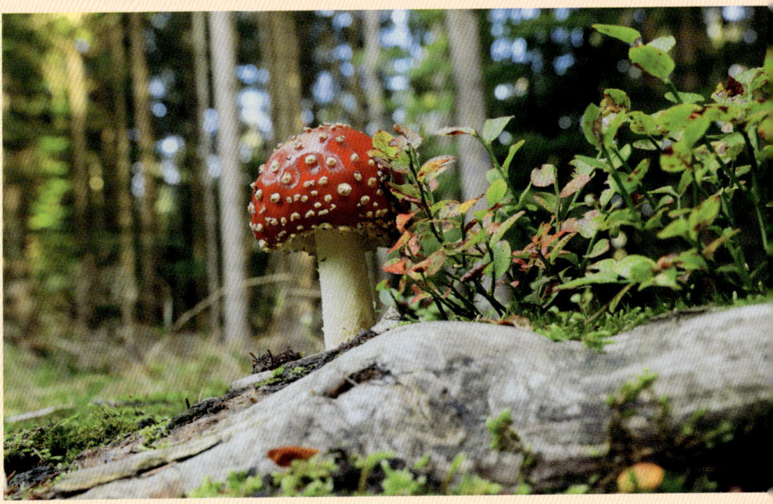

bis hin zur Borreliose verursachen. Man kann z.B. vorsorgen, indem man seine Hosenbeine in die Schuhe stopft, sodass die Beißer Schwierigkeiten haben, zur Haut vorzudringen. Nach einer Wanderung sollte man in den nächsten Tagen auf Rötungen um die Bissstelle achten. Dann ist ein Arztbesuch angesagt.

Gefahr besteht auf der Schwäbischen Alb jedoch eher durch den Fuchsbandwurm. Vorsorgen kann man, indem man zum Beispiel keine Beeren o.ä. im Wald isst, zumindest keine aus Bodennähe.

Besonders schön: mit Kindern unterwegs

Kinder sind normalerweise begeisterte Wanderer, gibt es hier doch immer viel zu sehen, zu beobachten und zu spielen. Geht man mit Kindern zum Wandern, ist es immer sinnvoll, etwas zum Transport von Fundstücken (Tannenzapfen, Samen, Versteinerungen etc.) dabei zu haben. Pflanzen mitzunehmen ist zwar auch beliebt, aber wenig sinnvoll, denn bis man daheim ist, sind sie oft vertrocknet. In Naturschutzgebieten ist es sogar verboten, von dort darf überhaupt nichts mitgenommen werden! Schnur, Taschenmesser, Malsachen etc., bei kleineren Kindern auch Spielfiguren, machen eine Wanderung für den Nachwuchs interessant, sodass man zu einer Wiederholung vermutlich keine großen Überredungskünste braucht.

Orientierung ist wichtig

Die bei den Wanderungen empfohlenen Karten sind teilweise im Buchhandel, teilweise bei den Gemeinden erhältlich. Durch den manchmal komplizierten Wegverlauf bzw. weil nicht immer alle Wege auf den Karten verzeichnet sind, empfiehlt sich die Installation von Apps für Smartphones. Hier sollte man aber darauf achten, dass man sich aus den jeweiligen Stores solche herunterlädt, die kein Internet benötigen – das ist vor allem im Wald, insbesondere weit weg von Siedlungen oder in Schluchten, sehr oft nicht vorhanden. Zu empfehlen sind vor allem die kostenlosen Apps MAPS.ME und PhoneMaps, die einem recht zuverlässig anzeigen, wo man sich gerade befindet, wenn man mal die Orientierung verloren hat. Auch mit Komoot habe ich gute Erfahrungen gemacht. Wer sich die angebotenen Tracks zu den Wanderungen herunterlädt, hat eh keine Probleme mit der Orientierung.

Anfahrt

Bei jeder Tour wird neben dem passenden Parkplatz auch aufgeführt, wie man umweltfreundlich mit öffentlichen Verkehrsmitteln, mit Bus und Bahn, zum Ausgangspunkt kommt. Meist verlängert sich die Wanderung durch die

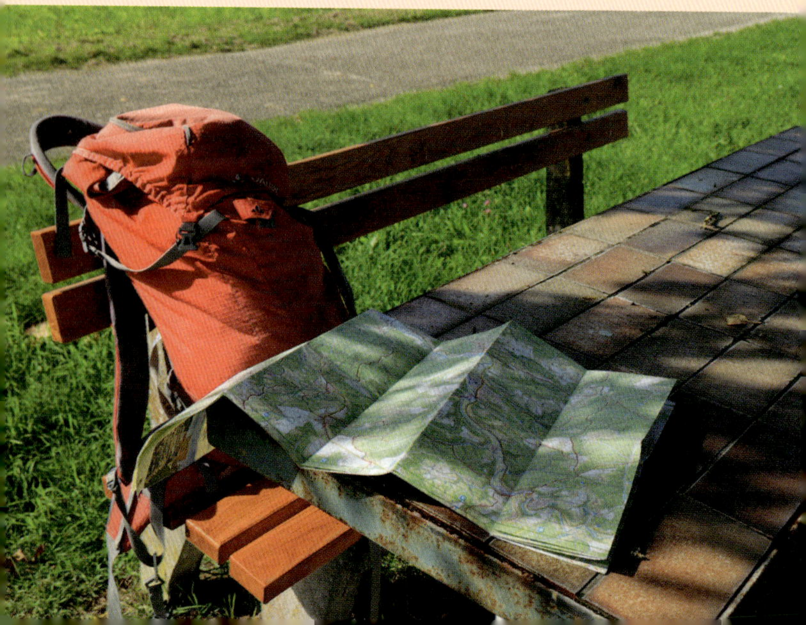

Strecke vom Bahnhof oder der Bushaltestelle jedoch ein wenig. Auskunft über die Verbindungen und Fahrpläne erhält man hier: efa-bw.de.

Bestimmen von Bäumen, Blumen und Tieren

Nach dem Motto „Man sieht nur, was man weiß" ist es auch ganz nützlich, wenn man das, was man um sich herum sieht, auch erkennen und bestimmen kann: Bäume, Blumen, Tiere. Neben vielen Büchern – fragen Sie hierzu am besten Ihren Buchhändler – gibt es auch hierzu zahlreiche Apps. Zur Bestimmung von Vögeln werden auch Bücher angeboten, bei denen man mittels einer App Vogelstimmen hören kann.

Besonderheiten in den Wäldern

Die ganz großen Sensationen der Natur findet man in unseren Wäldern eher selten, dafür aber kleine Kostbarkeiten. Hier eine junge Pflanze, die aus einem abgestorbenen Baum, dem sogenannten Totholz, wächst. Dazwischen vielleicht sogar die eine oder andere Orchidee. Auch lustig vor sich hin plätschernde und strudelnde Bäche erfreuen den Wanderer, ebenso ein Wasserfall, ein Felsmassiv oder eine wilde Schlucht.

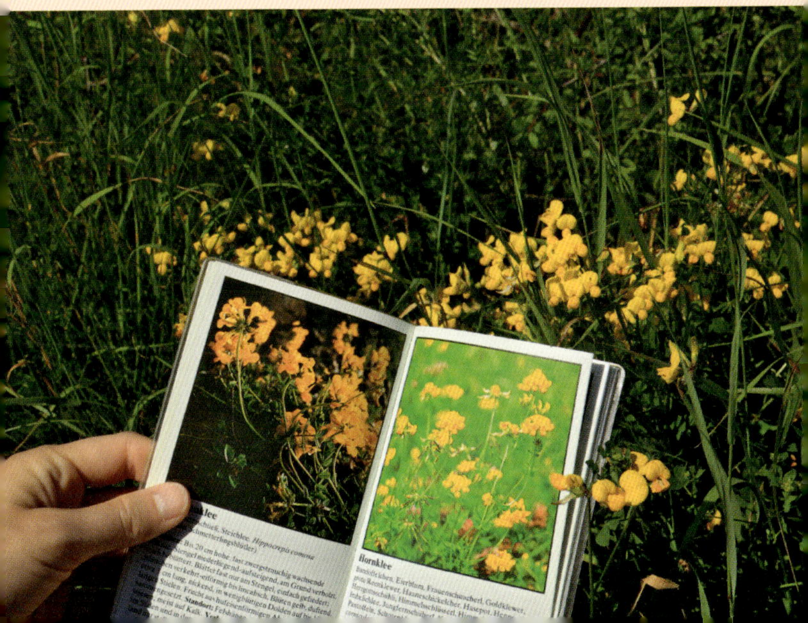

Was kann man alles sehen, riechen, hören, tasten, schmecken?

Besonders schön ist eine Wanderung, wenn Kinder dabei sind – wenn sie Spaß dabei haben, nicht quengeln oder ständig die berühmte Frage „Wann sind wir endlich daaaaa?" stellen. Deshalb nachfolgend ein paar Ideen, wie man unterwegs Kinder beschäftigen kann, damit keine Langeweile aufkommt. Als Naturerlebnis sind diese Vorschläge sowieso immer empfehlenswert.

Sehen Was seht ihr alles an kleinen Dingen: Blätter, Beeren, Tiere (Käfer, Ameisen, Schnecken, Wassertiere in Pfützen), Wasser ... Die Tiere beobachten, ihren Weg verfolgen (aber nicht quälen oder ärgern). Wer entdeckt am meisten?

Riechen Was riecht ihr alles? Wie riecht es? Feuchte Erde, Laub nach Regen. Blumen, Nadelbäume, Gras ... An was erinnert der Duft? Wem fallen die meisten ähnlichen Düfte ein?

Hören Hört mal! Was kann man alles hören, wenn man ganz ruhig ist? Vogelstimmen (wer weiß, welche Vögel?), Blätterrauschen, Froschgequake, Grillengezirpe, Gespräche, Glockenläuten oder Verkehrslärm aus dem Tal, Rascheln von Mäusen oder Käfern ...

Tasten Schließt die Augen und fühlt die Oberfläche verschiedener Bäume. Tastet Steine ab oder die Oberfläche eines Blattes, Erde, Sand ...

Schmecken Versucht, ganz bewusst den Geschmack des Essens unterwegs zu erfahren: Wie schmeckt das Brot, die Wurst, der Apfel? Vielleicht findet ihr Beeren, Bucheckern o.ä. (fragt am Besten eure Eltern, ob die gefundenen Sachen auch nicht giftig sind). Was ist sauer, süß, fruchtig, nussig, trocken, feucht ...?

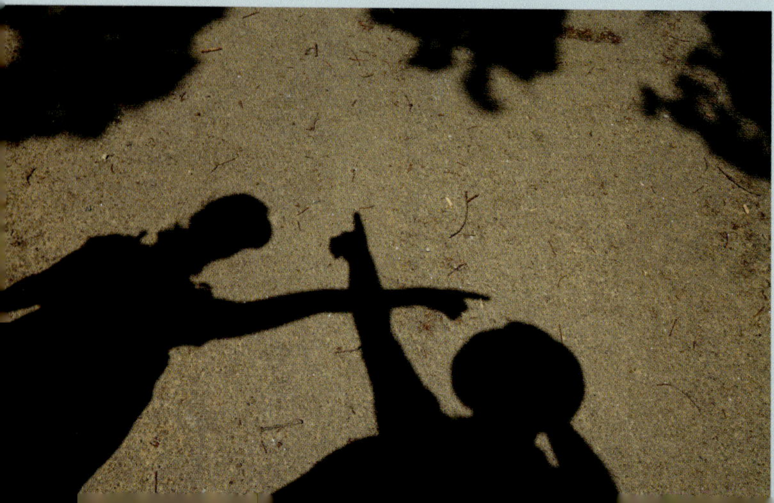

Raten Versucht mit verbundenen Augen einen Gegenstand zu erraten. Einfach, wenn man ihn abtasten darf – schwer, wenn man ihn nur durch Fragen erraten darf. Anstatt die Augen zu verbinden, kann man den Gegenstand auch in einen Rucksack tun und dort abtasten.

Sammeln Nehmt (kleine) Dinge mit, die ihr gefunden habt, um daraus ein Bild oder gar ein Wander-/Ausflugs- oder Urlaubstagebuch zu gestalten. Blätter, Ästchen, Steinchen, verschiedene Gräser, verschiedenfarbige Erde …

„Werkzeug" mitnehmen Schaut, dass ihr immer etwas dabei habt, um damit zu basteln. Ein Taschenmesser haben vermutlich die Eltern im Rucksack. Aber auch Schnur, etwas Draht, einen kleinen Block Papier, Bleistifte, Buntstifte u.ä. kann man immer gebrauchen. Außerdem für die Dinge, die ihr sammelt, Plastiktüten oder kleine Schachteln.

Spielzeug mitnehmen Eure Lieblingspuppe oder Euren Lieblingsteddy habt ihr vielleicht ohnehin im Rucksack. Aber nehmt auch kleine Spielfiguren mit (Lego, Playmobil u.ä.). Es gibt überall Gelegenheit, mit ihnen Abenteuer zu erleben. Man kann für sie kleine Häuschen bauen, sie im Bach schwimmen lassen, ihnen Rindenboote schnitzen oder richtige Geschichten ausdenken.

Geschichten erfinden Lasst ihr euch gerne Geschichten erzählen? Bestimmt. Aber erfindet doch selbst eine! Jeder, der mitwandert, darf seinen Beitrag dazu leisten. Denkt euch einen kleinen Jungen oder ein Mädchen, so alt wie ihr, der/das durch den Wald oder die Berge wandert. Was erlebt dieses Kind für Abenteuer mit Zwergen, Tieren oder Ungeheuern? Bezieht das, was ihr unterwegs seht, mit ein: Hütten, Bäume, Felsen, Tiere …

Balancieren Versucht das Gleichgewicht zu halten, evtl. mit Unterstützung der Eltern. Balanciert auf großen Ästen, einem Baumstamm (nicht einem Stoß von Baumstämmen!), Steinen oder Felsen (Vorsicht, nicht am Abgrund!) oder hüpft auf einem Bein…

Pfadfinder spielen Lasst euch von den Eltern die Landkarte geben und führt sie. Schaut zuerst, ob ihr findet, wo ihr gerade steht. Könnt ihr die Umgebung bestimmen? Sieht man auf der Karte die Dörfer, Häuser oder Gipfel, die man im Umkreis entdeckt, die nächste Kurve, die nächste Wegkreuzung, den nächsten Felsen, die Hütten unterwegs? Lasst aber auch die Eltern unterwegs ab und zu in die Karte schauen. Sie sind schließlich auch neugierig!

Schatten- und Wolkenspiele Manchmal zaubert die Sonne ja interessante Schatten auf Hauswände, den Boden oder auf Baumstämme. Das können Zweige mit Blättern sein oder Formen, die an Gesichter oder Tiere erinnern. Sucht die Schattenbilder nach solchen Formen ab, schaut, ob ihr etwas erkennen könnt. Oder produziert selbst Schattenbilder. Das Gleiche geht auch mit Wolkenformationen, auch diese erinnern manchmal an Gesichter, Tiere o.ä.

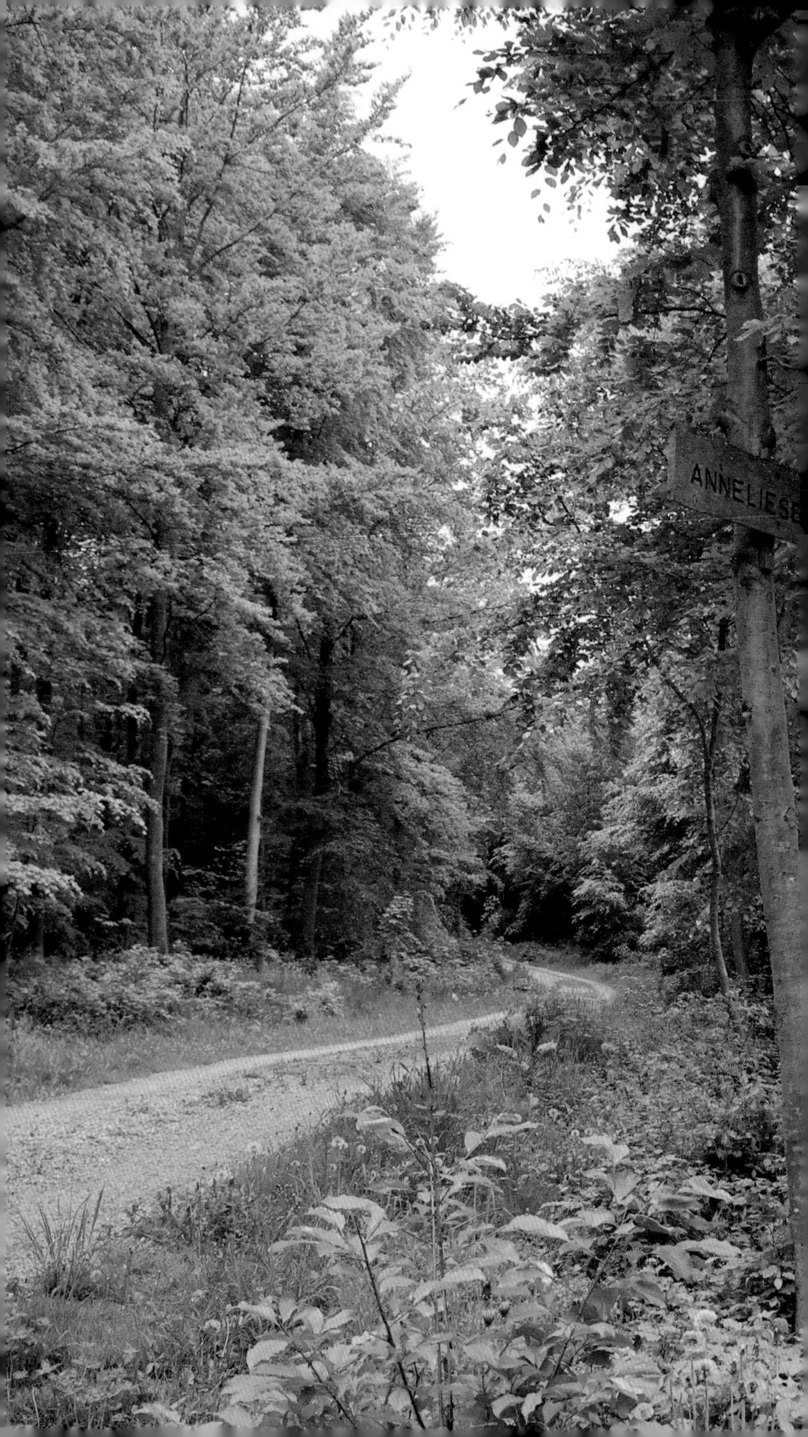
ANNELIESE

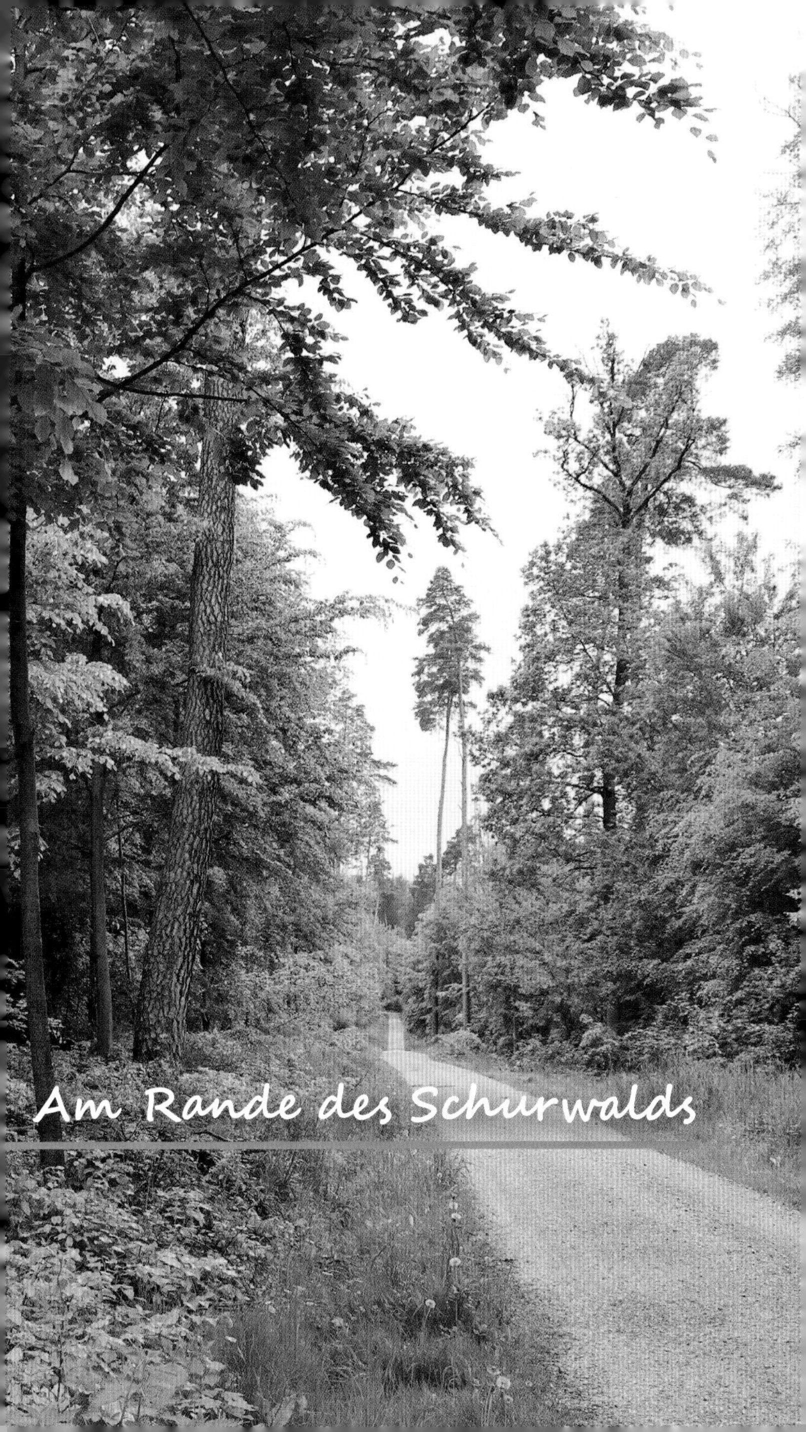

Am Rande des Schurwalds

Viel Aussicht von zwei Türmen

1

Über den Kernenturm zum Katharinenlindenturm

3 ¼ Std
11,8 km
220 Hm

Wäldenbronn/ Bushaltestelle Katzenkopf – Kernenturm – Tor/7 Linden – Katharinenlindenturm – Rüdern – Weinberge – Mettingen – Neckarhaldentörlein – Esslingen/ Bahnhof

Wir wandern auf festen Wegen. An heißen Sommertagen kann die schattenlose Strecke durch die Weinberge ein wenig zur Qual werden.

Aussichtstürme, Weg durch Weinberge, Esslingen

Kernenturm, Höhengaststätte Katharinenlindenturm, 7 Linden

Die alte Reichsstadt Esslingen ist nicht zuletzt für ihre Weinberge berühmt. Durch sie wandern wir am Ende der Wanderung hinab, wobei wir vom Neckarhaldentörlein einen herrlichen Blick auf die Stadt und ihre Kirchen haben. Zuvor aber können wir einen Abstecher zum Kernenturm machen und danach den eigentlichen Höhepunkt dieser Wanderung, den Katharinenlindentum, besteigen.

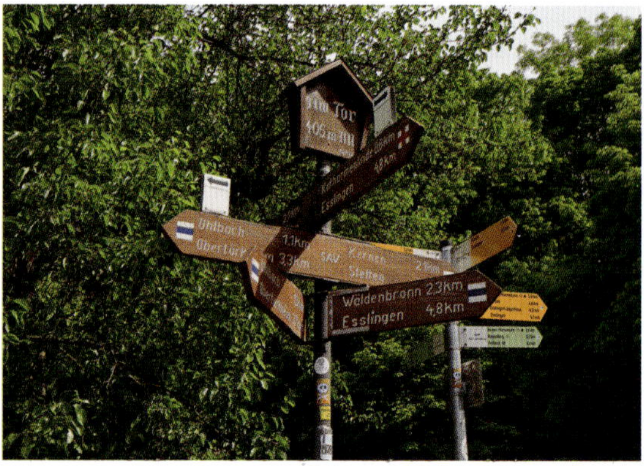

Wir gehen von der **Bushaltestelle Katzenkopf** 1 etwas in Richtung Waiblingen, überqueren aber gleich die Straße und nehmen rechts des Tors der **Entsorgungsstation Katzenbühl** den mit dem „blauen Balken" markierten Pfad in den Wald; nun wandern wir vorerst auf dem Kaisersträßle, das einem noch an anderen Stellen des Schurwalds begegnet. Wir gehen zuerst parallel zum Zaun, danach im Wald. Beachtenswert sind die alten Grenzsteine, Kleindenkmale, welche man achten und schützen sollte.

An einem Querweg beim Wanderschild **Katzenkopf Krebsbach** (455 m) halten wir uns links, dann an der Verzweigung gleich danach noch einmal. Gleich nach dem mit Bäumen bestandenen „Verkehrsdreieck" orientieren

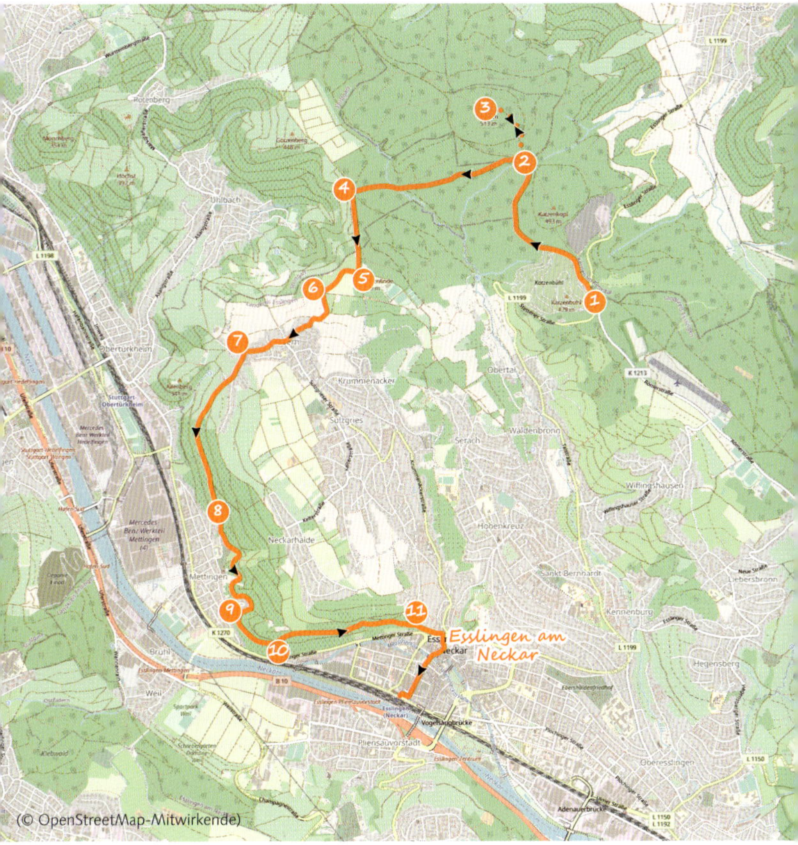

wir uns links, gleich danach am Schild Krebsbach Stäudlesklinge (452 m) noch einmal links ins Kaisersträßle 2. Hier könnte man vor der letztgenannten Linksabzweigung geradeaus einen 0,5 Kilometer langen Abstecher hinauf zum **Kernenturm** 3 machen, der aber schon auf Remstäler Gebiet liegt. Dort kann man eine erste Rast einlegen, muss danach jedoch zurückkehren.

Wenn wir dann weitergehen, sehen wir links bald eine tiefe Klinge, gleich danach biegen wir vor dem **Schutzpavillon** links ab in den Stettener Weg. An der nächsten Verzweigung nehmen wir geradeaus gehend den rechten Weg in Richtung „Tor“. Der Weg fällt erst, steigt dann aber nach einem querenden Bachlauf wieder an und bringt uns aus

INFOS

Wanderkarte Kirchheim unter Teck, 1:25 000, Hrsg.: Schwäbischer Albverein e.V., Kartographie: Landesamt für Geoinformation und Landentwicklung Baden-Württemberg (LGL); Wanderkarte mit Radwegen Stuttgart Südost Blatt 52-539, 1:25 000, NaturNavi

www.esslingen.de

Bus Linie X20 von Esslingen zur Haltestelle Wäldenbronn Katzenkopf (unter der Woche halbstündlich / am Wochenende stündlich), Rückfahrt: ab Esslingen Bahnhof

Wäldenbronn, Bushaltestelle Katzenkopf, GPS 48.768026, 9.323642

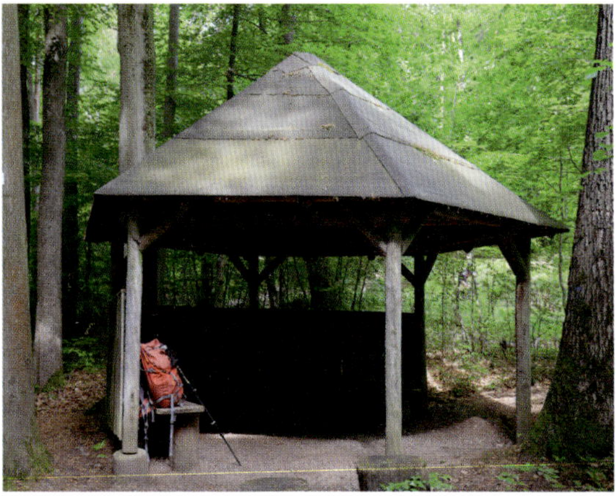

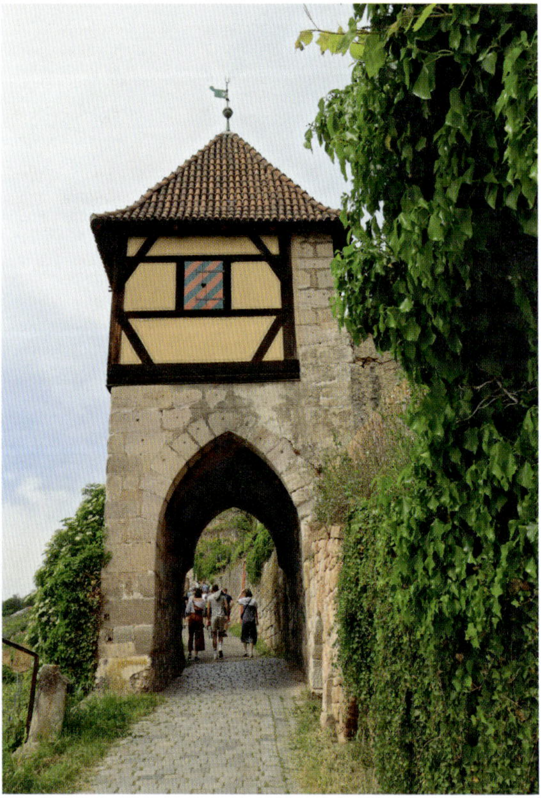

oben: Gut geeignet zum Rasten: eine kleine Schutzhütte im Wald.

unten: Der Rückweg führt durch das Neckarhaldentörlein.

dem Wald hinaus. Hier liegt beim Schild **Uhlbach Käppeleshau** (405 m) die **Waldschenke 7 Linden** 4. Wir biegen noch vor dem Gebäude links ab. Hier kann man entweder auf dem festen Weg oder auf dem Pfad links daneben hochsteigen, muss dann aber später vom Pfad wieder nach rechts auf den festen Weg wechseln.

Oben stehen wir dann vor dem **Katharinenlindenturm** mit der Höhengaststätte 5. Ist der Turm geöffnet, sollten wir ihn besteigen. Ansonsten oder danach biegen wir rechts ab und folgen vorerst dem **Esslinger Höhenweg** in Richtung „Neckarhaldentörlein". Am nächsten Querweg 6 nehmen wir den zweiten Weg von links, praktisch in Gehrichtung, und wandern auf den ehemaligen **Wasserbehälter** zu. Er dient mittlerweile als Fledermausquartier. Hier biegen wir dem Wanderzeichen „rotes Kreuz" folgend rechts ab. Nach einem querenden Weg gehen wir geradeaus auf das erste Haus von **Rüdern** zu. Im Wohngebiet folgen wir der Kleinen Hülengasse weiter bergab. Nach einer Kreuzung geht sie in die Uhlbacher Straße über. Wir spazieren weiter bergab, bis links der **Hintere Holzweg** abgeht 7.

Ihm folgen wir bis nach Haus **Nr. 16**, dort biegen wir mit den Zeichen „rotes Kreuz" und „Württembergischer Wein-Wanderweg" rechts ab in Richtung Mettingen. An einer Verzweigung nehmen wir den rechten, weiter bergab füh-

Nach dem Neckarhaldentörlein erwartet uns die Esslinger Altstadt mit ihren prächtigen Kirchen.

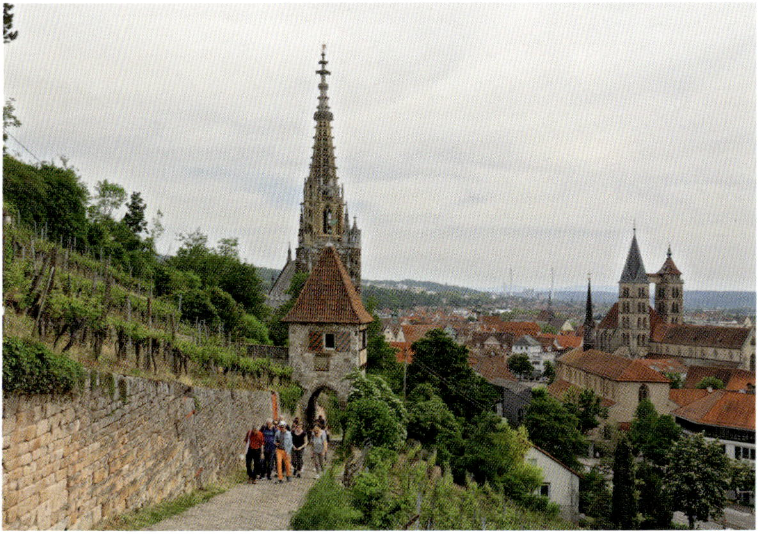

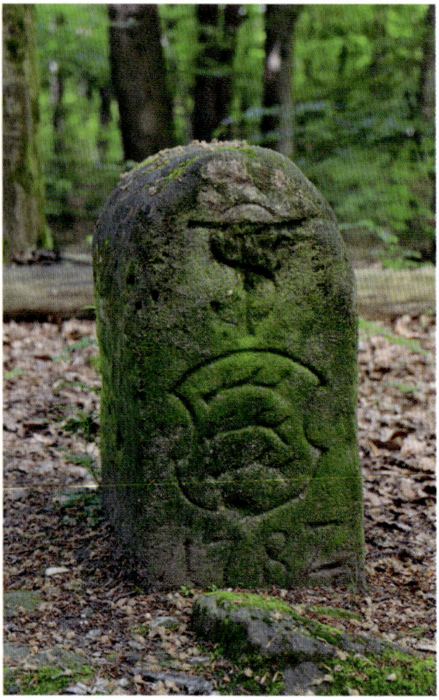

renden Weg und kommen bald in die Weinberge. Nach rechts sehen wir nun hinab ins mit Industriegebäuden dicht bebaute Neckartal, später auf Mettingen. An einer weiteren Verzweigung nehmen wir wieder den rechten, mit dem Radwegschild nach Esslingen markierten Weg, der weiter bergab führt. Vor den ersten Häusern von **Mettingen** zweigen wir mit dem Zeichen des „Wein-Wanderwegs" in Richtung **Esslingen Rathaus** links ab 8, jetzt steigt es wieder etwas an. Bald darauf müssen wir scharf nach rechts abbiegen.

Später umgehen wir die obersten Häuser von Mettingen. Wo es dann nach rechts in den Ort ginge, folgen wir dem Querweg mit dem Wanderzeichen des „Wein-Wanderwegs" (**Gayernweg**) nach links 9. Nun geht es wieder etwas bergauf. An der

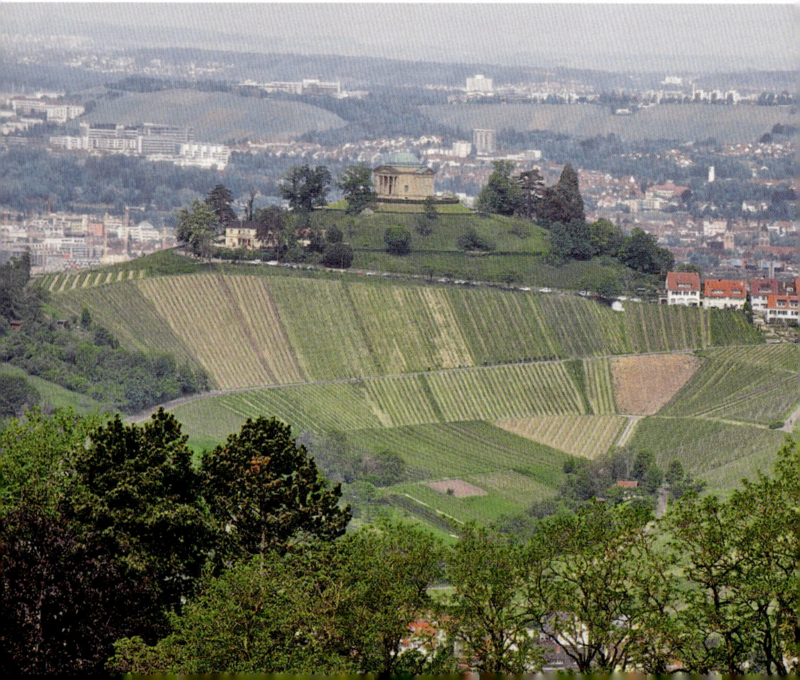

nächsten Verzweigung steigen wir weiterhin in diesem Weg etwas bergauf 10. Er geht danach in den **Unteren Neckarhaldenweg** über. Dieser fällt nach einiger Zeit ab und wir wandern nun mit einem prächtigen Blick auf Esslingen und seine Kirchen bergab. Nach einer alten Grubbank kommen wir zu dem putzigen kleinen **Neckarhaldentörlein** 11, etwas später erreichen wir die **Frauenkirche**.

Nach ihr halten wir uns rechts und unterqueren die Berliner Straße zum **Marktplatz**. An diesem gehen wir links am **Münster St. Paul** vorbei und auf die doppeltürmige Stadtkirche St. Dionys zu. Vor ihr biegen wir rechts ab in die **Abt-Fulrad-Straße**. Danach überqueren wir den Roßneckarkanal und kommen zum **Schelztor**. Nach ihm bringt uns die Bahnhofstraße zum **Esslinger Bahnhof**. Wer jedoch Zeit hat, kann sich vorher auf dem Marktplatz etwas umsehen oder von dort aus ein wenig durch die Gassen mit den alten Fachwerkhäusern bummeln.

links oben: Grenzstein mit dem württembergischen Wappen.

links unten: Blick zur berühmten Grabkapelle auf dem Württemberg.

Katharinenlindenturm.

Kernenturm und Katharinenlindenturm

Der 27 Meter hohe **Kernenturm** des Schwäbischen Albvereins wurde nach nur viermonatiger Bauzeit am 7. Oktober 1896 eingeweiht. Möglich war der Bau durch Spenden in der Höhe von insgesamt 18 000 Reichsmark; auch der württembergische König gab sein Scherflein dazu. Zu bestimmten Zeiten hat auch der Kiosk geöffnet. Der **Katharinenlindenturm** ist 17 Meter hoch und wurde 1957 vom Schwäbischen Albverein in Stahlbetonbauweise (Sichtbeton/béton brut) erbaut. Zuvor stand hier eine Schutzhütte mit einem niedrigen Holzturm. Man hat einen schönen Blick auf das Neckartal mit den dort liegenden Orten Münster, Bad Cannstatt, Untertürkheim, Esslingen, auf die Fildern, den Schönbuch, den Stromberg und auf die Schwäbischen Alb. Es gibt auch eine Gaststätte.

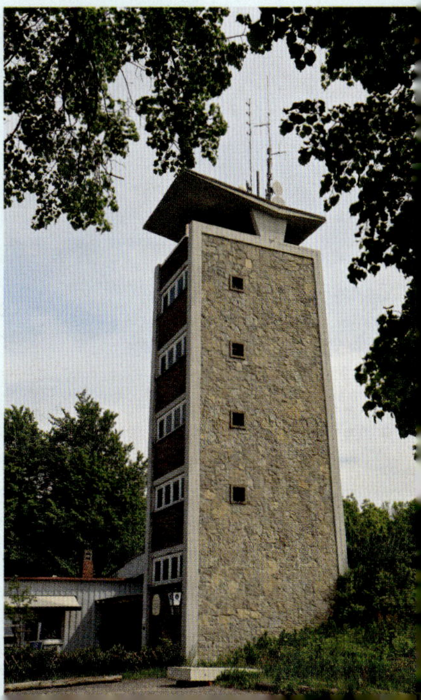

Weite Aussicht, geheimnisvolle Gärten

2

Auf dem Esslinger Höhenweg

2 ½ Std
9,2 km
130 Hm

Esslingen/Jägerhaus/Parkplatz Tennisplatz – Katzenkopf – Höhenweg – Jägerhaus – Parkplatz Tennisplatz

Wir wandern fast immer auf festen Wegen. Teilweise sind die kurzen An- und Abstiege etwas steiler.

Wald, Aussicht

Gaststätten und Sportplatzgaststätten um das Jägerhaus.

Der gesamte Esslinger Höhenweg ist zu lang und zu anstrengend, um noch als Genießerwanderung durchgehen zu können. Deshalb wird hier nur ein kurzer, aber vielleicht der schönste und aussichtsreichste Teil dieses Rundwegs beschrieben. Der Rest dieser Wanderung verläuft durch Waldstücke, die uns immer wieder urige Szenen bieten. Auf dem Höhenweg kommen wir an mehreren wie verwunschen wirkenden Gärten vorbei, einmal auch an einem querenden Bach, der je nach Wasserstand mehr oder weniger über Kaskaden abwärts stürzt oder leise rieselt.

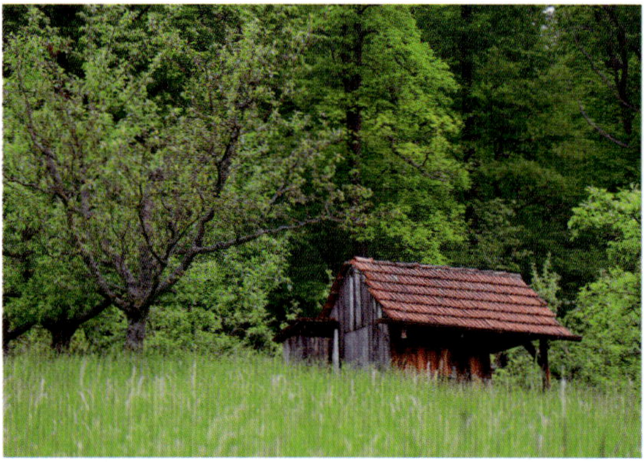

Auf dem Esslinger Höhenweg erwartet uns zeitweise eine fast märchenhafte Atmosphäre.

Wir gehen rechts des **Tennisplatzes** 1 in den Wald und halten uns hinter dem Platz links. Bald erreichen wir den Parkplatz und die Bushaltestelle gegenüber des **Hotels Jägerhaus**. Hier folgen wir dem Pfad im Wald rechts der Straße. Wir überqueren den Schanbacher Weg, später den Neuen Schanbacher Weg. Links können wir uns eine alte Grubbank ansehen.

Weiter geradeaus wandernd, nun etwas bergab, erreichen wir den querenden **Unteren Ortlochweg** 2, dem wir nach links folgen. An der nächsten Verzweigung gehen wir im

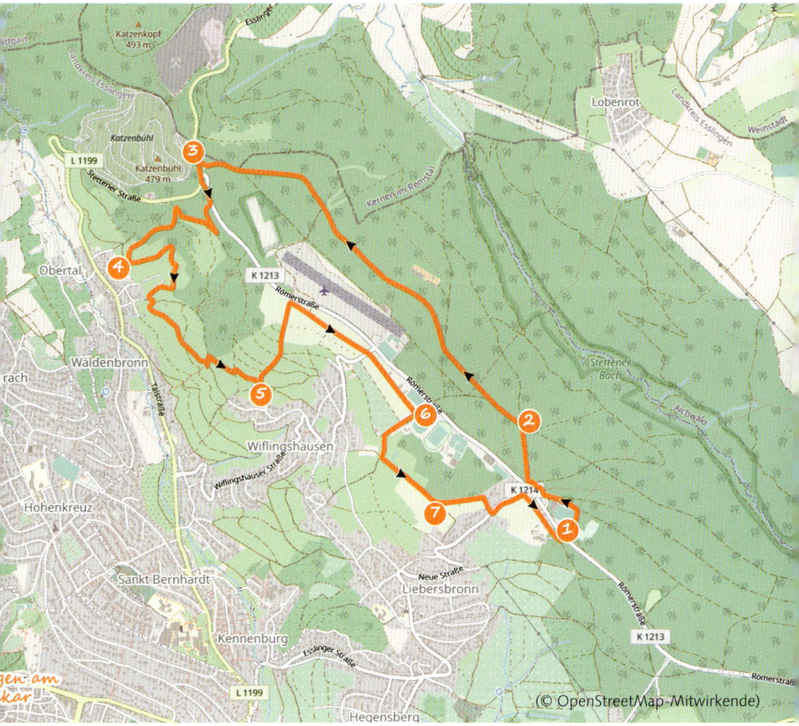

rechten, dem Anneliesenweg, geradeaus weiter. Wir queren einen festen Weg und folgen dem Hohenmarkweg, bis wir nach einer Linkskurve an einer Schranke und an einem links liegenden Parkplatz vorbei wandern. Danach treffen wir auf die Straße und die **Bushaltestelle Katzenkopf** 3.

Hier biegen wir links ab, überqueren die zum Jägerhaus führende Römerstraße und folgen dem schmalen Pfad rechts von ihr. Bald halten wir uns rechts in den wieder breiten **Eselsweg**. Bei nächster Möglichkeit biegen wir scharf rechts ab und kommen zum tiefer liegenden **Pfahlweg**. Ihm folgen wir nach rechts. Er führt uns in den Wald, wo wir bald links in den **Nonnenklingenweg** abbiegen. Kurz darauf geht es rechts ab, nun fällt der Weg. An der nächsten Verzweigung gehen wir geradeaus weiter, weiterhin bergab, und wandern zwischen Gartengrundstücken zu einem Querweg, dem **Esslinger Höhenweg** 4, dessen Zeichen wir ab jetzt immer folgen.

INFOS

Wanderkarte Kirchheim unter Teck, 1:25 000, Hrsg.: Schwäbischer Albverein e. V., Kartographie: Landesamt für Geoinformation und Landentwicklung Baden-Württemberg (LGL); Wanderkarte mit Radwegen Stuttgart Südost Blatt 52-539, 1:25 000, NaturNavi

www.esslingen.de

Bus Linie 108 bis Jägerhaus (halbstündlich) oder Katzenkopf Bus Linie X20 (unter der Woche halbstündlich / am Wochenende stündlich)

Esslingen, Römerstraße, Tennisplatz östlich des Jägerhauses, GPS 48.750678, 9.351806

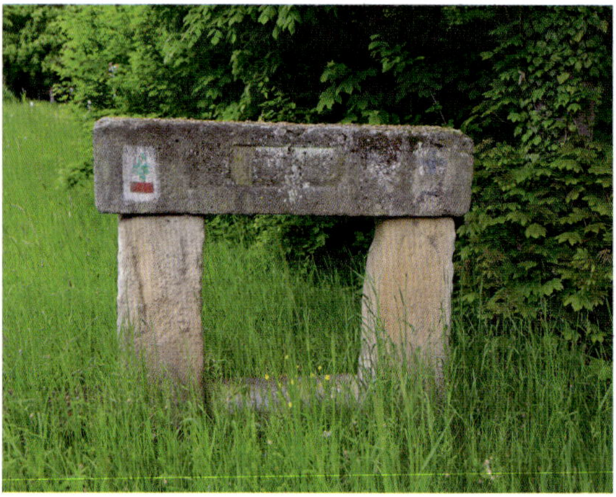

Grubbänke sind typisch für diese Gegend Württembergs.

Wir biegen links ab und haben ab jetzt immer wieder einen prächtigen Blick auf Esslingen und die dahinter liegenden Höhenzüge. Der Weg windet sich mit leichtem Auf und Ab am Hang entlang, wir kommen an so manchem geheimnisvoll wirkenden Garten vorbei und einmal quert auch ein Wasserlauf, der bei genügend Schüttung auch kleine Kaskaden und Wasserfälle zeigt.

An einem querenden Weg halten wir uns links in Richtung Jägerhaus. Nach dem querenden Bachlauf biegen wir nach einer Rechtskurve scharf links, dann gleich darauf bei einer kleinen Holzhütte wieder rechts ab. Es folgen eine scharfe Links-, dann eine scharfe Rechtskurve. Vor dem **Gebäude mit den drei Garagentoren** 5 biegen wir links ab, nun geht es eine Weile zwischen Kleingärten und Feldern steil bergauf. Am Schild des Esslinger Höhenwegs biegen wir rechts ab, nun wandern wir eben auf einem Panoramaweg mit schöner Fernsicht weiter.

Nach dem **ersten Sportplatz** biegen wir rechts 6, nach dem links liegenden Minigolfplatz mit dem Zeichen des Höhenwegs links ab. Wir wandern nun zwischen Weiden und Wiesen, bis uns das Höhenwegschild nach links weist 7. Nun gehen wir am Waldrand entlang auf einem schmalen Asphaltweg, dann knickt der Weg rechts ab und wir erreichen das erste Haus.

Danach biegen wir an der Straße links ab und wandern bis zum **Hotel Jägerhaus**. Vor ihm weist uns das Höhenwegschild nach rechts. Wir gehen geradeaus, am Schluss

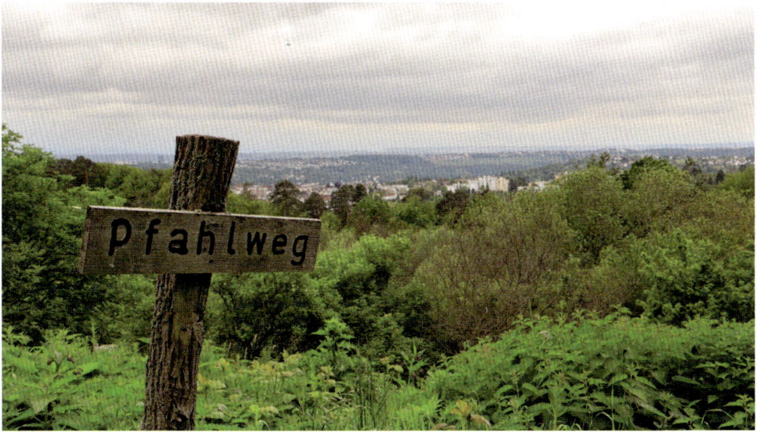

wieder im Wald, bis wir nach dem Spielplatz nach links und zur Römerstraße gehen können. Hinter ihr liegt unser Ausgangspunkt.

Blick über Esslingen und das Neckartal in Richtung Filderebene und Schwäbische Alb.

Grubbänke

Grubbänke werden auch als Ruhbank, Gruh-, Krugstatt bezeichnet (von schwäbisch „gruaba" = ruhen). Es sind Sandsteinbänke, die für Lastenträger, Händler, Handwerker oder Marktfrauen gebaut wurden. Da die Leute früher arm waren, erfolgten Transporte oft auf dem Kopf, außerdem waren die Straßen in einem schlechten Zustand. Die Frauen trugen nur noch ein „Bäuschle" auf dem Kopf, eine Art gepolsterter Untersetzer. Eier, Obst und Gemüse wurden in „Zainen" oder „Krätten" zum Markt getragen, Flüssiges wie Most oder Wein in „Gelten". In großen Tüchern, sog. „Plundern", holte man Holz, Stroh oder Streu vom Feld oder aus dem Wald. Zumeist sind die Bänke im 17. und 18. Jahrhundert, die Mehrzahl wohl zwischen 1780 und 1840, entstanden, es sind aber auch schon 300 Jahre alte bekannt. Sie sind etwa 2 ½ Meter lang, 1,30–1,50 Meter hoch, haben zwei Stufen und erleichtern das Absetzen der oft auf dem Rücken getragenen oder dem Kopf balancierten Warenkörbe. Daneben befindet sich eine etwa fünfzig Zentimeter hohe Sitzbank. Auf zwei mächtigen Pfeilern liegt der Sturzstein, befestigt mithilfe einer steinernen Verzapfung, Klammern oder Bolzen aus Eisen. Zu finden sind sie im Neckarland zwischen Calw und Böblingen bis Heilbronn und Bretten, nach Osten bis in den Rems-Murr-Kreis, wenige auch im Tübinger/Reutlinger Raum, außerdem im Nordelsass. In der Regel liegen sie an vielbegangenen Wegen und nach Steilstrecken.

Entlang von zwei Bächen

3

Von Aichschieß in den Schurwald

2 ¼ Std
7,5 km
170 Hm

Aichwald-Aichschieß/Waldparkplatz Waldschänke – Wald – Kläranlage – Breitenbachtal – Gunzenbachtal – Parkplatz

Wir wandern auf festen Wegen und Pfaden. Der Gunzenbach muss einmal auf Trittsteinen überquert werden. Das könnte nach starkem Regen zu nassen Schuhen führen.

Blick auf Aichschieß, Wald, Bäche

Aichschieß

Dass der Schurwald recht urige Waldstücke aufzubieten hat und auch recht wilde Bäche in ihm zu finden sind, erleben wir bei dieser Wanderung. Sie bietet uns aber auch recht liebliche Szenen in Streuobstwiesen sowie Ausblicke aus dem Tal hinauf auf Aichschieß, das wie eine Krone auf einer Hochfläche liegt.

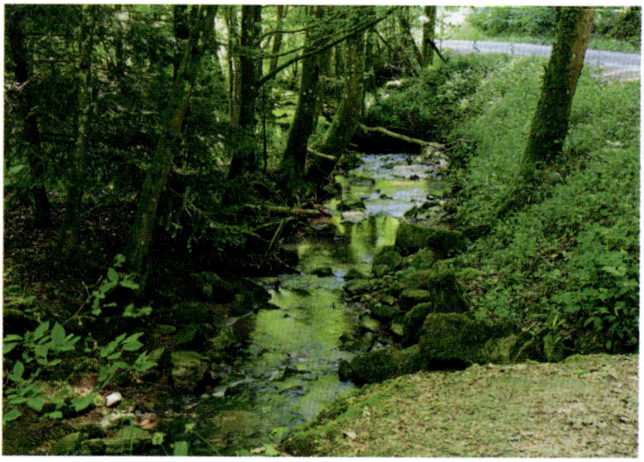

Der Wanderweg führt durch das idyllische Breitenbachtal.

Wir gehen vom **Waldparkplatz Waldschänke** 1 aus zum Biergarten und dann in den Wald, wo es sogleich abwärts geht. Bald quert der mit dem „blauen Punkt" markierte Weg 2. Ihm folgen wir nach links aufwärts. Er zieht nach rechts und bringt uns auf eine Wiese. Hier halten wir uns links, steigen zum Strommasten auf und gehen nach ihm über die Wiese zu den Häusern von **Aichschieß**. Auch hier folgen wir immer dem „blauen Punkt".

Wir queren die Rechbergstraße und gehen in der Schulstraße weiter. Danach spazieren wir links an der Kirche entlang, halten uns in der querenden Weihergasse rechts und gleich wieder links in den **Grünen Weg**. Am Querweg nach den Häusern gehen wir nach links weiter 3. Etwas später biegen wir vor Haus Nr. 9 rechts ab in die **Toblacher Straße**

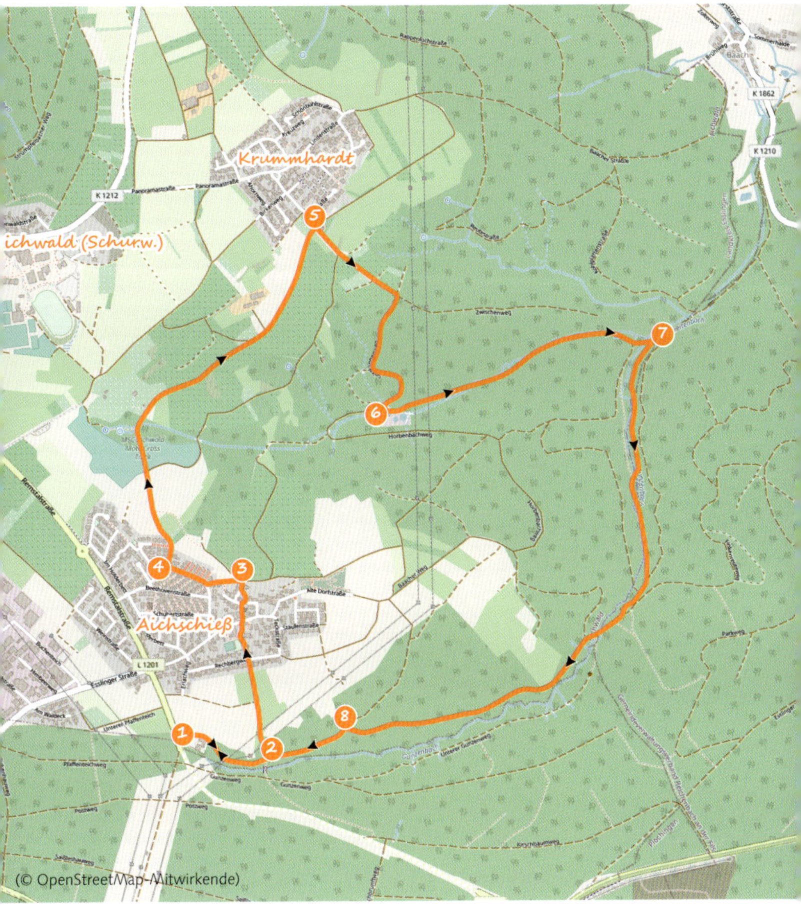

und gehen auf den hohen Kamin zu. Danach biegen wir rechts ab und folgen weiter der Toblacher Straße ④.

Nun wandern wir hinab und in den Wald, wo wir einen Bach überqueren. Danach zieht der Weg nach rechts und bald haben wir einen schönen Blick auf Aichschieß. Unser Weg steigt immer an bis vor die ersten Häuser von **Krummhardt** ⑤. Hier biegen wir rechts ab und wandern entlang einer Allee prächtiger Birken hinab. Vor dem Wald halten wir uns rechts in den **Spitzklingenweg**. Dieser windet sich nun in einigen Kurven hinab bis vor das **Klärwerk** ⑥. Wir halten uns links und wandern nun durch das **Breiten-**

INFOS

Wanderkarte Kirchheim unter Teck, 1:25 000, Hrsg.: Schwäbischer Albverein e. V., Kartographie: Landesamt für Geoinformation und Landentwicklung Baden-Württemberg (LGL); Wanderkarte mit Radwegen Stuttgart Südost Blatt 52-539, 1:25 000, NaturNavi

www.aichwald.de

Bus Linie 114 bis Haltestelle Post (Aichwald) oder Haltestelle Aichschieß Kreuzung (halbstündlich)

Aichwald-Aichschieß/Waldparkplatz Waldschänke, Plochinger Str. 25/L1201, GPS 48.744755, 9.392432

Ersatzparkplätze gibt es am Ende der Toblacher Straße und im Ort, z.B. in der Alten Dorfstraße.

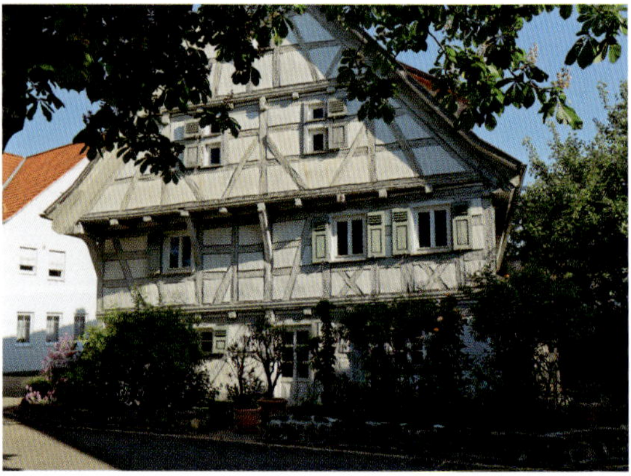

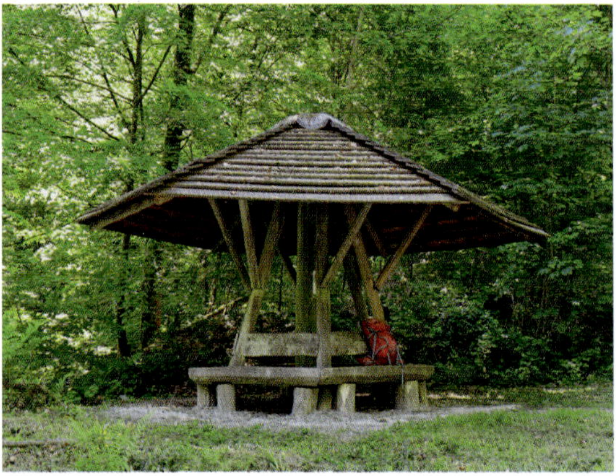

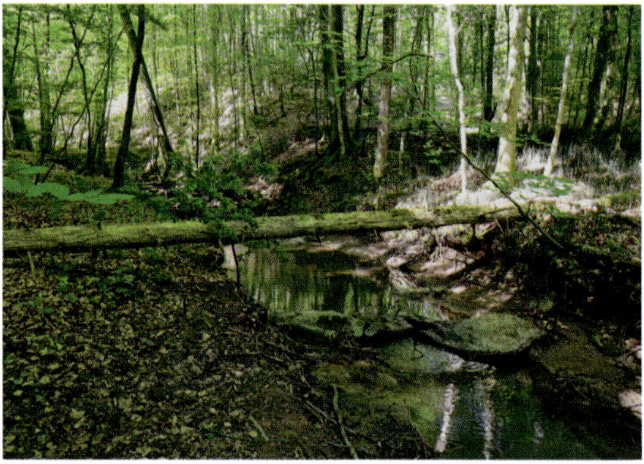

bachtal. Nach einiger Zeit passieren wir einen pilzartig überdachten Unterstand, etwas später zweigt beim querenden **Gunzenbach** der mit dem Zeichen „blaues Kreuz" markierte Weg ab 7. Ihm folgen wir nun nach rechts.

Das Tal und der Bach bieten ein recht wildes Erscheinungsbild, mit Baumstämmen und herabgefallenen Ästen im Bach und einem felsigen Bachbett mit Kaskaden. Schließlich mündet unser am Bach entlangführender Pfad in einen Schotterweg. Ihm folgen wir nach rechts. Nach einiger Zeit zweigt der Blaukreuzweg als Pfad nach links ab, etwas weiter vorne sehen wir einen Schotterweg in unseren münden. Wir gehen immer weiter und zunehmend steiler bergauf bis zu einem Querweg 8. In ihn biegen wir links ein und gehen bald weiter aufwärts zurück zum Ausgangspunkt.

links oben: Fachwerkhaus in Aichschieß.

links Mitte: Rastplatz am Wegrand.

links unten: Der stellenweise wilde Gunzenbach begleitet uns beim Aufstieg.

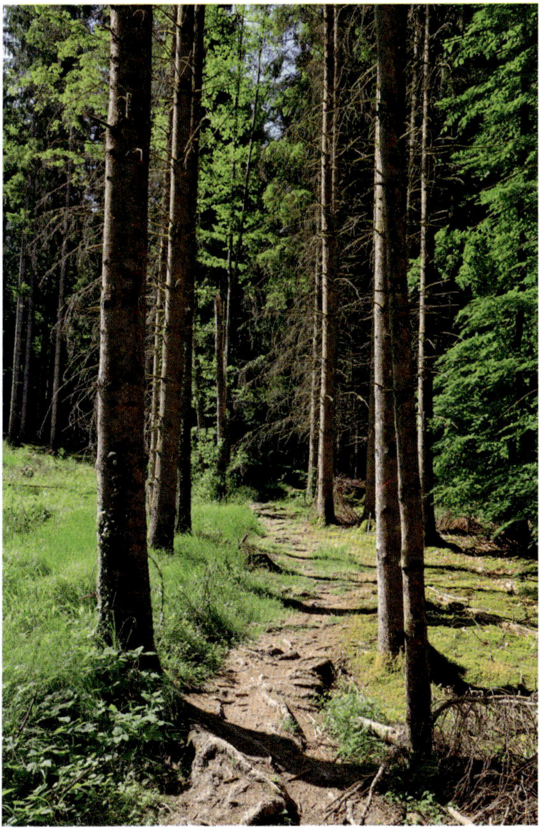

Auf solchen Pfaden macht Wandern besonders Spaß.

Die Jubiläumsgabe des Albvereins an sich selbst

4

Vom Jubiläumsturm in den Schurwald

3 ¼ Std
11,7 km
220 Hm

Plochingen-Stumpenhof/Jubiläumsturm – Stumpenhof – Lützelbachtal – Schlösslesplatz – Stumpenhof

Wir wandern auf festen Wegen und Pfaden.

Jubiläumsturm, Aussicht, Wald, Schlösslesplatz

Plochingen, Stumpenhof

In Plochingen, auf dessen Stadtgebiet der Jubiläumsturm liegt, wurde einst der Schwäbische Albverein gegründet. Wanderfreunde im Land haben ihm viel zu verdanken. Auch der Aussichtsturm im Ortsteil Stumpenhof geht auf ihn zurück, hat der Albverein ihn sich doch selbst zum fünfzigjährigen Jubiläum geschenkt. Wir beginnen unsere Wanderung dort, bewegen uns dann aber durch die prächtigen Waldgebiete des Schurwalds und erreichen mit dem Schlösslesplatz einen auch historisch interessanten Platz.

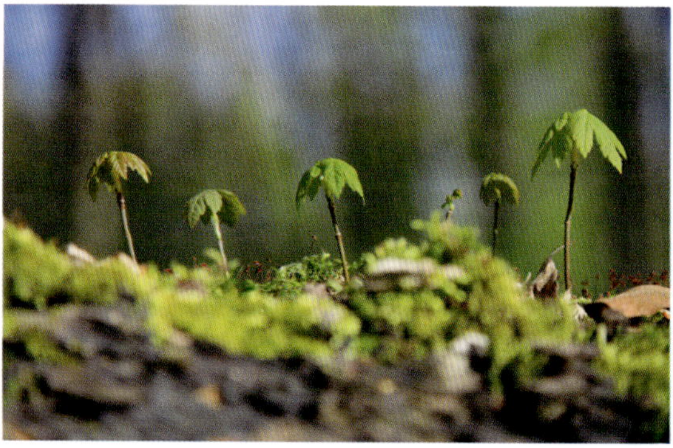

Kleine Welt: Auf diesem Totholz wächst der Nachwuchs unserer Wälder heran.

Wir gehen vom **Aussichtsturm** 1 zur L1201 und folgen dort dem Wanderzeichen „blauer Punkt" nach Nordosten. Dabei passieren wir die **Paul-Gerhardt-Kirche** und gehen fast bis zum Waldrand. Nach den letzten Häusern, kurz vor dem Wald, halten wir uns an das nach links weisende Zeichen. Nun führt uns der Weg kurz aufwärts, danach geht es leicht nach rechts zum Waldrand, wo wir auf die mächtige **Bühleiche** stoßen.

Jetzt müssen wir gut auf das Zeichen achten. Erst führt es uns steil hinab zu einem Querweg 2, dort nach rechts, dann nach links wieder bergab. Dem Zeichen nach links folgend überqueren wir schließlich den **Lützelbach** 3, da-

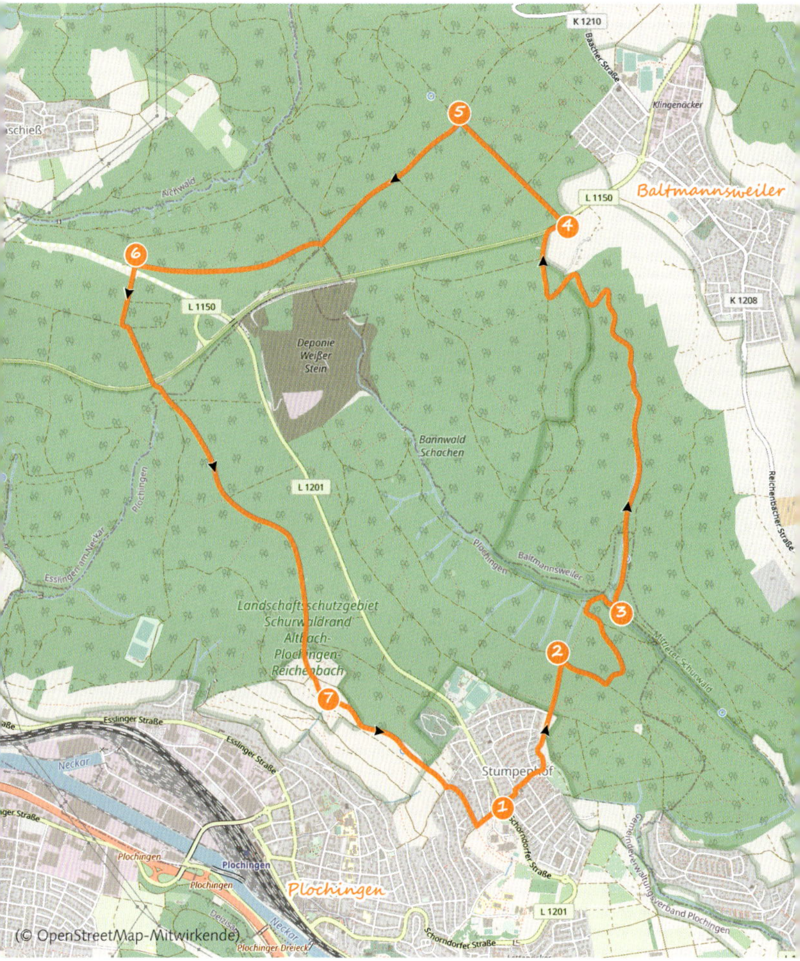

hinter gleich noch einmal, und stoßen auf den Forstweg Lützelbachtalweg. In ihn biegen wir mit dem Wanderzeichen nach links ein.

Wir marschieren nun im Tal und ignorieren etwas später, dass der markierte Weg nach rechts abzweigt. Nach einer Weile geht es wieder bergauf. Er beschreibt eine scharfe Linkskurve. Danach halten wir uns am nächsten Querweg rechts (Zeichen „Wanderwege 3 und 4"). Es folgt noch eine Linkskurve, dann stoßen wir auf einen querenden Weg und

INFOS

Wanderkarte Kirchheim unter Teck, 1:25 000, Hrsg.: Schwäbischer Albverein e. V., Kartographie: Landesamt für Geoinformation und Landentwicklung Baden-Württemberg (LGL); Wanderkarte mit Radwegen Stuttgart Südost Blatt 52-539, 1:25 000, NaturNavi

plochingen.de, albverein.net

Bus Linie 141 bis Haltestelle Plochingen, Stumpenhof (halbstündlich)

Plochingen-Stumpenhof, Jubiläumsturm, GPS 48.715144, 9.430478

Einen Ausweichparkplatz gibt es auf der anderen Seite der L1201

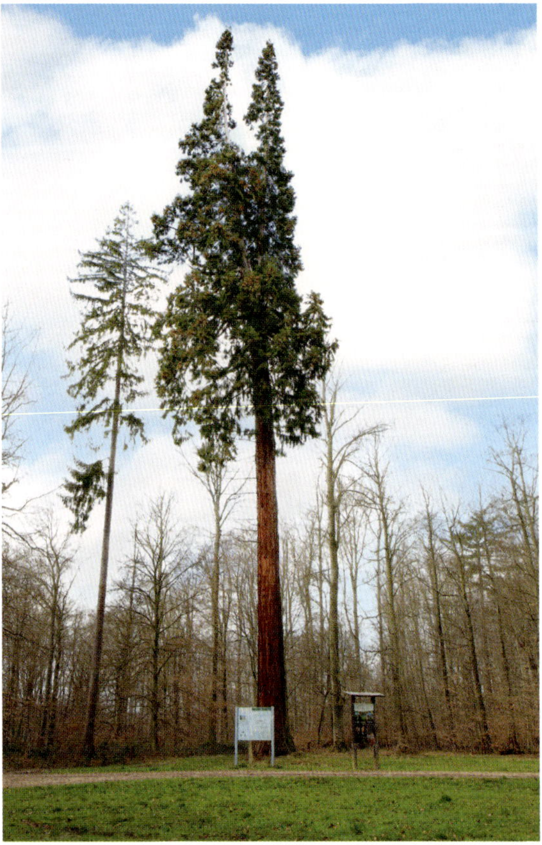

Mammutbaum am Schlösslesplatz.

folgen ihm nach rechts aus dem Wald hinaus. Nach einer linker Hand stehenden Hütte mit einer Grillstelle treffen wir auf die **Landstraße L1150**. Wir halten uns kurz rechts, dann überqueren wir die Straße 4 und wandern auf ihrer anderen Seite auf dem nach links in den Wald hineinführenden Weg „Schlösslesrichtstatt“ zum **Schlösslesplatz** 5, der mit den beiden Weihern einen idyllischen Eindruck erweckt.

Nun halten wir uns links und lassen uns vom Wanderzeichen „roter Strich“ leiten. Nach etwa einem Kilometer müssen wir aufpassen, denn der markierte Wanderweg zweigt vom geradeaus weiterführenden Weg nach rechts ab. Später weist uns das Zeichen nach links 6, nun überqueren wir die **L1201**. Auf der anderen Straßenseite gehen wir zu-

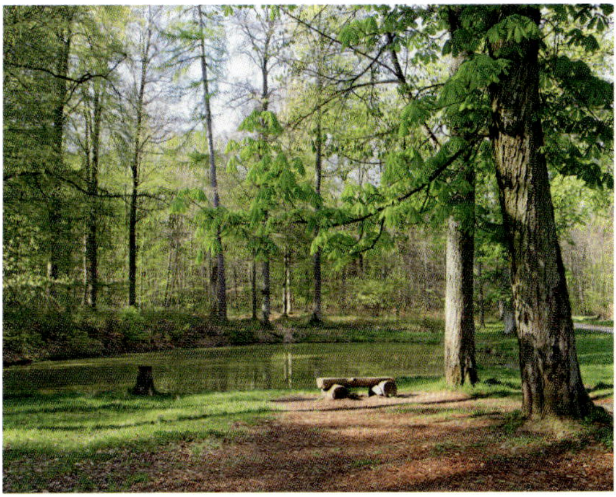

Waldweiher am Schlösslesplatz.

Jubiläumsturm

Bereits 1891 entstand „auf der Steige", heute Stumpenhof, ein zwölf Meter hohes Holzgerüst. Es kostete 1 977 Mark (= heute über 11 000 €), woran sich der Schwäbische Albverein mit 225 Mark beteiligte. Der heutige Turm ist 14 Meter hoch und wurde 1938 zum fünfzigjährigen Jubiläum des Schwäbischen Albvereins errichtet. Er ist aus dem in der Gegend vorkommenden Angulatensandstein erbaut und erweckt den Eindruck eines wehrhaften Bergfrieds. Man hat einen weiten Blick über das Tal und hinüber auf die Schwäbische Alb. Markante Punkte sind der Hohenrechberg (26 km), der Stuifen (28 km), das Kalte Feld (31 km), der Messelstein (30 km), der Wasserberg (22 km), der Römerstein (24 km), die Teck (14 km), der Hohenneuffen (18 km), die Achalm (28 km), der Rossberg (39 km), der Hohenzollern (55 km), der Plettenberg (72 km) und der Uhlbergturm (19 km). Der Turm ist immer geöffnet, um einen Beitrag wird gebeten.

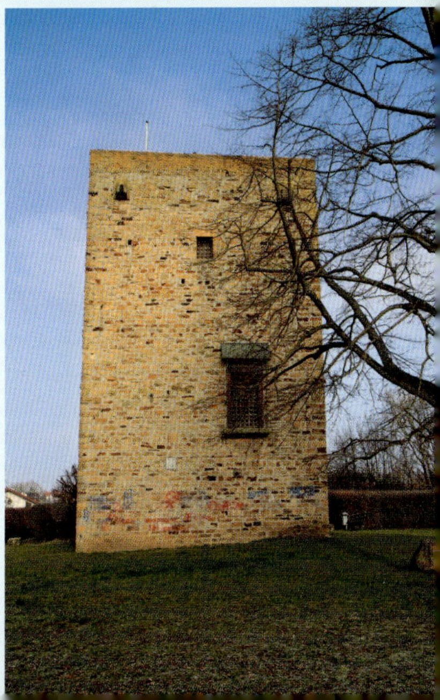

erst etwas bergauf, dann wieder hinab zu einem Querweg. Hier halten wir uns mit dem „blauen Kreuz“ in Richtung Stumpenhof links, zweigen aber gleich rechts ab. Kurz darauf überqueren wir die **L1150**.

Danach erreichen wir eine Verzweigung, wo wir mit dem „blauen Kreuz“ und dem Zeichen des „Jakobswegs“ auf dem mittleren Weg weiterwandern. Bald passieren wir einen **keltischen Grabhügel**, danach ignorieren wir, dass der mit dem „blauen Kreuz“ markierte Weg nach Stumpenhof nach links abzweigt. Nun folgen wir dem Zeichen „blauer Punkt“ geradeaus und steil abfallend. Nach dem Wald kommen wir zu einem asphaltierten Querweg, hinter dem der „Blaupunktweg“ weiter bergab führt 7. Wir halten uns nun jedoch ohne Zeichen links. Mit teilweise schönem Blick über die Kleingartenanlagen ins Neckartal und auf die Höhen der Schwäbischen Alb wandern wir durch die Kleingärten, bis wir die ersten Häuser vom Plochinger Ortsteil **Stumpenhof** erreichen. Dort geht es auf dem linken der beiden in Gehrichtung weiterführenden Wege weiter. Nach den Häusern treffen wir auf das Wanderzeichen „blaues Kreuz“, dem wir nach links hinauf zum Ausgangspunkt und dem Aussichtsturm folgen.

Schlösslesplatz

Hier im Wald befanden sich früher ein Wildpark, ein Jagdschloss und zwei Parkwächterhäuschen. Die Anlage wurde von einer Mauer umgeben, die in der ersten Hälfte des 19. Jahrhunderts 7 ½ Kilometer lang war. Vermutlich wurde bereits um 1760 unter Herzog Carl Eugen, der hier in der Gegend große Treibjagden veranstaltete, der erste Wildpark geschaffen. Der rund 1 200 Morgen große Wildpark wurde von 1815 bis 1817 unter der Ägide des für seine Leibesfülle und Jagdleidenschaft bekannten Königs Friedrich I. angelegt. Bereits bei der Fertigstellung 1817 hat aber der Nachfolger des „dicken Fritz“, Wilhelm I., die Auflösung verfügt. Diese wurde aber hinausgezögert, so konnte noch 1819/1820 durch den Verkauf von Wildfleisch ein Erlös von 1 757 Gulden erzielt werden und sieben Jahre später sollen hier immer noch fünfzig Stück Rotwild und 84 Wildschweine gelebt haben. Erst 1839 kam dann das Ende der Anlage. Das „Schlössle“ wurde 1839 für 600 Gulden von der Gemeinde Altbach gekauft, abgetragen, dort wieder aufgebaut und als Rathaus verwendet. Von den beiden Parkwächterhäuschen steht eines an der Straße nach Baach, das andere in Schlichten. Die Steine der einst zwei Meter hohen Ummauerung fanden verschiedene Verwendungen, nur in Richtung Baach ist ein Stück Mauer noch erhalten. Dort sieht man auch noch den „Einsprung“. Über diese rampenartige Schräge konnte das Wild zwar in den Wald gelangen, aber nicht wieder hinaus.

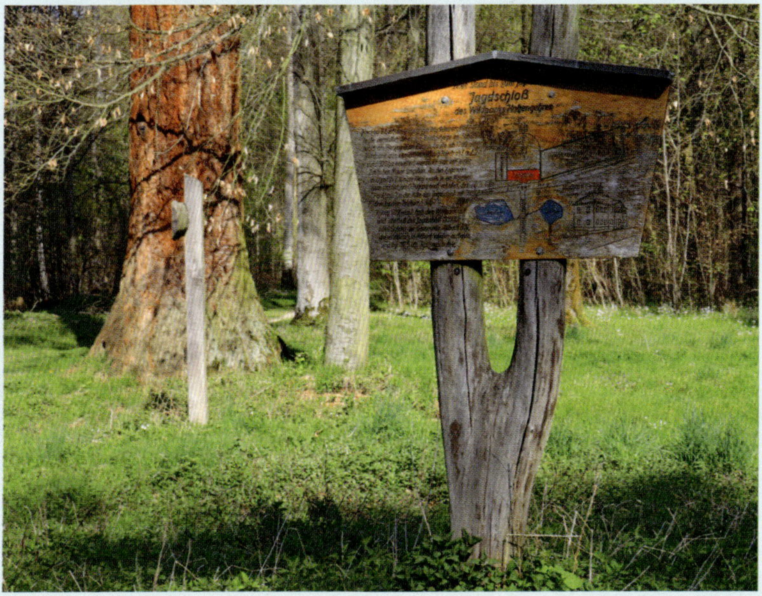

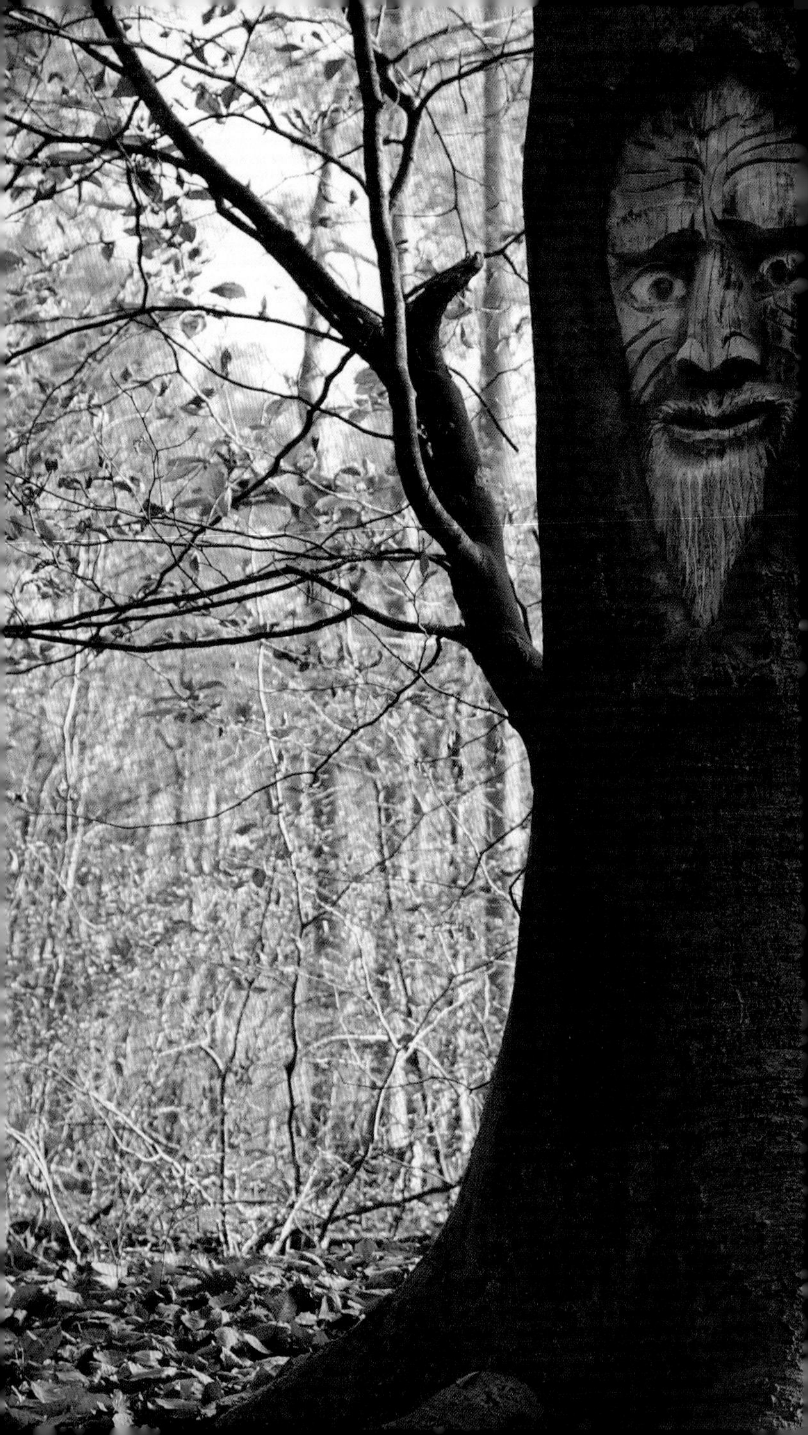

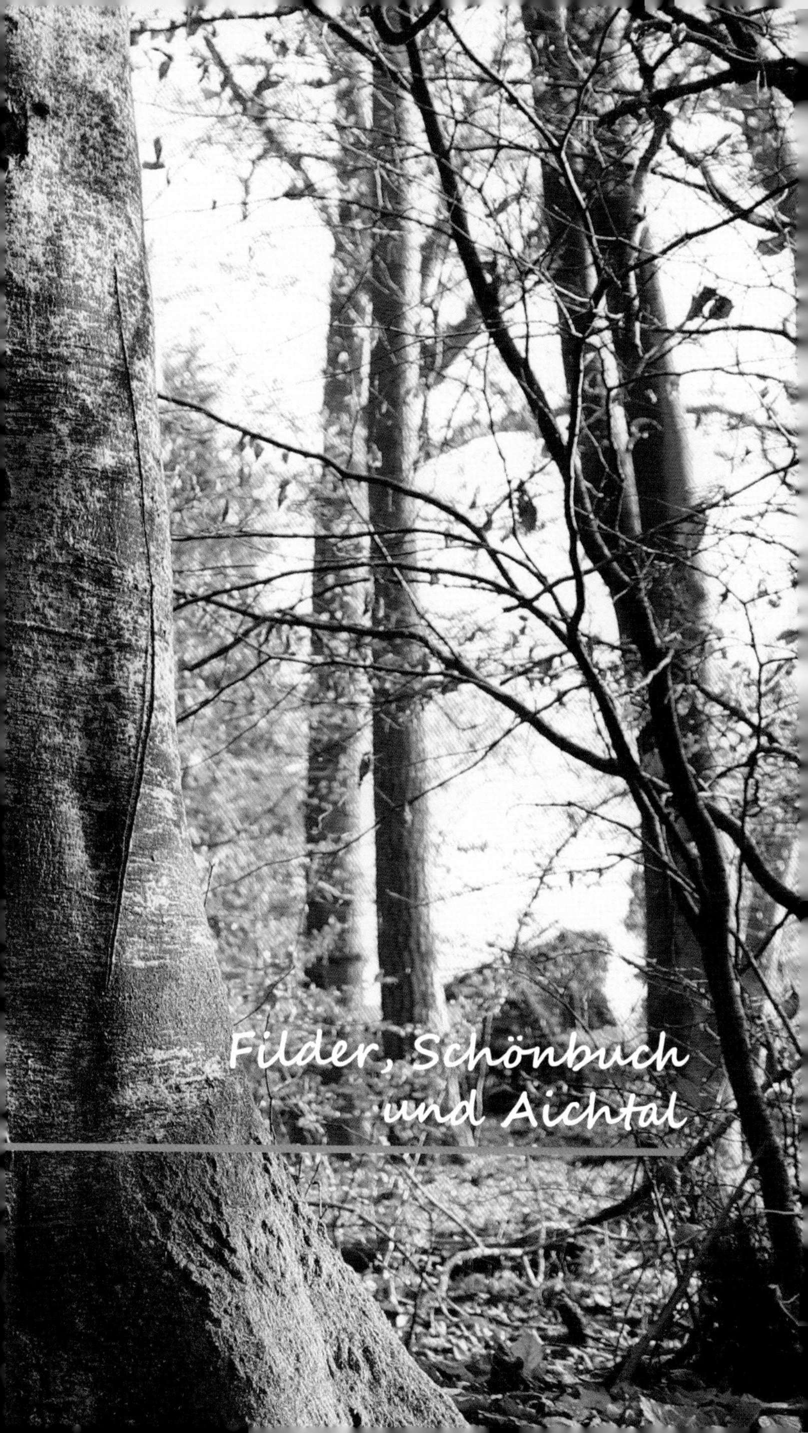
Filder, Schönbuch
und Aichtal

Durch den Wald zum Naturschutzgebiet 5

Von Oberaichen ins Mahdental

2 Std

7,5 km

150 Hm

Leinfelden-Echterdingen/Oberaichen, Wanderparkplatz Schmellbachtal – Mahdental – Wald – Waldgasthof – Wanderparkplatz

Wir wandern auf festen Wegen und Pfaden.

Wald, Waldwiese im Mahdental

Waldgasthof Schmellbachtal

Wir wandern durch die weiten Waldgebiete zwischen Stuttgart, Leinfelden-Echterdingen und Sindelfingen zu einer als Naturschutzgebiet ausgewiesenen Wiese, danach über die Höhe ins Tal, wo der Reichenbach, der später das Siebenmühlental durchfließt, sich aus zwei Bächen vereinigt. Über eine Gaststätte mit interessanter Geschichte geht es wieder zurück zum Ausgangspunkt.

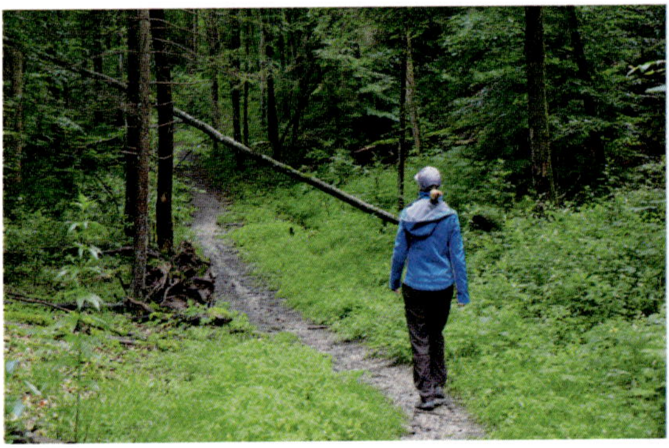

Am schönsten sind immer noch die kleinen Pfade im Wald.

Wir nehmen am Ende des **Parkplatzes** 1 den links in den Wald abgehenden **Bienenweg**. Nach einiger Zeit zweigt links ein Weg ab – ist er begehbar, sollten wir ihn benutzen und uns im Tal an einem querenden Weg erst rechts, dann mit dem „roten Punkt" links halten. Ansonsten gehen wir geradeaus, bis der erwähnte, mit dem „blauen Strich" markierte Weg quert. In diesem Fall gehen wir hier einfach geradeaus weiter, nun mit dem „roten Punkt".

Nach einer Weile steigt es an bis zum querenden Schönaicher Pfad 2. Hier behalten wir unsere Richtung bei, nun geht es wieder bergab. Bald stoßen wir auf das Schild **Naturschutzgebiet Mahdental** (435 m) 3. Die entsprechende Wiese liegt links, rechts des Querweges. Wir biegen

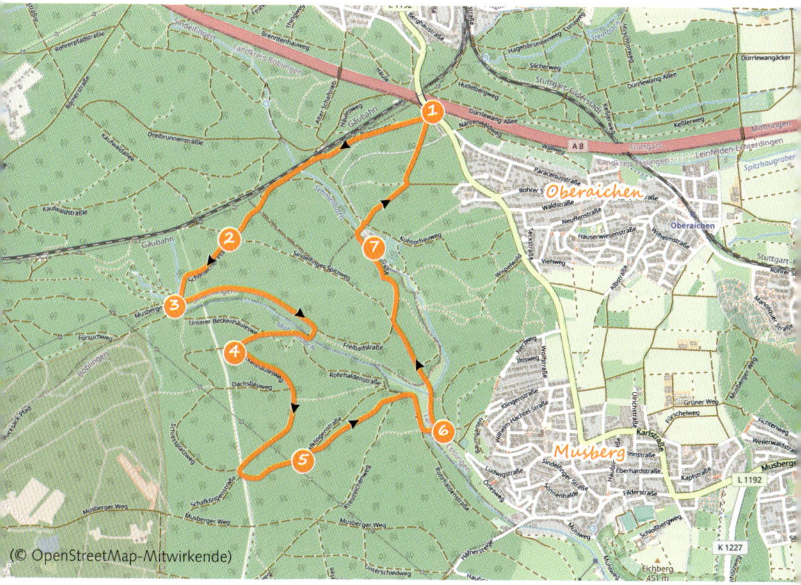

auch links ab und wandern an ihr entlang, bis wir wieder in den Wald kommen. Hier halten wir uns rechts in die **Rohrhaldenstraße**. Wir überqueren den Mahdentalbach und zweigen gleich rechts ab in den Weg **Beckenhäulesstich**. Diesem Weg folgen wir immer bergauf, bis wir auf einen querenden Weg stoßen 4. Hier orientieren wir uns links. Nach einer Weile am nächsten Querweg auch, ebenso am nächsten. Gleich danach halten wir uns mit dem „blauen Kreuz" links in die **Schafklingenstraße**.

Etwas später nehmen wir den rechts abgehenden schmalen Pfad 5, der uns später auf den querenden **Kreuzeichenweg** bringt. Ihm folgen wir nach links zum **Rohrhaldenweg**, dem wir mit dem „roten Punkt" nach rechts folgen. Nicht lange danach verlassen wir den Wald und gehen zwischen Waldrand und Wiese entlang, bis wir den Bach nach links überqueren können. Danach biegen wir wieder links ab 6, nun mit dem Wanderzeichen „blauer Strich". Nach der Brücke über den **Schmellbach** zweigen wir mit dem Zeichen links auf einen anfangs schmalen Pfad ab und kommen in den Wald.

Nach kurzem Anstieg kommen wir zu einer Kreuzung. Hier biegen wir rechts ab, in den mit dem „blauen Strich" markierten **Freibadweg** – er erinnert an das frühere Freibad, an dessen Stelle danach das Waldheim Schmellbachtal stand, heute Waldgasthof Schmellbachtal. Wir wandern nun weiter, bis rechts der Eingang zum **Waldgasthof Schmellbachtal** 7 liegt.

Hier haben wir zwei Möglichkeiten: Die einfachere wäre, wenn wir dem Zufahrtssträßchen nach links zum Ausgangspunkt folgen. Interessanter ist es aber, wenn wir auf den Wegspuren geradeaus hinauf zum querenden **Kuhtorhauweg** steigen. Dahinter geht es auf einem unbefestigten Pfad steil hinauf bis zu einem querenden Weg. Wir gehen geradeaus an dem Grenzstein mit der württembergischen Hirschstange vorbei. Nach etwas Bergab queren wir die Zufahrtsstraße und folgen dem Pfad zurück zum Parkplatz.

INFOS

Wanderkarte W228 Stuttgart, 1:25 000, Landesamt für Geoinformation und Landentwicklung Baden-Württemberg (LGL) in Zusammenarbeit mit dem Schwäbischen Albverein e. V.; Wanderkarte mit Radwegen Stuttgart Südwest Blatt 50-539, 1:25 000, NaturNavi

leinfelden-echterdingen.de

Bus Linie 86 bis Haltestelle Leinfelden Schmellbachtal (alle 20 Minuten)

Leinfelden-Echterdingen/Oberaichen, Wanderparkplatz Schmellbachtal, Schönbuchstraße/Vaihinger Straße, GPS 48.709285, 9.108070

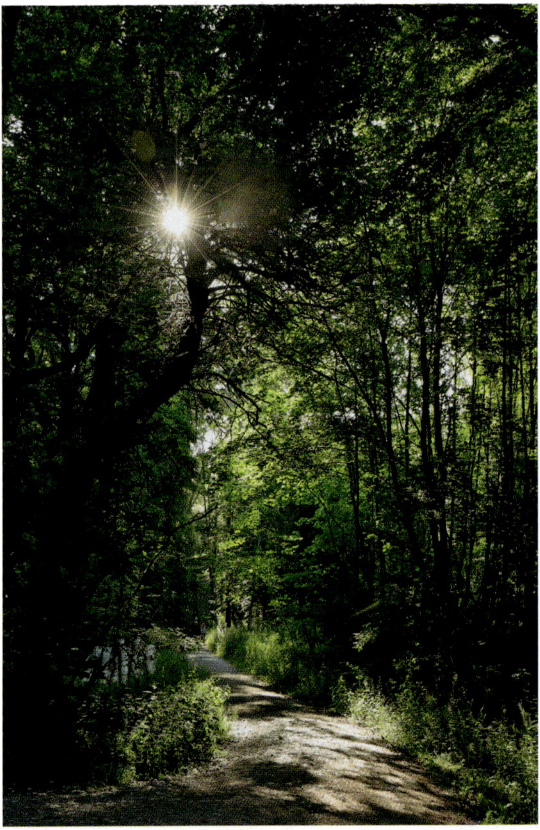

Wer früh unterwegs ist kann sich an der Sonne erfreuen, die durch das dichte Blätterdach bricht.

Mahdental und Schmellbachtal

Das Naturschutzgebiet **Waldwiese im Mahdental** ist mit 1,9 Hektar eines der kleinsten im Regierungsbezirk Stuttgart. Diese Wiese diente früher der Gewinnung von Einstreu und Futter. 1971 wurde sie wegen ihrer zahlreichen Orchideen und seltenen Waldpflanzen, die normalerweise nur in höheren Lagen vorkommen, unter Naturschutz gestellt. Das Gebiet besteht aus reinen Pfeifengraswiesen, waldbinsenreichen Nasswiesen und Kohldistelwiesen; man findet Großseggenbestände und Mädesüß-Hochstaudenfluren, nährstoffliebende Hochstauden wie Giersch und Großes Springkraut, Acker-Kratzdistel, Wiesen-Bärenklau, Schlüsselblumen, Trollblumen, die Sibirische Schwertlilie und die Große Sterndolde sowie an Orchideen das Breitblättrige und das Gefleckte Knabenkraut. 1977 hat man sogar noch den seltenen Lungen-Enzian gefunden. Auch die Amphibien- und Schmetterlingsfauna ist mit zahlreichen Arten vertreten, und es gibt unterschiedliche Heuschrecken wie die Kleine Goldschrecke oder den Sumpfgrashüpfer. Der früher durch die Wiese mäandrierende Mahdenbach wurde im Zuge einer Begradigung in den Süden der Wiese verlegt.

Der Ursprung des heutigen Gastbetriebs im **Schmellbachtal** geht auf die von großer Arbeitslosigkeit gekennzeichnete Notzeit 1926/27 zurück. Damals wurde von freiwilligen Helfern ein Freibad, erst mit einem, dann mit zwei Becken angelegt. Diese Becken wurden von Hand ausgegraben. Das Wasser kam vom Schmellbach, der größte Teil von den „Drei Brunnen". In den Anfangszeiten wurde unter der Woche das Wasser angestaut, sodass am Sonntag die Becken gefüllt waren. Durch das kühle Quellwasser betrug die Temperatur nie über 18 °C. An heißen Tagen zählte man bis zu 3000 Besucher, die sogar mit der Straßenbahn aus Stuttgart angefahren kamen und über Rohr ins Schmellbachtal wanderten. Der Badeclub von Rohr verkaufte Kaffee und Kuchen. Nach dem Zweiten Weltkrieg ging das Bad an die katholische Kirche über. Bis Anfang der 1960er-Jahre wurde der Badebetrieb aufrechterhalten, danach ist das Katholische Waldheim Schmellbachtal erbaut worden.

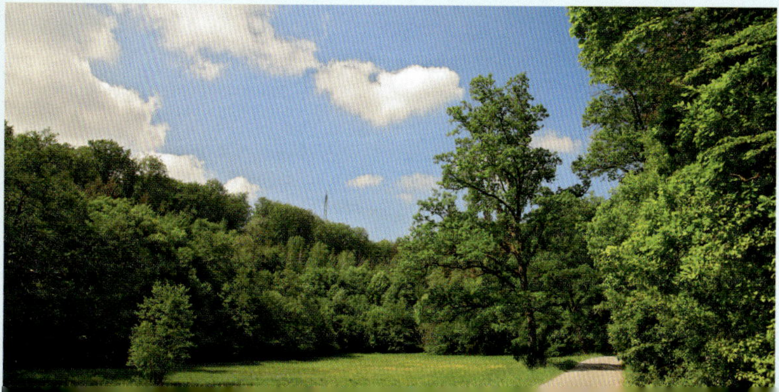

Zum Seerosensee

6

Von Musberg über den Hohenwart

1¾ Std
6,7 km
70 Hm

Leinfelden-Echterdingen-Musberg/ Parkplatz Häfnersteige – Seerosensee – Hohenwart/ Grillplatz – Parkplatz

Wir wandern auf festen Wegen.

Seerosensee, Blick auf den Piz Mus, Streuobstwiesen

Sportplatzgaststätten Musberg, Musberg

Wir wandern durch den Wald zu einem idyllischen kleinen See, dem Seerosensee, der aber nicht nur zur Blütezeit der Seerosen bezaubert. Danach geht es durch die recht naturnahen Wälder um Musberg zu einem Grillplatz und wir sehen am Ende der Wanderung noch eine typische Streuobstwiese. Am Schluss kann man noch einen Abstecher zum einst berühmten Skihang „Piz Mus" machen, der uns eine schöne Aussicht auf Musberg und das Naturschutzgebiet Eichberg bietet. Bei den Sportplätzen davor kann man auch einkehren.

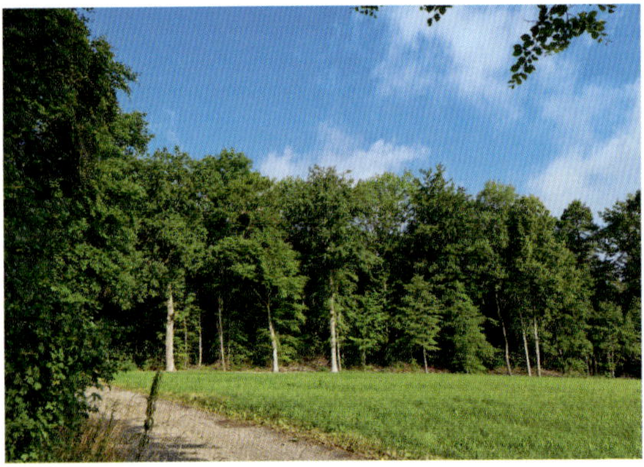

Die Wanderung verläuft zwischen Wiesen und Wald.

Wir folgen dem auf der rechten Seite des **Parkplatzes** 1 (aus Anfahrtsrichtung gesehen) abgehenden **Unterschiedweg**, dessen Name hier allerdings nicht zu lesen ist. Es ist der zweite Weg von rechts, bevor sich links das Sträßchen und rechts ein Wanderweg teilen.

Wir folgen diesem Weg bis zum querenden **Wetzelweg** 2, in den wir uns links halten. Kurz danach biegen wir links in den Marderweg ein. Er bringt uns zum **Seerosensee** 3. Danach gehen wir im Marderweg weiter bis zum querenden Stuttgarterweg. Hier biegen wir rechts ab.

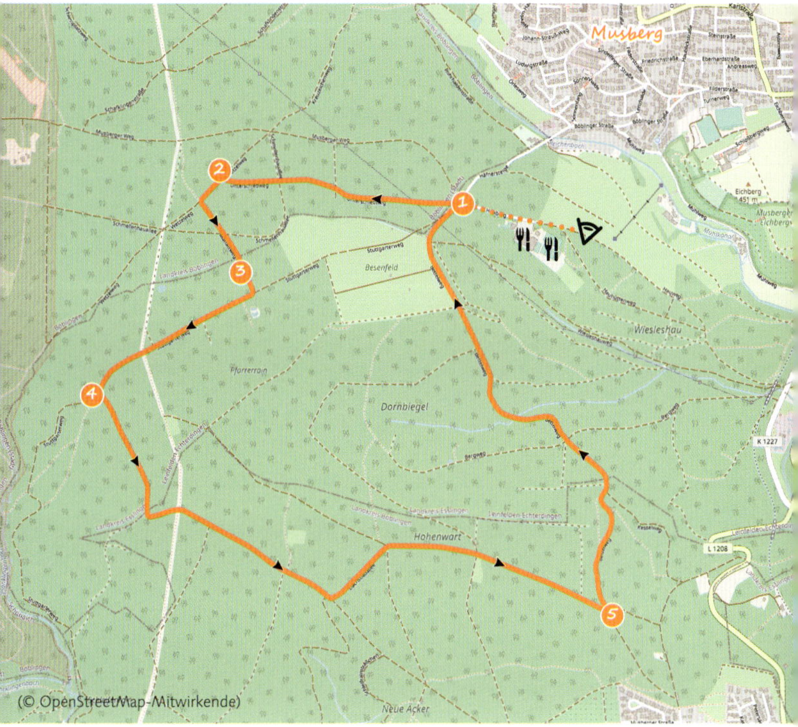

An einer Verzweigung, wo es geradeaus nur noch unbefestigt weiter ginge, biegen wir links ab 4; nun wandern wir über den **Hohenwart**. Der Weg beschreibt einige ausgeprägte Kurven und führt uns nach einer Linkskurve an einem links liegenden Grillplatz vorbei. Ob mit oder ohne Grillen – hier kann man eine Pause einlegen und sich erholen. Etwas später sehen wir an einer Kreuzung rechts einen Wasserbehälter. Etwas später erreichen wir den querenden **Bettelweg** 5. In ihn biegen wir mit dem Wanderzeichen „rotes Kreuz“ links ab.

Nach einiger Zeit sehen wir links eine Erklärungstafel zu den sogenannten **Habitatbaumgruppen** – auf ihr wird erklärt, was es bedeutet, wenn manche Bäume mit Wellenlinien bemalt sind. Etwas später kommen wir zu einer Wegspinne, an der rechts der Bergweg abgeht. Wir wandern aber noch geradeaus weiter, queren einen Bacheinschnitt und kommen nach etwas Anstieg an einer links liegenden Streuobstwiese 6 vorbei. Etwas später treffen wir auf den **Stuttgarterweg**, der uns nach rechts zurück zum Ausgangspunkt bringt.

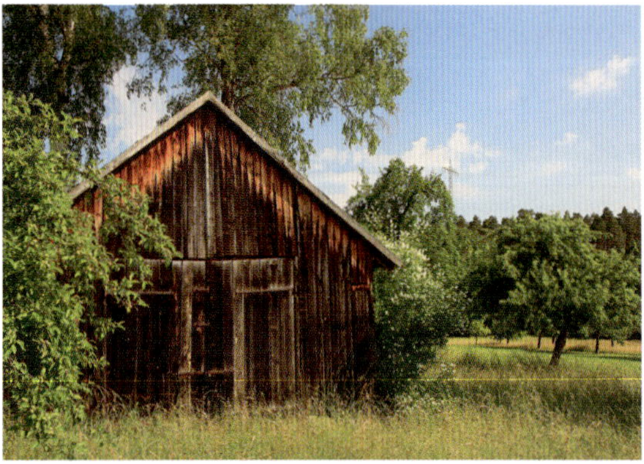

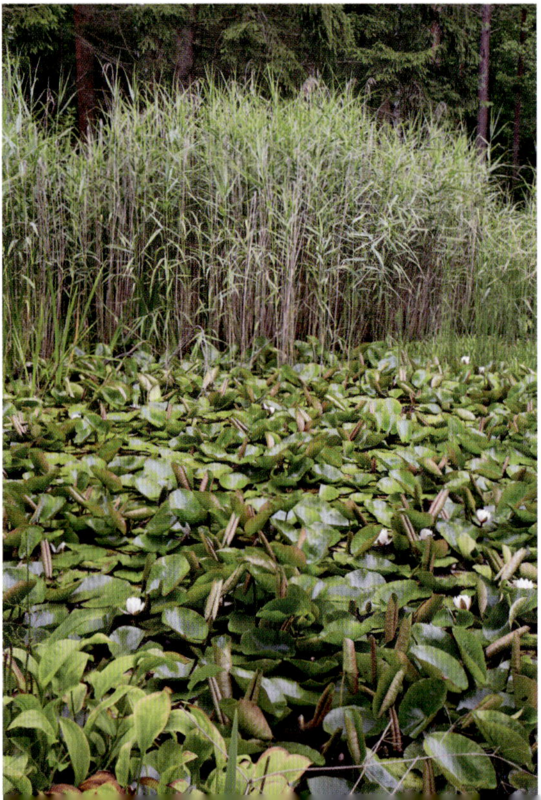

INFOS

Wanderkarte W228 Stuttgart, 1:25 000, Landesamt für Geoinformation und Landentwicklung Baden-Württemberg (LGL) in Zusammenarbeit mit dem Schwäbischen Albverein e. V.; Wanderkarte mit Radwegen Stuttgart Südwest Blatt 50-539, 1:25 000, NaturNavi

leinfelden-echterdingen.de

Bus Linie 86 (alle 20 Minuten) oder Linie 818 (halbstündlich) bis Haltestelle Musberg Kirche

Leinfelden-Echterdingen-Musberg, Parkplatz Häfnersteige, Böblinger Straße, GPS 48.688238, 9.109256

oben: Hütte in den Streuobstwiesen.

unten: Dass der Seerosensee so heißt, hat natürlich seinen Grund.

Wer einkehren will, biegt hier rechts ab und geht (oder fährt) zu einem großen Parkplatz beim Tennisplatz bzw. Schützenverein; hier kann eingekehrt werden. Verlässt man geradeaus gehend den Wald, hat man vom oberen Rand des ehemaligen **Skibergs Piz Mus** – auch ein Rest des Skilifts ist noch erhalten – einen prächtigen Blick hinüber auf Musberg, rechts sieht man das Naturschutzgebiet Eichberg.

Habitatbaumgruppe

Weiße Wellenlinien an Bäumen im Wald weisen auf sogenannte **Habitatbaumgruppen** hin. Diese bestehen aus 10 bis 15 Bäumen. Einer oder mehrere davon besitzen eine besondere Struktur, die manche Arten von Lebewesen zum Überleben benötigen. Zu den Bäumen gehören Horst- und Höhlenbäume, Bäume mit dürren Ästen in der Krone oder faulen Stellen, besonders alte und dicke Bäume, Bäume mit Insektenbefall, Bäume mit starkem Moos- oder Efeubewuchs und Bäume mit ungewöhnlicher Form. In der Baumgruppe werden keine Bäume gefällt; sie sollen auf natürliche Art absterben und zerfallen. Die Förster wählen in allen älteren Wäldern alle drei Hektar eine solche Baumgruppe aus, sodass sich im Laufe der Zeit ein für den Artenschutz nützliches Netz aus solch uralten Bäumen und Totholz entwickelt.

Mühlen, Eichen und ein See

7

Über den Seerosensee zum Eichberg

2½ Std
8,8 km
130 Hm

Leinfelden-Echterdingen-Musberg/Parkplatz Eselsmühle/Mäulesmühle – Viadukt – Bergweg – Streuobstwiese – Seerosensee – Piz Mus – Parkplatz – Naturschutzgebiet Eichberg – Parkplatz

Wir wandern auf festen Wegen.

Wald, Seerosensee, Streuobstwiese, Aussicht vom Piz Mus, Eichberg, Mühlen

Eselsmühle, Mäulesmühle, Sportplatzgaststätten, Stadt Leinfelden-Echterdingen

Wir beginnen diese Wanderung zwar im beliebten Siebenmühlental bei Musberg, bei dem man sicher nicht von einer einsamen Wandergegend reden kann. Von dort aus sind wir allerdings schnell im Wald, wo wir wohl eher selten anderen Wanderern begegnen. Die Höhepunkte der Wanderung sind die lieblichen Streuobstwiesen, der Seerosenweiher, der Ausblick vom Piz Mus, das Naturschutzgebiet Eichberg und die Mühlen.

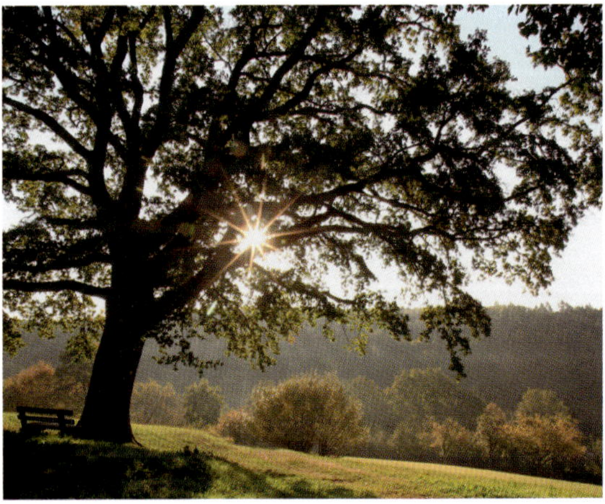

Morgensonne am Eichberg.

Wir gehen vom **Wanderparkplatz** 1 aus auf die andere Straßenseite und durchqueren das Gelände der **Mäulesmühle**. Danach gehen wir links der Straße bis zu einem Gehölz, wo wir sie nach rechts zu dem mächtigen **Viadukt** unterqueren können. Dann halten wir uns an den linken Bogen, nach dem wir auf dem Bergweg emporsteigen. An einer Verzweigung nehmen wir den rechten Weg, der uns hinauf zum **Bettelweg** bringt.
Hier biegen wir rechts ab und wandern mit etwas Auf und Ab zum Waldrand und danach rechts der Streuobstwiesen

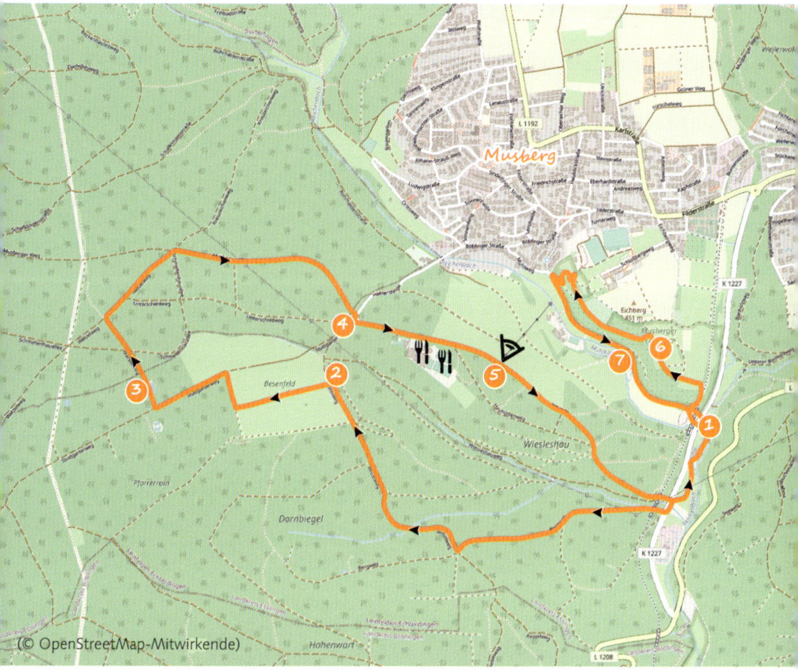

noch ein Stück weiter. Wo links ein Weg abgeht, folgen wir ihm mitten durch die Streuobstwiesen hindurch ❷. Am gegenüber liegenden Waldweg biegen wir rechts ab, am nächsten Querweg halten wir uns links. Wir kommen in den Wald, wo wir bis zum rechts abgehenden **Marderweg** gehen. Er bringt uns nach rechts zum idyllischen **Seerosensee** ❸. Danach gehen wir weiter bis zum querenden Wetzelweg, dem wir nach rechts bis zum Musberger Weg folgen. Er bringt uns nach rechts zum **Parkplatz Häfnersteige** ❹.

Wir gehen geradeaus weiter und erreichen bald einen großen Parkplatz und die Sportplätze mit ihren Gaststätten. Dort gehen wir allerdings geradeaus weiter, aus dem Wald hinaus und am Waldrand weiter. Nun sind wir am oberen Ende des einstigen Skihangs **Piz Mus** ❺. Hier wurden früher sogar württembergische Meisterschaften ausgetragen, es gab eine Sprungschanze und heute noch sind Reste der Liftanlage zu sehen. Am schönsten ist der Blick über das Siebenmühlental auf Musberg und das Naturschutzgebiet Eichberg, das letzte Ziel dieser Wanderung.

INFOS

Wanderkarte W228 Stuttgart, 1:25 000, Landesamt für Geoinformation und Landentwicklung Baden-Württemberg (LGL) in Zusammenarbeit mit dem Schwäbischen Albverein e. V.; Wanderkarte mit Radwegen Stuttgart Südwest Blatt 50-539, 1:25 000, NaturNavi

leinfelden-echterdingen.de

Bus Linie 826 bis Haltestelle Musberg Eselsmühle (halbstündlich)

Leinfelden-Echterdingen-Musberg, Wanderparkplatz Siebenmühlental, K1227, gegenüber der Mäulesmühle unter dem Viadukt, GPS 48.684631, 9.128185

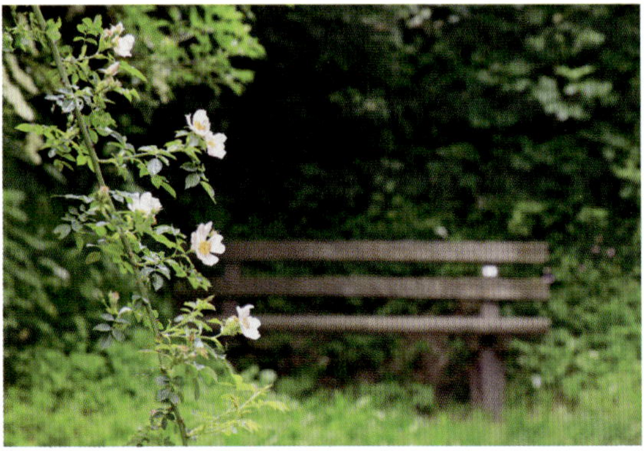

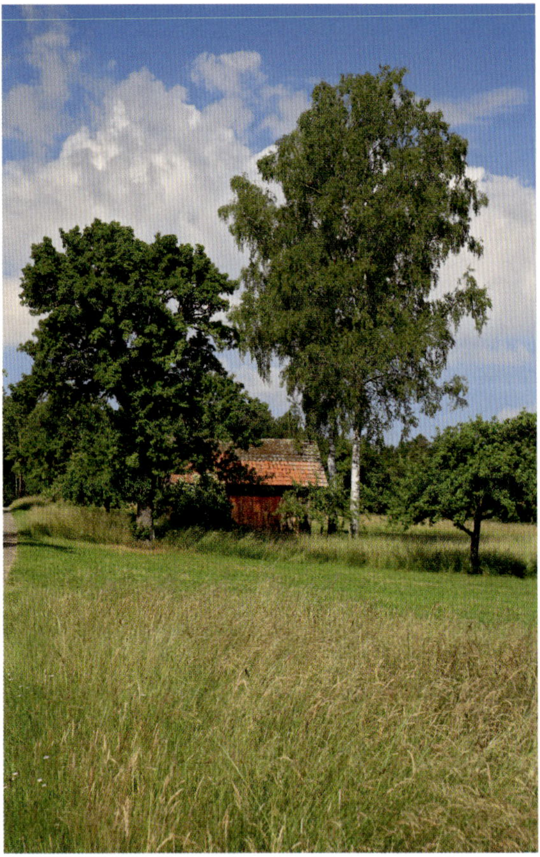

oben: Eine einsame Bank lädt zu einer gemütlichen Rast.

unten: Der Weg führt auch durch Streuobstwiesen, in denen auch diese Birke geduldet ist.

Eselsmühle

Sie wurde erstmals im Jahre 1451 als „Milin am Eychberg" genannt, 1524 war nur noch von einer Hofstatt die Rede, also ist sie wohl vor dieser Zeit vorübergehend abgegangen, vielleicht abgebrannt. Danach wurde sie als „wüste Mühle" bezeichnet. Der Name „Eselsmühle" kam zum ersten Mal 1582 auf. Ab 1680 hieß sie eine Zeitlang Krausenmühle – nach dem Besitzer, dem Rentkammerrat und späteren Kammerprokurator Wilhelm Kraus. Von 1795–1937 war sie im Besitz der Familie Lorenz, deren Söhne alle Karl hießen; deshalb wurde sie in dieser Zeit Karlesmühle genannt. Der vierte Karl (1839–1912) riss das alte Anwesen ab und baute neu. Von ihm ging sie an den aus Reutlingen stammenden Rudolf Gmelin über. Gemahlen wird heute noch. Angeschlossen sind ein Verkauf (seit 1954 Demetergetreide) und ein kleines Café. In der Wasserkammer befindet sich ein zu besichtigendes oberschlächtiges Wasserrad und der Wasserkasten. 2023 brannte ein Teil der Mühle ab, ein Wiederaufbau ist im Gang. Schön für Kinder sind auch die Tiere mitsamt dem freilaufenden Federvieh.

Sie ist die einzige Mühle, in der noch gemahlen wird. Beliebt ist das „Gmelin-Brot", dessen Mehl aus biologisch-dynamischem Anbau stammt (Demeter-Getreide) und das im Holzbackofen gebacken wird. Man kann einkehren und sich im Hofladen mit Bio-Lebensmitteln versorgen. Sehr beliebt sind das Café und die Gartenwirtschaft.

www.eselsmühle.com

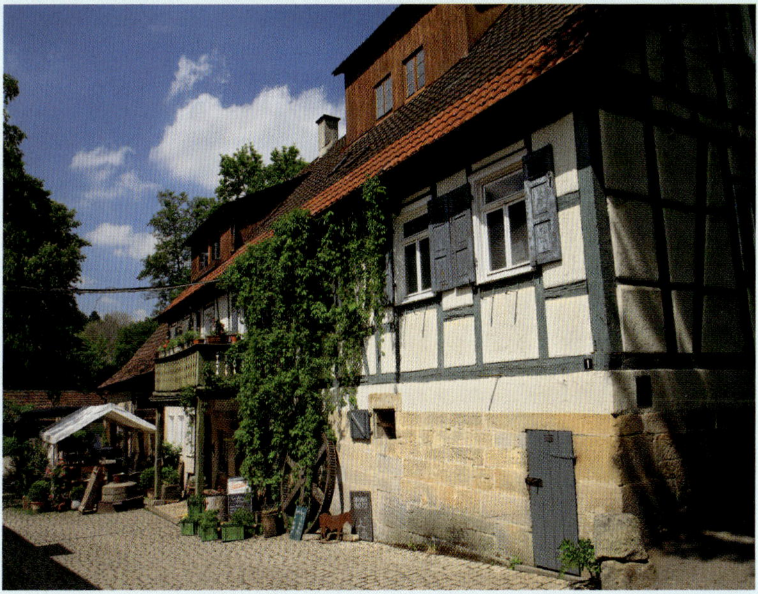

Mäulesmühle

Sie wurde 1383 erstmals erwähnt. Im ältesten Urbar von Württemberg ist unter der Rubrik „Cenus in Mosberg" von einem gewissen „Rudger Müller" die Rede, womit die heutige Mäulesmühle gemeint war. Der Name kommt von der Familie Maylen, die 1694–1764 die Metzgermühle, wie sie damals hieß, bewohnte. Aus „Maylensmühle" wurde mit der Zeit dann „Mäulesmühle". Sie hatte auch noch andere Namen, z. B. Stierlinsmühle oder Joachimsmühle nach dem Besitzer Joachim Stäbler. „Metzgermühle" wurde sie von 1645 bis 1665 genannt, da sie in dieser Zeit im Besitz von Echterdinger Metzgern war. Nach 1771 bis in die zweite Hälfte des 19. Jahrhunderts hieß sie Jörglesmühle, da die Besitzer alle mit Vornamen Georg hießen – aber verschiedene Nachnamen hatten. Seit 1961 ist sie im Besitz der Gemeinde Leinfelden. Bekannt war sie lange Zeit als Aufführungsort der Mundart-Theatergruppe „Komede-Scheuer" mit ihrem Paradestück „Hannes und der Bürgermeister". Der heutige Bau stammt von 1819, nach Umbauten ist sie heute wohl die am besten erhaltene Mühle der Umgebung.

Im Mühlenmuseum sind Geschichte und Technik des Müllerhandwerks dokumentiert, hier gibt es auch ein funktionsfähiges Mahlwerk von 1819. Das große Mühlrad hinter dem Haus kann auch außerhalb der Öffnungszeiten besichtigt werden.

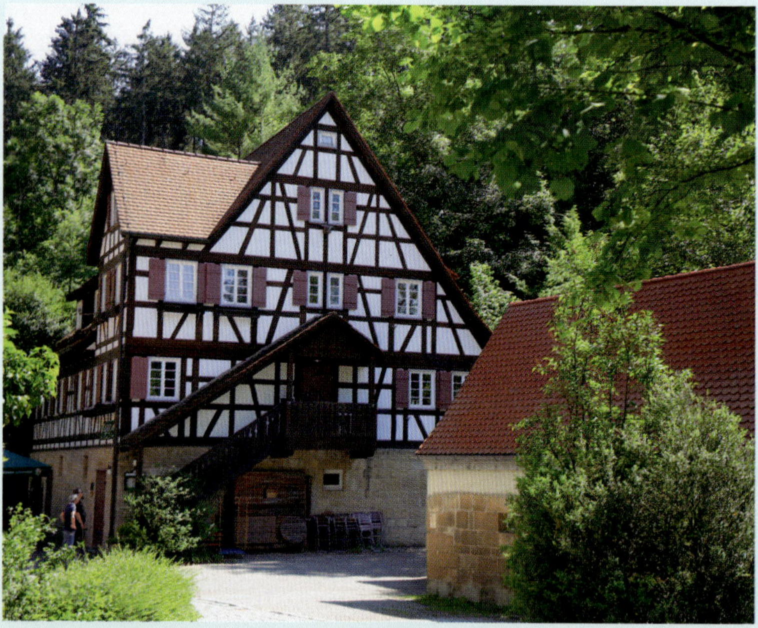

Geradeaus gehend kommen wir wieder in den Wald und wandern weiter auf dem **Hauweg** hinab ins Tal. Dort gehen wir wieder auf bekanntem Wege über die Mäulesmühle zurück zum Ausgangspunkt.

Wer will, kann die Tour bereits jetzt beenden, es lohnt sich aber, noch auf den unter Naturschutz stehenden **Eichberg** hinaufzusteigen.

Dazu gehen wir vom Parkplatz aus auf dem steil ansteigenden Weg hinauf zum Viadukt, wo der Bundeswanderweg, der durch das Siebenmühlental führt, quert. Wir gehen aber nach links weiter hinauf bis zu den mächtigen **Eichen** 6. Von dort aus hat man auch einen schönen Blick hinab ins Siebenmühlental und auf der anderen Talseite auf den Piz Mus.

Wir wandern bei den Eichen geradeaus weiter, bis links ein Weg abgeht. Ihm folgen wir, erst bergab, dann nach rechts, bis ein Weg quert. Er bringt uns hinab ins Siebenmühlental, wo wir mit Sicherheit nicht mehr alleine wandern. Wir biegen links ab, passieren die **Eselsmühle** 7, wo man Bioware einkaufen und einkehren kann, und gehen geradeaus weiter bis zum Parkplatz.

Ums Siebenmühlental

8

Über den Eichberg zum Jakobsbrünnele

2½ Std
8,5 km
160 Hm

Musberg/Parkplatz Eselsmühle/Mäulesmühle – Eichberg – Parkplatz Häfnersteige – Piz Mus – Seebruckenmühle – Jakobsbrünnele – Musberg – Wanderparkplatz

Wir wandern auf festen Wegen und Pfaden.

Wald, Eichberg, Aussicht Eichberg und Piz Mus

Eselsmühle, Mäulesmühle, Musberg, Sportplatzgaststätten auf dem Piz Mus

Man vermutet kaum, dass man in dem dicht besiedelten Gebiet um Leinfelden-Echterdingen eine so vielfältige Natur zu sehen bekommt. Wir steigen zuerst hinauf in das prächtige Naturschutzgebiet Eichberg, das uns schöne Blicke hinab ins unterhalb gelegene, Siebenmühlental genannte Reichenbachtal bietet. Danach folgen wir dem Oberlauf des Reichenbachs und wandern dann hoch zum Parkplatz Häfnersteige. Oberhalb des ehemaligen Skihangs Piz Mus geht es dann wieder hinab ins Siebenmühlental. Der Bundeswanderweg bringt uns zur Seebruckenmühle. Vorbei am kleinen Jakobsbrünnele bringt uns dann ein idyllischer Waldweg wieder zurück.

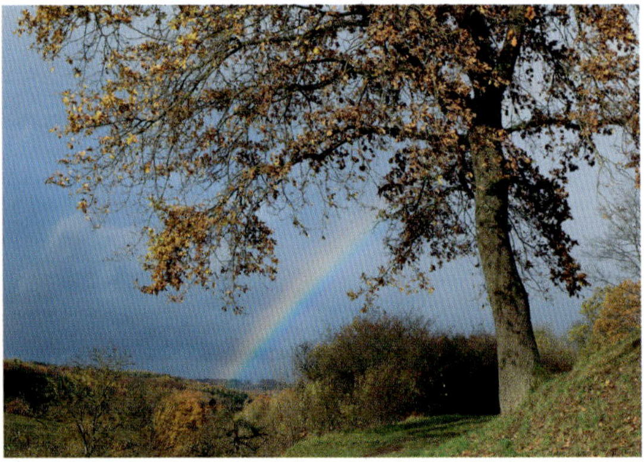

Immer ein besonderes Erlebnis: ein Regenbogen. Hier gesehen vom Eichberg.

Wir steigen vom **Parkplatz** 1 aus hinauf bis kurz vor den **Viadukt**, auf dem der ehemalige Bundeswanderweg verläuft. Dort gehen wir aber links vom Wanderweg auf einem unbefestigten Weg weiter und erreichen bald die mächtigen Eichen des **Naturschutzgebiets Eichberg** 2. Dort bietet sich eine Rast auf der Bank unter der größten Eiche an. Von hier aus hat man einen schönen Blick auf den Viadukt und in Richtung Mäulesmühle.

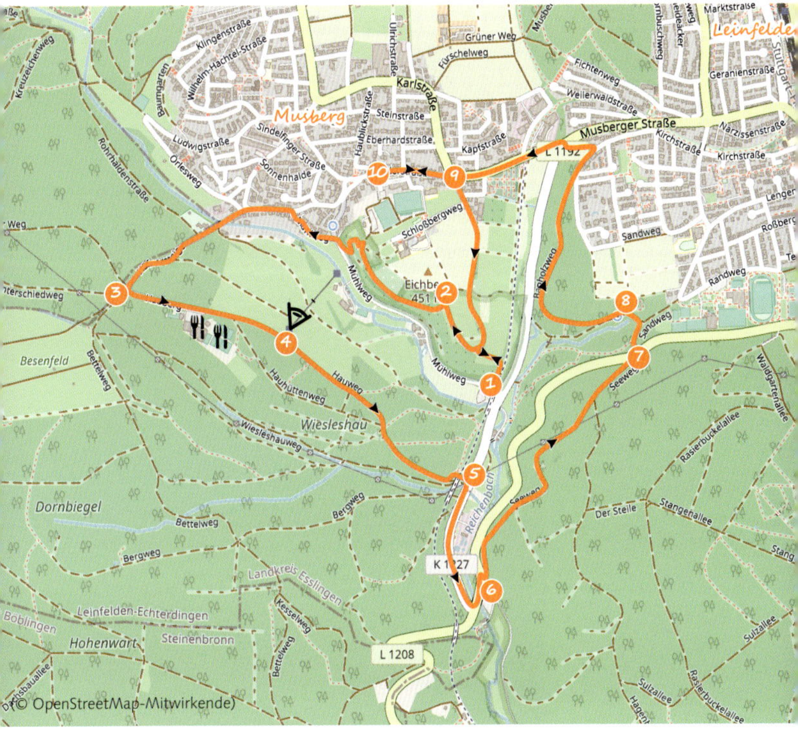

Wir wandern nun geradeaus weiter und folgen dem Weg auf dieser idyllisch zwischen Wiesen und mächtigen Bäumen verlaufenden Strecke oberhalb des oberen Reichenbachtals. Von oben hat man schöne Blicke auf den ehemaligen Skihang „Piz Mus“ und den dahinterliegenden Wald.

Bald jedoch geht links ein Weg ab und zieht dann gleich nach rechts. Ihm folgen wir. Er bringt uns zu einem querenden Weg, auf dem wir nach links hinab ins **Siebenmühlental** gehen. Nach links ginge es zur Eselsmühle, wo man einkehren kann. Ansonsten halten wir uns rechts und wandern im Mühlweg zur querenden **Böblinger Straße**. Dort orientieren wir uns links, überqueren bei den letzten Häusern den Reichenbach und wandern hinauf zum **Parkplatz Häfnersteige** 3. Unterwegs liegt links ein kleiner Brunnen.

Am Parkplatz biegen wir links ab und wandern an den Sportanlagen vorbei; auch hier kann man einkehren. Danach verläuft der Weg am oberen Rand des ehemaligen Ski-

INFOS

Wanderkarte W228 Stuttgart, 1:25 000, Landesamt für Geoinformation und Landentwicklung Baden-Württemberg (LGL) in Zusammenarbeit mit dem Schwäbischen Albverein e. V.; Wanderkarte mit Radwegen Stuttgart Südwest Blatt 50-539, 1:25 000, NaturNavi

leinfelden-echterdingen.de

Bus Linie 826 bis zur Haltestelle Musberg Eselsmühle (halbstündlich) oder Bus Linie 818 bis Haltestelle Musberg Friedhof (halbstündlich)

Leinfelden-Echterdingen-Musberg, Wanderparkplatz Siebenmühlental, K1227, gegenüber der Mäulesmühle unter dem Viadukt, GPS 48.684631, 9.128185

Sollte der Parkplatz belegt sein, kann man auch bei der Seebruckenmühle oder beim Parkplatz Häfnersteige parken.

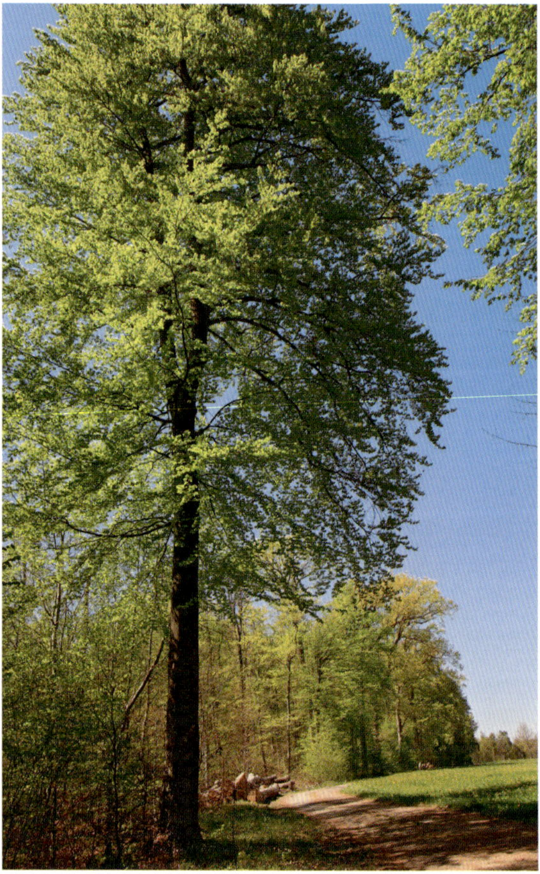

hangs **Piz Mus** (4); hier sind sogar noch Reste des einstigen Skilifts zu sehen. Nach der Wiese führt uns der **Hauweg** in den Wald. Nun geht es bergab. Vor der **K1227** (5) unterqueren wir den Viadukt, auf dem der Bundeswanderweg durch das Siebenmühlental verläuft.

Auf der anderen Seite ginge es links zurück zum Parkplatz. Da wir aber die Wanderung noch nicht beenden wollen, folgen wir dem schmalen Weg rechts. Er bringt uns parallel zur K1227 zur Kreuzung mit der L1208. Etwas nach links versetzt kommen wir auf der anderen Straßenseite zu den Parkplätzen bei der **Seebruckenmühle** (6). Wir gehen aber nicht in den Parkplatz hinein, sondern zweigen gleich nach der Straße links ab in den mit dem „roten Punkt" markierten **Seeweg**.

Dieser Naturweg ist zwar recht breit, aber zeitweise etwas holprig. Kurz danach sehen wir rechts einen Gedenkstein für Thomas Reimold. Anfangs als Hohlweg steigt der Seeweg stetig an und bietet uns links und rechts schöne Waldszenerien mit interessanten Wurzelgebilden der Bäume inmitten des saftigen Grüns der verschiedenen Moose. Später wird er breiter und fester. Schließlich mündet von rechts die mit dem „roten Kreuz" markierte Hagenbuchenallee in unseren Seeweg.

Wir gehen noch geradeaus weiter bis zur Straße L1208 (7). Auf ihrer anderen Seite folgen wir dem **Sandweg**. An der Schranke ignorieren wir den links abgehenden Pfad, halten uns aber kurz danach links in den **Banholzweg**. Links können wir in ein tiefes Tal hinabsehen. Nach der Linkskurve kommen wir am **Jakobsbrünnele** (8) vorbei. Danach wandern wir bei der Verzweigung geradeaus weiter, immer noch im Banholzweg. Nach einiger Zeit verlassen wir den Wald und stoßen auf die Beethovenstraße. Wir gehen kurz geradeaus weiter, dann biegen wir am Rechtsknick der Straße links ab und spazieren hinab zur **Musberger Straße**.

Nach dem Kreisverkehr gehen wir geradeaus weiter bis zum Parkplatz am Friedhof. Dort folgen wir der Filderstraße

links: So schön wie im Herbst die leuchtenden Farben des Waldes sind, so schön ist auch das lichte Grün im Frühling.

unten: Kleiner Brunnen am Wegrand.

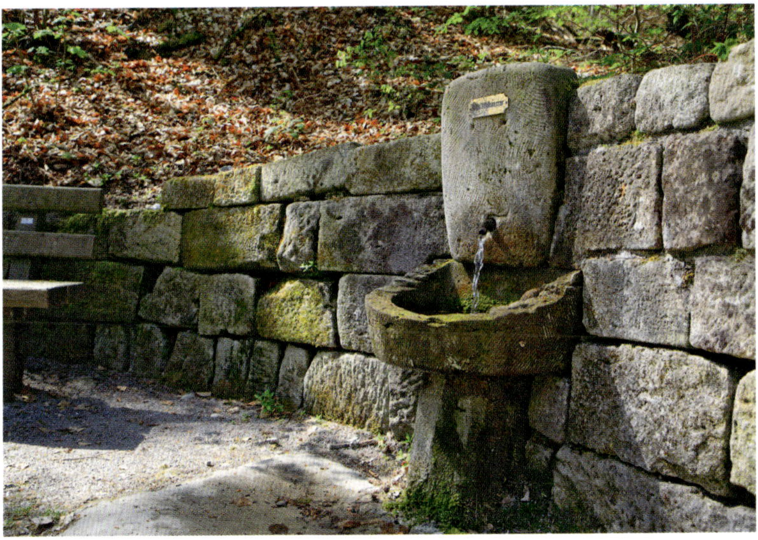

oben: Blick über den ehemaligen Skihang „Piz Mus" nach Musberg.

unten: Waldidylle vom Feinsten.

hinauf nach **Musberg**. Wo die Karlstraße nach rechts abbiegt 9, geht es später nach links im Eichbergweg zurück. Erst können wir aber geradeaus einen Abstecher hinein in das historische Musberg machen; hier erwarten uns einige sehenswerte Gebäude, die Kirche und das **Besenbinderdenkmal** 10. Die Gebäude sind durch Tafeln erklärt.

Danach gehen wir wieder zurück und halten uns rechts bzw. wir biegen gleich links ab in den **Eichbergweg** 9. Ihm folgen wir immer geradeaus gen Süden bis zu den bekannten Eichen auf dem **Eichberg**. Links von der Baumgruppe gehen wir nun auf bekanntem Wege hinab zum Ausgangspunkt.

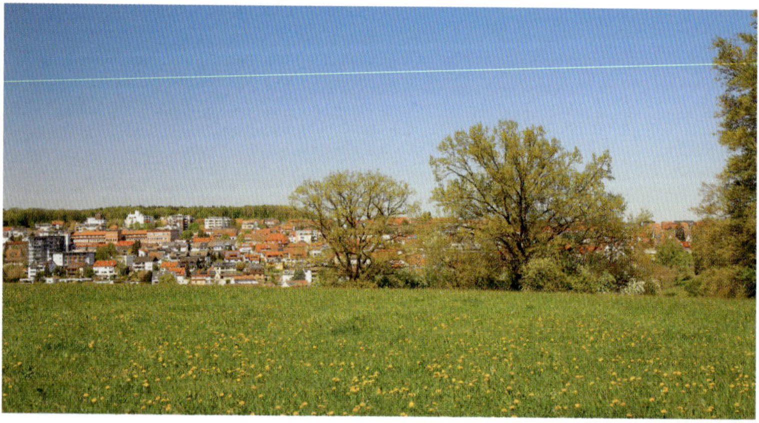

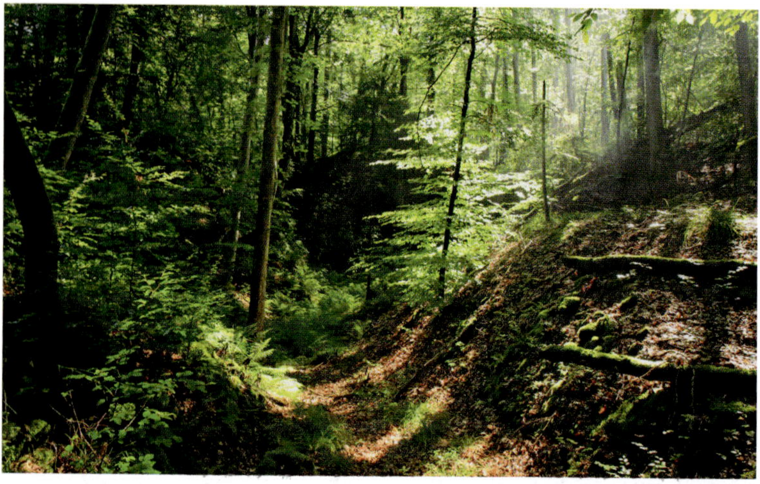

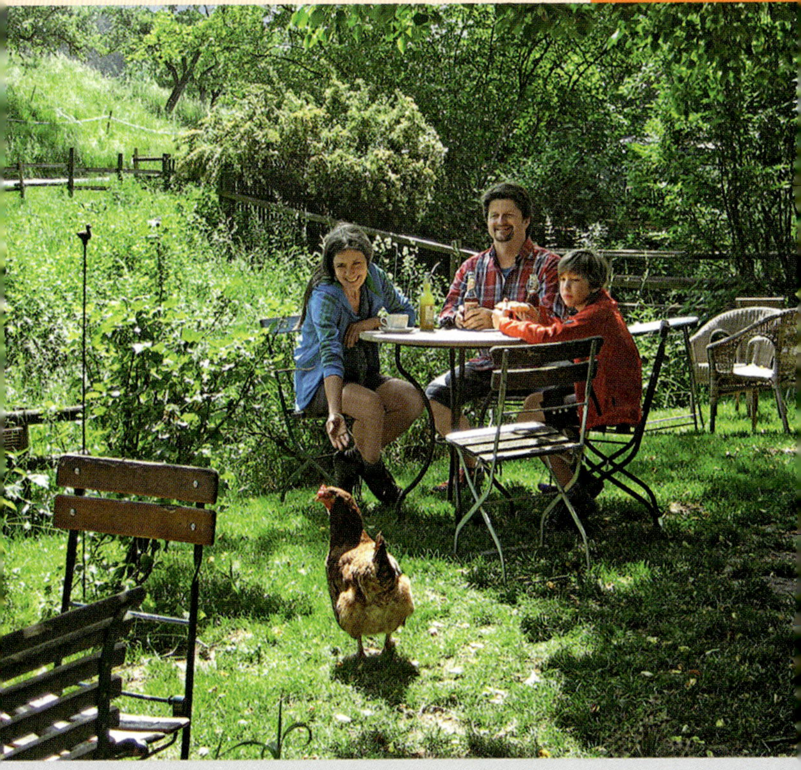

Kleine Auszeit um die Ecke

Willkommen im Siebenmühlental!

Leinfelden-Echterdingen

Im wilden Siebenmühlental

9

Vom Reichenbach zum Bärensee

2¼ Std

8,2 km

110 Hm

Leinfelden-Echterdingen-Stetten – Schlößlesmühle – Kochenmühle – Bärensee – Plattenhardt – Stetten

Wir wandern auf festen und Naturwegen.

Landschaft, Reichenbach an der Gräbleswiesenbrücke, Bärensee

Schlößlesmühle, Kochenmühle, Sportplatzgaststätten am Ausgangspunkt in Stetten

Wer das normalerweise als eher lieblich bezeichnete Siebenmühlental kennt, mag ob der Überschrift dieses Wandervorschlags verwundert sein. Aber sie hat schon ihren Sinn: Wir besuchen den Reichenbach an seiner wahrscheinlich wildesten Stelle, wo das Wasser über Felsen strömt und das Bachbett und die Umgebung mit toten Baumstämmen belegt sind. Lieblich dagegen ist allerdings der idyllische Bärensee, an dem die Wanderung anschließend vorbeiführt.

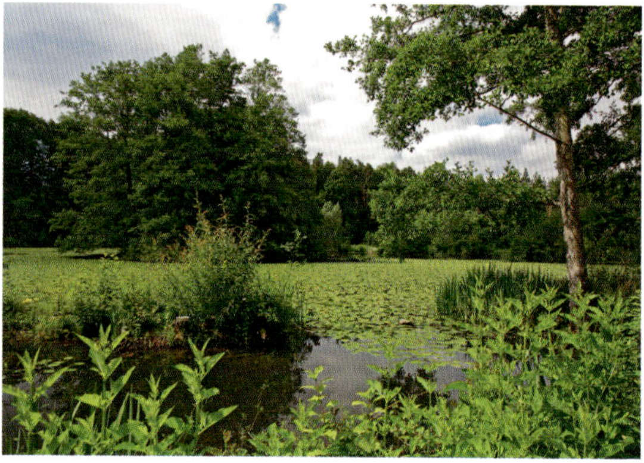

Am Bärensee.

Wir gehen vom **Parkplatz** 1 aus zu der Straße, die vor den Feldern verläuft, und biegen rechts ab. Nun wandern wir vorerst zwischen Wiesen und Krautfeldern zum Wald. Dort knickt der Weg rechts ab. Nach einiger Zeit mündet von links ein Asphaltweg ein. Kurz danach biegen wir links ab in den Wald, als Zeichen orientieren wir uns am „blauen Kreuz“.

Das Zeichen führt uns auf dem leicht nach rechts ziehenden Pfad bis zu einem breiten Forstweg. Hier biegen wir rechts, dann gleich wieder links ab und gehen weiter hinab ins **Siebenmühlental**. Dort halten wir uns rechts Richtung

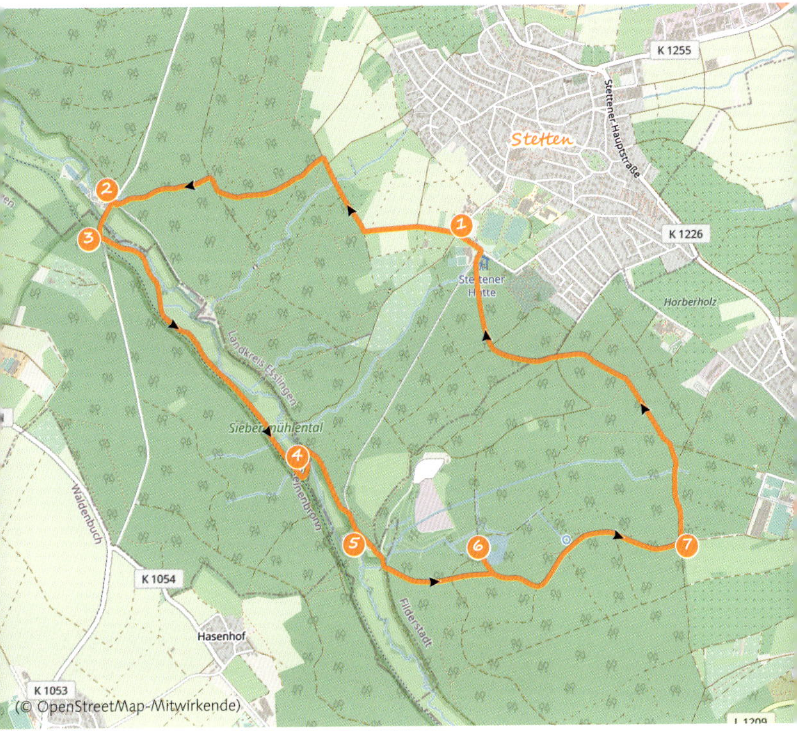

Schlößlesmühle 2, dann vor ihr links. Nach der Gaststätte überqueren wir den Bach und kommen zum Wanderschild **Alte Poststraße Siebenmühlental** (399 m) 3.

Hier biegen wir links ab und folgen einem schmalen Pfad, auf dem auch ab und zu ein Baumstamm über dem Weg liegt. Nach links haben wir immer wieder einen Ausblick auf die Weiden der Walzenmühle. Nachdem wir einen Bach überquert haben, stoßen wir auf einen holprigen Weg. Auf ihm gehen wir nach links hinab und überqueren den **Reichenbach** an seiner vielleicht wildesten Stelle auf der **Gräbleswiesenbrücke** 4. Danach biegen wir rechts ab und wandern auf einem Pfad bis zur Zufahrtsstraße zur Kochenmühle. Wir halten uns rechts – wer will, kann auch nach rechts hinab zur **Kochenmühle** 5 gehen –, wandern am Parkplatz vorbei und folgen kurz nach diesem dem nach links in den Wald hineinführenden Pfad. Er ist mit dem „roten Punkt" markiert und steigt anfangs steil an.

INFOS

Wanderkarte W228 Stuttgart, 1:25 000, Landesamt für Geoinformation und Landentwicklung Baden-Württemberg (LGL) in Zusammenarbeit mit dem Schwäbischen Albverein e. V.; Wanderkarten mit Radwegen Stuttgart Südwest Blatt 50-539, 1:25 000, NaturNavi

leinfelden-echterdingen.de, filderstadt.de

Bus Linie 818 bis Stetten (F) Weidach oder Lindachschule (halbstündlich)

Leinfelden-Echterdingen-Stetten, Gräbleswiesenweg, Parkplatz beim Theater unter den Kuppeln, GPS 48.664858, 9.165413

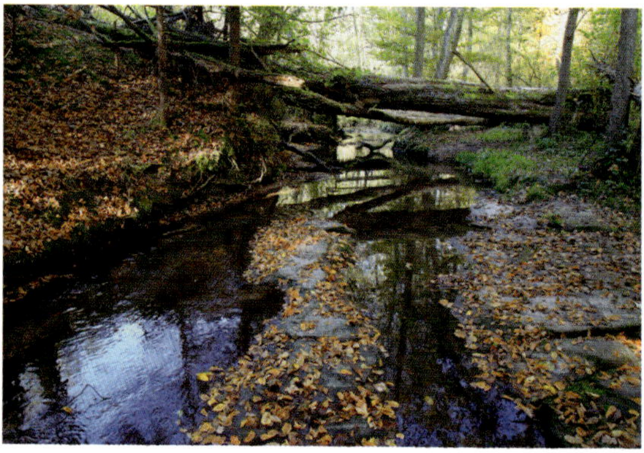

oben: An der Gräbleswiesenbrücke findet man den wildesten Teil des Reichenbachtals.

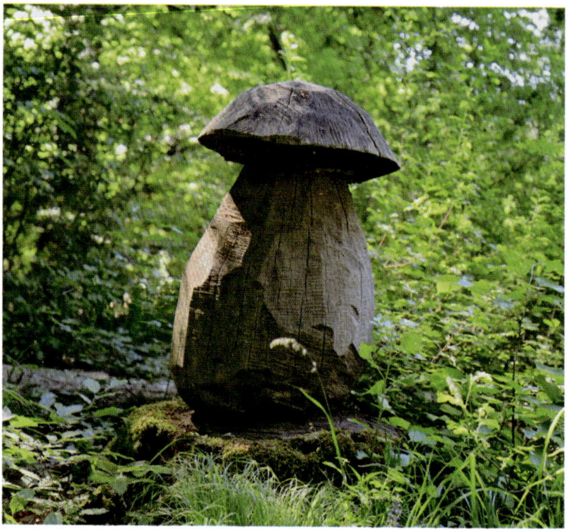

unten: Ab und zu sieht man hier im Wald auch ein kleines Kunstwerk.

Nach dem querenden Hauweg, geht es im **Jägereichenweg** weiter. Bald können wir nach links einen Abstecher zum idyllischen **Bärensee** 6 machen, kehren aber wieder hierher zurück. Nun steigt es weiter an, bald im Bildhauweg. Nachdem es flacher geworden ist, weist ein Schild nach links zur „Gedenkstätte“. Ein kurzer Abstecher bringt uns zur **Gedenkstätte** „ehemaliges Gräberfeld Bernhäuser Forst“. Hier befand sich ein Massengrab für jüdische Opfer des KZ-Außenlagers Echterdingen-Bernhausen. Man sieht nur noch ein paar Steine, die wohl die Grenzen andeuten. Vielleicht liegen auf dem einen oder anderen Gedenkstein

Schlößlesmühle und Kochenmühle

Die **Schlößlesmühle** liegt an der traditionsreichen „Schweizer Straße“, auch Alte Poststraße genannt, auf der wahrscheinlich auch Goethe auf seiner Reise in die Schweiz gefahren ist. Die Mühle wurde 1451 erstmals erwähnt; der erste Besitzer hieß Hans Wacker. Die Bezeichnung „Schlößlesmühle" kam ab 1747 auf, wohl wegen des herrschaftlich wirkenden Staffelgiebels an der Südwestseite. Genannt wurde sie früher auch Doktorsmühle, da die Besitzer zeitweise adlige und höhergestellte Persönlichkeiten waren. Ein anderer Name war Kielmanns(sche)-Mühle – nach dem herzoglichen Oberrat, später Geheimrat, Johann Kielmann von Kielmannseck (1568–1633), der den heutigen Bau errichten ließ. Er kaufte um 1600 das Anwesen und ließ eine hohe Mauer darum bauen. Es wurde schon damals als eine stattliche Behausung mit vielen Stallungen beschrieben, deren Wert auf einige Tausend Gulden geschätzt wurde – in einer Eingabe der Gemeinde Leinfelden an den Landesherrn 1648 wurde es als *„ein bei guten Zeiten auf viel Tausend Gulden gewürdigtes Gut und gleichsam Schlößlin“* bezeichnet. Nachdem sie im Dreißigjährigen Krieg geplündert wurde, stand sie lange leer und die Äcker verwilderten. 1688 wurde sie von Georg Friedrich Schertlin von Burtenbach aus der Maurener Linie

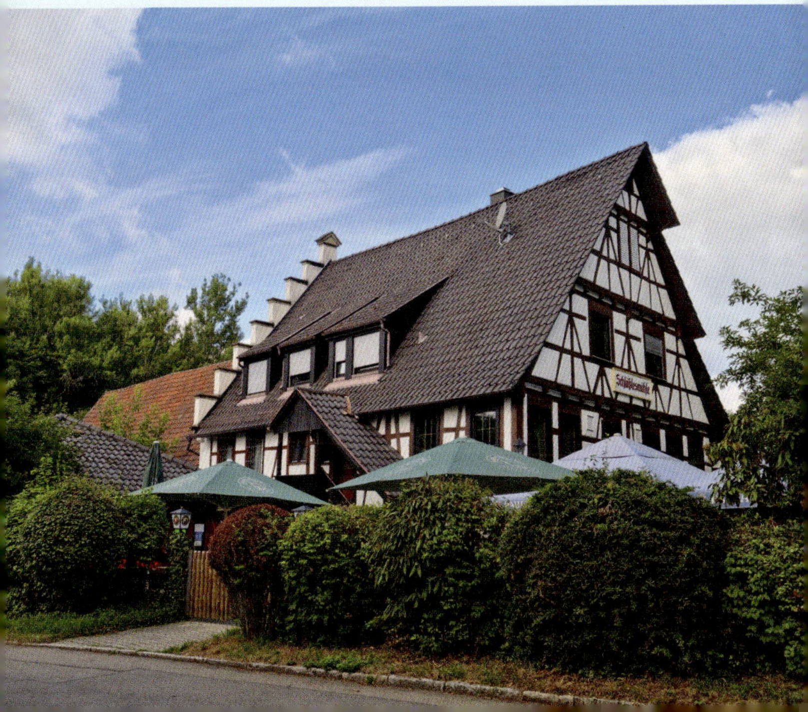

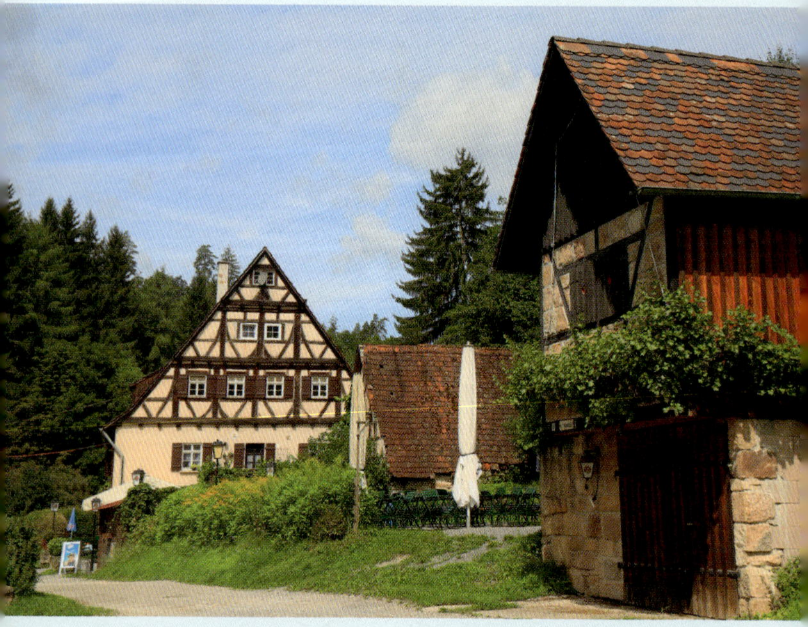

dieses Geschlechts gekauft. Das alte Mühlengebäude wurde 1959 abgebrochen. Die heutige Gastwirtschaft ist bereits 1912 eingerichtet worden.

Die **Kochenmühle** ist die letzte Mühle innerhalb der Leinfeldener Markung und wurde bereits 1451 genannt als Besitz der Brüder Irrer. In der zweiten Hälfte des 17. Jahrhunderts hieß sie Janowitzer Mühle, nach dem Besitzer Ludwig von Janowitz, Obervogt in Brackenheim, Anfang des 18. Jahrhunderts auch Thumbsche Mühle, nach den Besitzern Thumm (oder Thumb) von Neuburg. Ab 1720 war sie im Besitz der Familie Koch. 1836 wurde sie geteilt und hatte dann zwei Besitzer. Diese wechselten sich wöchentlich im Mahlen ab. Beide gaben Anfang der 1930er-Jahre den Mahlbetrieb auf. Das jetzige Gebäude stammt von 1702. Heute ist sie eine Gastwirtschaft.

nach jüdischer Sitte auch ein paar kleinere Steinchen zum Andenken an die Ermordeten.

Danach folgen wir weiter dem Weg bis zu einem Platz mit Trimm-Dich-Einrichtungen. Hier halten wir uns links in den **Feldhüttenweg** 7. An der nächsten Verzweigung gehen wir links weiter und folgen kurz danach dem Schaftriebweg. Nach einer Kreuzung geht es im Erlachweg weiter. Er bringt uns zum Waldrand. Hier finden wir eine **Grill-**

stelle, eine große Wiese und die **Stettener Hütte**. Danach stoßen wir auf den Müllerweg, wo wir vor dem Gebäude des Tennisclubs rechts abbiegen. Gleich darauf halten wir uns links in den **Gräbleswiesenweg** und sind gleich darauf zurück am Ausgangspunkt.

Oben: Hier wird das berühmte Filderkraut angebaut.

unten: Idylle am Bärensee.

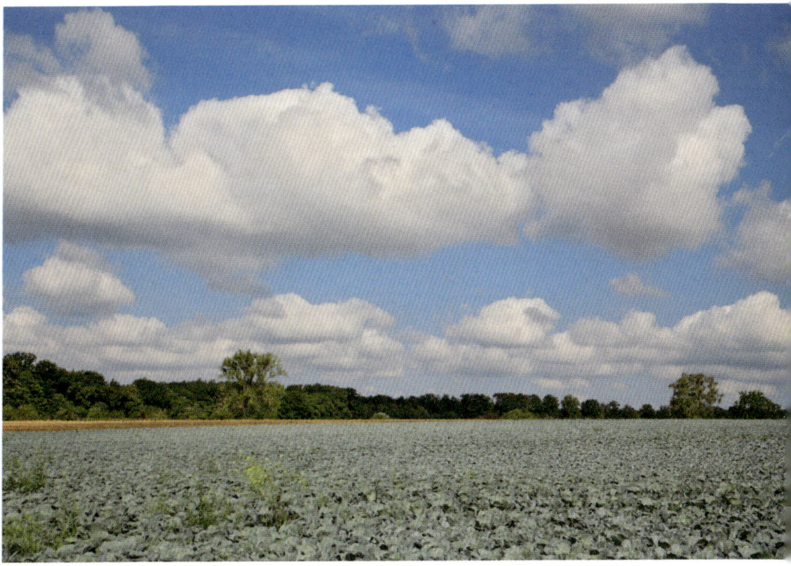

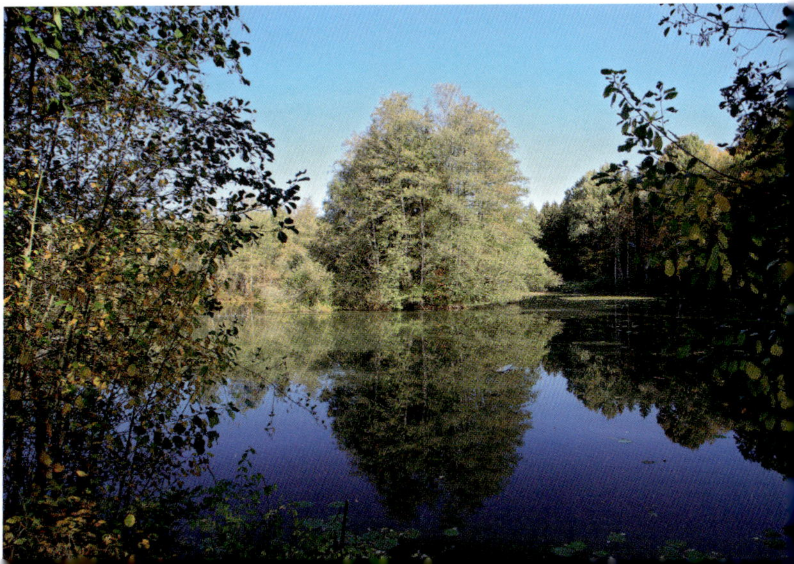

Besonderheiten um Echterdingen 10

Über den Zeppelinstein auf die Weidacher Höhe

3 Std

11,1 km

170 Hm

Leinfelden-Echterdingen/Wanderparkplatz – Echterdingen – Zeppelinstein – Schlößlesmühle – Parkplatz

Wir wandern auf festen Wegen und Pfaden.

Landschaft, Zeppelinstein, Schlößlesmühle, Wald

Beim Ausgangspunkt, Schlößlesmühle, Echterdingen

Wir wandern bei dieser Tour durch die schönsten Landschaftsteile, die Echterdingen zu bieten hat: Zuerst zwischen Krautäckern zum historisch bedeutsamen Zeppelinstein, dann weiter mit Blick auf die Schwäbische Alb und eine Bauchaue, später durch Streuobstwiesen mit herrlichem Albblick hinauf auf die Weidacher Höhe. Von dort aus geht es im Wald hinab zur Schlößlesmühle im Siebenmühlental, danach auf der Alten Poststraße wieder hinauf zum Ausgangspunkt. Wer will, kann hier sogar noch den Geschichtlichen Lehrpfad Federlesmahd begehen, ein Plan ist dort angeschlagen.

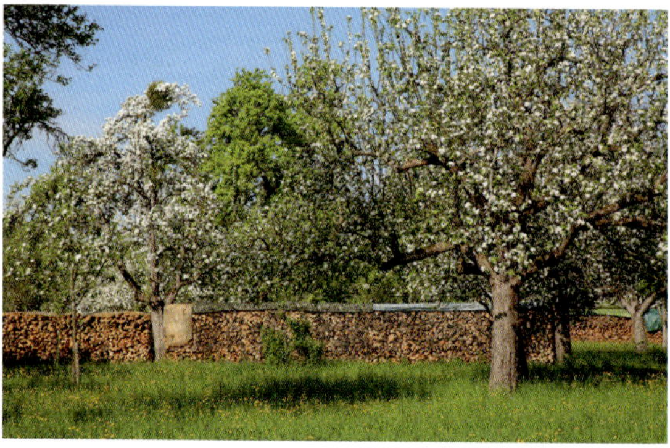

Streuobstwiesen weisen so manch idyllische Szene auf.

Wir nehmen vom **Parkplatz** 1 aus zuerst kurz den Waldheimweg, biegen aber vor dem Gasthaus links ab. Nun geht es durch Streuobstwiesen hinab zur Waldenbucher Straße. Ihr folgen wir kurz nach rechts, dann biegen wir rechts ab in den **Bergweg**. Er zieht gleich darauf nach links. Etwas später biegen wir rechts ab in den Grabenweg und gehen bis vor die Häuser. Dort orientieren wir uns links in die **Autenbrunnstraße**. Auf ihr gehen wir entlang der Häuser und mit Blick auf die Wiesen- und Baumlandschaft bis zur Bonländer Straße 2.

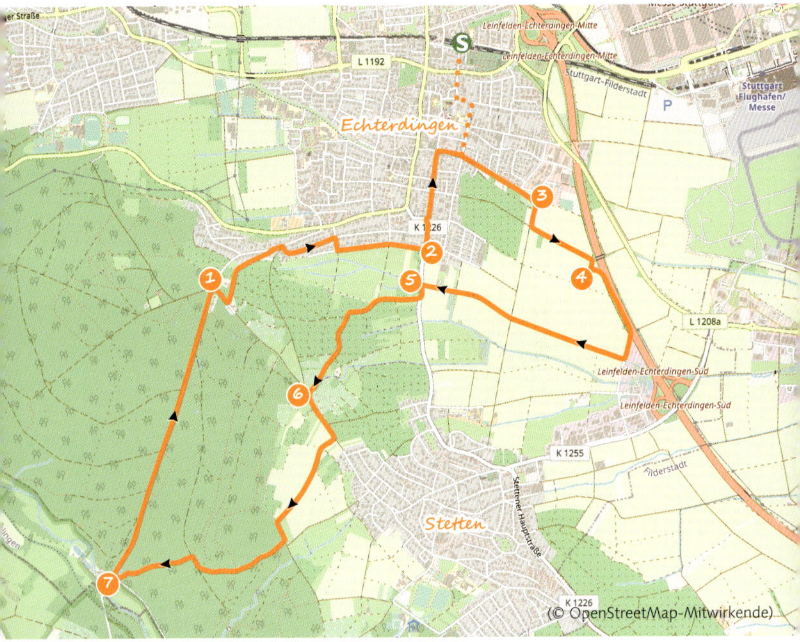

Wir biegen links ab und gehen bei der Linkskurve in die Christophstraße geradeaus weiter bis zur querenden Gartenstraße. Hier biegen wir links ab und wandern bis zum Ortsende und dem **Spielplatz Zaunackerstraße**. Wir gehen wie beschrieben rechts von ihm geradeaus weiter,

Zugang mit öffentlichen Verkehrsmitteln

Wer mit öffentlichen Verkehrsmitteln anreist, nimmt vom Bahnhof aus folgenden Zugang zum Wanderweg: Wir gehen am **Echterdinger Bahnhof** zum **Parkhaus** und biegen dort in die **Burgstraße** ein. Kurz danach überqueren wir die Plieninger Straße und wandern weiter, bis links die Straße „Im Wengert" abgeht. Ihr folgen wir nach links, dann halten wir uns rechts in die **Bismarckstraße**. Sie geht in die Brühlstraße über, in der wir bis zur querenden Gartenstraße gehen. Dort biegen wir links ab. Am Ortsende liegt links der **Spielplatz Zaunackerstraße.** Wir gehen wie unten beschrieben rechts von ihm geradeaus weiter, biegen aber an der nächsten Kreuzung vor dem Gebäude rechts ab.

Fährt man mit dem Bus zur **Haltestelle Bonländer Straße,** führt der Wanderweg ohnehin an dieser vorbei.

INFOS

Wanderkarte W228 Stuttgart, 1:25 000, Landesamt für Geoinformation und Landentwicklung Baden-Württemberg (LGL) in Zusammenarbeit mit dem Schwäbischen Albverein e. V.; Wanderkarte mit Radwegen Stuttgart Südwest Blatt 50-539, 1:25 000, NaturNavi

leinfelden-echterdingen.de

S-Bahn Linie S2/S3 bis Echterdingen oder Stadtbahn U6 bis Stadionstraße Echterdingen oder Bus Linie 76/77/818 bis Haltestelle Echterdingen Bonländer Straße (mehrmals stündlich)

Leinfelden-Echterdingen, Wanderparkplatz Waldenbucher Straße/Alte Poststraße, GPS 48.680080, 9.150893

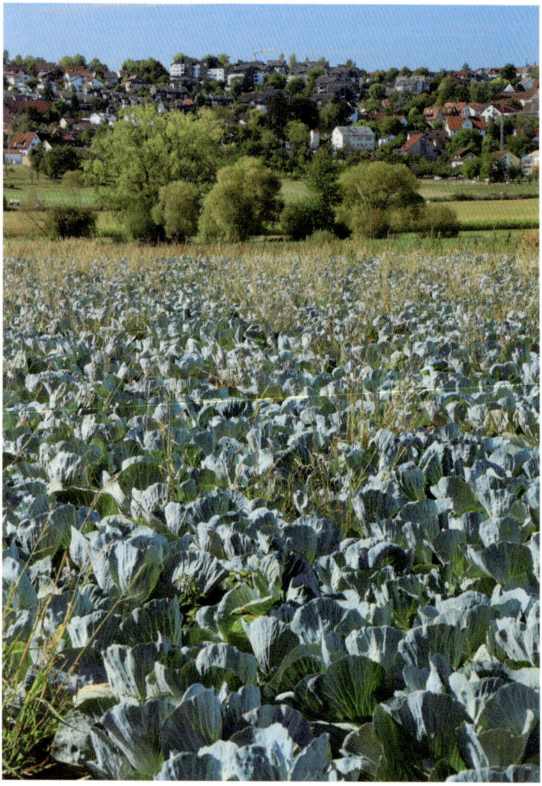

Blick über die Krautfelder auf Stetten auf den Fildern.

biegen aber an der nächsten Kreuzung vor dem Gebäude rechts ab 3.

An der nächsten Kreuzung halten wir uns links und wandern zwischen Äckern und Weiden bis zu einem Gehölz, hinter dem sich der **Zeppelinstein** 4 verbirgt. Wir umgehen die kleine Grünanlage rechts und wandern weiter bis zu eingezäunten Grundstücken. Hier biegen wir rechts ab in das Landschaftsschutzgebiet. Bald kommen wir an der **Anlage der Netze BW** vorbei, danach quert die **Bonländer Straße** 5. Wir halten uns links, danach rechts. Nun folgen wir dem Zeichen „roter Punkt", der uns durch Streuobstwiesen führt. Der Weg zieht nach links, wobei wir rechts abgehende Wege ignorieren, dafür aber nach links eine prächtige Sicht zur Schwäbischen Alb haben. Schließlich treffen wir auf der Höhe auf den **Waldheimweg** 6.

Wir biegen links ab, halten uns aber kurz danach rechts. Durch die Felder kommen wir zum Waldrand, wo wir erst links abbiegen, dann mit dem Zeichen „blaues Kreuz" rechts. Dieses Zeichen führt uns auf dem leicht nach rechts ziehenden Pfad bis zu einem breiten Forstweg. Hier biegen wir rechts, dann gleich wieder links ab und gehen weiter hinab ins **Siebenmühlental**. Dort halten wir uns rechts in Richtung **Schlößlesmühle** 7.

Vor ihr biegen wir rechts ab und wandern auf der **Alten Poststraße**, auf der u. a. schon Goethe auf seiner Reise in die Schweiz unterwegs war, hinauf zum Ausgangspunkt.

Zeppelinstein

Die Anlage mit dem **Zeppelinstein** erinnert an das Unglück vom 5. August 1908, an dem seinerzeit ganz Deutschland Anteil nahm. Hier musste der Luftschiffpionier Ferdinand Graf von Zeppelin wegen eines Motorschadens mit seinem Luftschiff LZ 4 notlanden – es war die erste Landung eines Luftschiffs auf festem Boden. Sofort eilten Tausende von Neugierigen herbei. Durch ein Gewitter wurde das Luftschiff noch am selben Tag zerstört. Eine große Spendenaktion, die „Zeppelinspende des deutschen Volkes", brachte aber mit einer Summe von über sechs Millionen Goldmark so viel Geld zusammen, dass Graf von Zeppelin weiterarbeiten konnte, was zu einem Neubeginn der Luftschifffahrt in Deutschland führte.

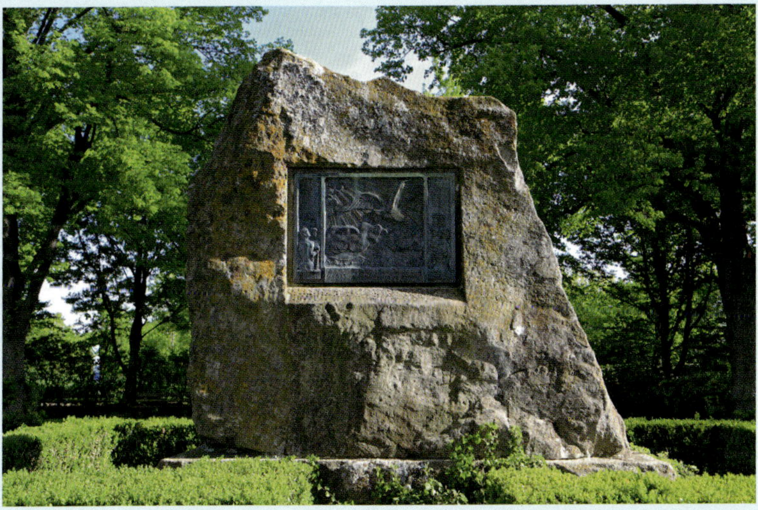

Wandern mit Albblick

11

Von Wolfschlugen über die Filder

2 Std

7,5 km

60 Hm

Wolfschlugen – Felder – Friedenslinde – Lindenhöfe – Sühnekreuz – Waldhäuser Schloss – Wolfschlugen

Wir wandern auf festen Wegen.

Felder, am besten vor der Ernte, Wald, Aussicht, Sühnekreuz

Wolfschlugen

Die Filderebene ist für ihre Landwirtschaft – man denke nur an das Filderkraut – auf ihrer flachen Hochebene bekannt. Wir durchqueren am Anfang der Tour ein solches Stück mit Wiesen und Äckern, die ihren Reiz vor allem vor der Ernte ausüben. Danach kommen wir aber in den Wald. Nach einer Strecke mit weiter Aussicht auf die Schwäbische Alb erreichen wir wieder den Wald und wandern an einem historischen Sühnekreuz und einer römischen Siedlungsstelle vorbei.

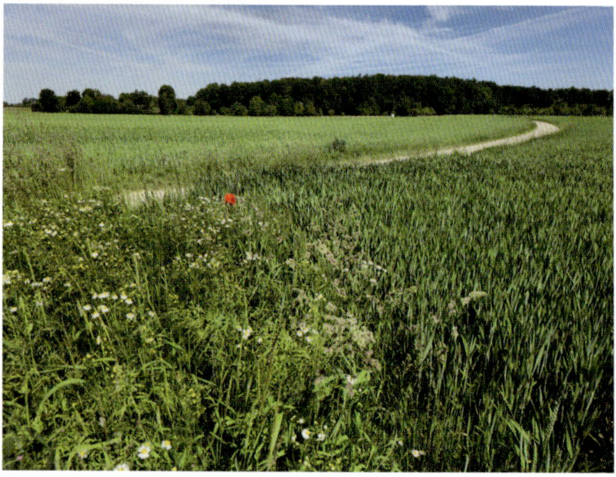

Die Landschaft ist durch weite Getreidefelder charakterisiert.

Wir spazieren die **Waldhäuser Straße** 1 entlang und nach dem Ort geradeaus zwischen Feldern und Wiesen, bis wir in den Wald kommen. Drehen wir uns nun nochmals kurz um, haben wir hier hinter dem Ort den Schönbuch mit dem Sendemast auf dem Betzenberg und ein Stück der Schwäbischen Alb im Blickfeld.

Im Wald folgen wir auf dem Koshauweg dem Wanderzeichen „blauer Punkt", es geht kurz bergab, dann wieder eben weiter. An einer Verzweigung wandern wir mit dem „blauen Punkt" nach links, weiter im **Koshauweg** 2, und

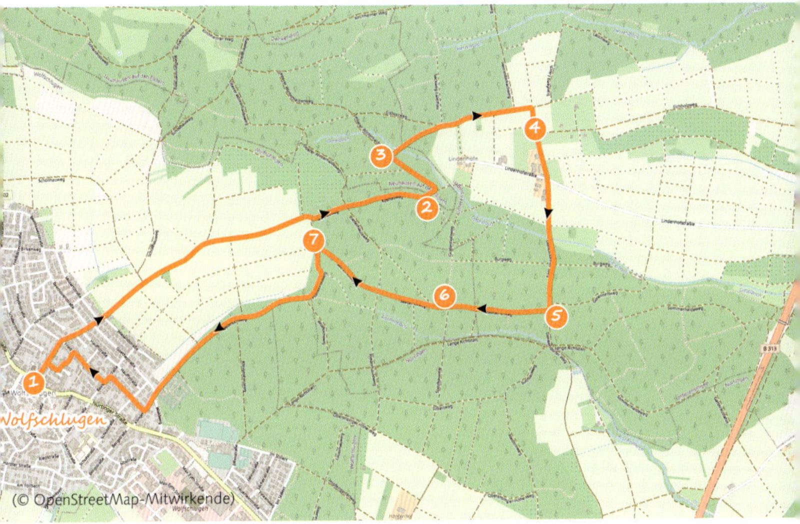

halten uns gleich noch einmal links in den **Unteren Winterhaldenweg**. Bald weist uns das Wanderzeichen nach rechts auf einen schmalen Pfad 3.

Danach treffen wir wieder auf einen breiten Weg, dem wir nach rechts aus dem Wald folgen. Rechts sehen wir die

Kleines Biotop am Wegrand.

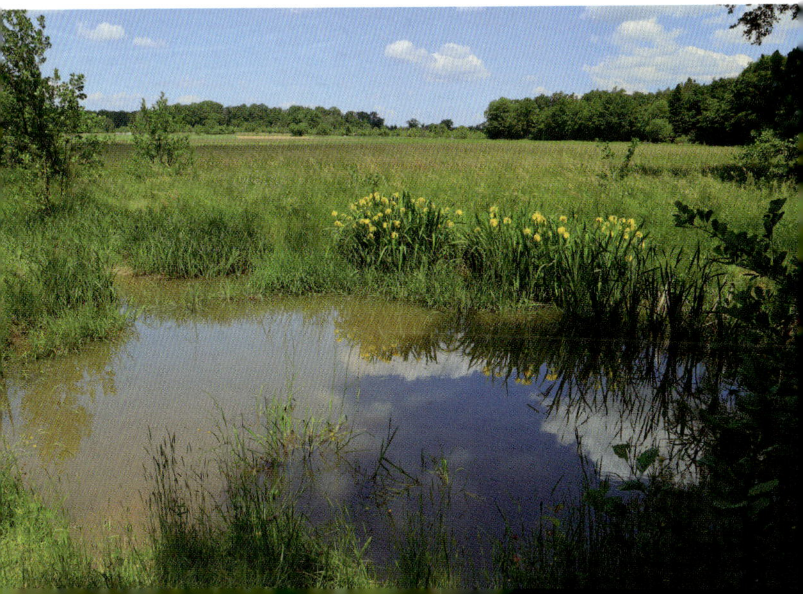

INFOS

Wanderkarte Kirchheim unter Teck, 1:25 000, Hrsg.: Schwäbischer Albverein e. V., Kartographie: Landesamt für Geoinformation und Landentwicklung Baden-Württemberg (LGL); Wanderkarte mit Radwegen Stuttgart Südost Blatt 52-539, 1:25 000, NaturNavi

wolfschlugen.de

Bus Linie X4 oder Bus Linie 74 bis Haltestelle Wolfschlugen Löwen (halbstündlich)

Wolfschlugen, Ecke Nürtinger Straße/ Waldhäuser Straße, GPS 48.653106, 9.288814

Einen öffentlichen Parkplatz mit längerer Parkzeit gibt es im Ortszentrum nicht. Man findet aber in der Waldhäuser Straße und den umliegenden Wohnstraßen Parkmöglichkeiten.

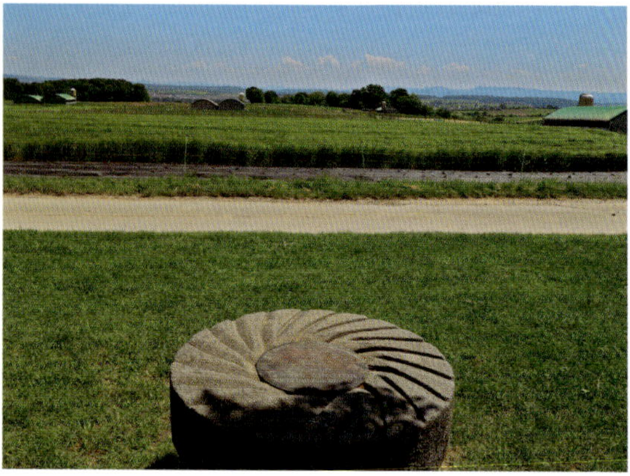

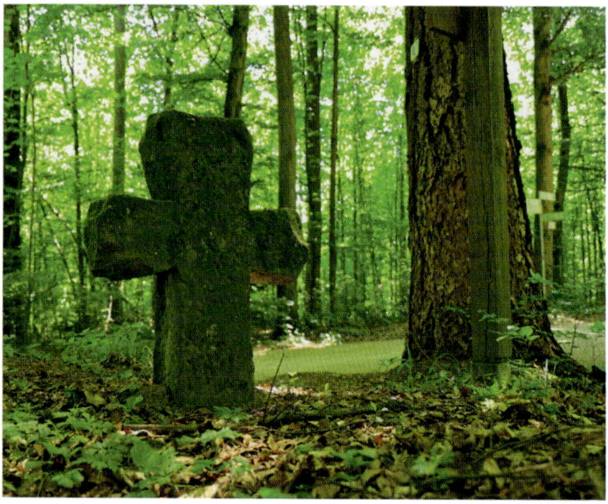

Dächer der Lindenhöfe, vor uns immer besser die fernen Bergketten der Schwäbischen Alb, die „Blaue Mauer", wie sie Eduard Mörike in seinem „Stuttgarter Hutzelmännlein" genannt hat. Wir gehen am Waldrand entlang, vorerst geradeaus. Kurz nachdem der Wald aufgehört hat und der Weg in einen Asphaltweg übergegangen ist, folgen wir diesem Weg nach rechts. Jetzt haben wir den schönsten Blick auf die Schwäbische Alb.

Bald steht rechts die 1983 von der Ortsgruppe Unterensingen gepflanzte **Friedenslinde** 4, davor stehen Bänke und eine Stahlplatte mit Gravierungen der fernen Berge und Orte, die man sieht. Sie wurde von derselben Ortsgruppe anlässlich ihres 50-jährigen Jubiläums gestiftet. Danach passieren wir die rechts liegenden **Lindenhöfe** und wandern geradeaus auf den Wald zu. Dort geht es geradeaus im Denkendorfer Weg weiter. Bald sehen wir rechts ein altes **Sühnekreuz** 5. Es wurde wohl 1507 anlässlich eines Totschlags von zwei Mönchen des Denkendorfer Klosters vom Täter oder dessen Familie errichtet. Hier biegen wir rechts ab in den **Saatschulweg**.

Wir wandern immer geradeaus und sehen nach einiger Zeit eine Informationstafel, die über das **Waldhäuser Schloss**, einen römischen Gutshof, informiert 6. Danach folgen wir dem Weg bis kurz vor das Waldende. Dort biegen wir links ab 7 und wandern immer geradeaus und links des Waldrands weiter. Nach einiger Zeit sehen wir rechts in den Wiesen ein **Biotop**. Später gehen wir am **Friedhof** vorbei und folgen der Straße noch ein Stück.

Dann biegen wir rechts ab in die **Hölderlinstraße**. An deren Ende halten wir uns links, dann gleich wieder rechts in die Friedrichstraße. Nach Haus Nr. 13 gehen wir nach links in der **Uhlandstraße** weiter. Diese bringt uns nach einem Knick nach rechts zurück zur Waldhäuser Straße.

links oben: Auf diesem Stein sind die fernen wichtigen Punkte eingraviert.

links unten: Das Kreuz erinnert an die mittelalterliche Rechtsprechung.

Waldhäuser Schloss

Der Wanderweg führt am **Waldhäuser Schloss**, einem einstigen römischen Gutshof, von dem allerdings nur noch Reste zu sehen sind, vorbei. Der auffällige Geländepunkt mit seinen heute noch knapp zwei Meter hoch aufragenden Schutthalden ist in der Oberamtsbeschreibung von 1848 noch als „**Burg Waldhausen**" erwähnt. Bei begrenzten archäologischen Ausgrabungen 1895 und 1899 gelang es, die Ruinenreste als römischen Gutshof zu bestimmen. Es handelt sich um eine der größten und am besten erhaltenen Anlagen des Landes. Das über 50 Quadratmeter große Herrenhaus lag im Westteil eines ausgedehnten, mauerumschlossenen Hofareals. Sein Grundriss ist oberflächlich nur noch in groben Zügen zu erkennen. Dachziegel, eine aufwändige Heizanlage und bemalter Wandverputz zeugen vom Luxus der Bewohner. Unter einem zweiten Schutthügel von etwa 20 Metern Durchmesser an der Südwestecke der Umfassungsmauer verbirgt sich wahrscheinlich ein Badegebäude, wie es bei keiner besser ausgestatteten Villenanlage fehlen durfte. Es handelt sich vielleicht um den Besitz eines wohlhabenden Ratsherren aus der nahen römischen Ansiedlung bei Köngen. Sein Landgut lag nur 300 Meter östlich der wichtigen Fernverbindungsstraße zwischen Cannstadt und Rottenburg.

Auf dem Fratzenweg zum Uhlbergturm

12

Von Neuenhaus auf die Höhe

2½ Std
8,6 km
150 Hm

Filderstadt-Plattenhardt/Wanderparkplatz – Aichtal – Neuenhaus – Fratzenweg – Uhlbergturm – Wanderparkplatz

Wir wandern auf festen Wegen und Pfaden.

Wald, Fratzen, Aussicht vom Turm tuerme-wanderheime.albverein.net

Neuenhaus, Kiosk am Turm

Zwischen Plattenhardt und Neuenhaus liegt nicht nur ein schönes Waldgebiet, sondern hier findet man auch den Uhlbergturm, der einen herrlichen Blick auf die Schwäbische Alb bietet. Auf dem Weg zu ihm kommt man an zahlreichen Fratzengesichtern vorbei, die der Neuenhauser Künstler Adelbert Bachofer geschaffen hat.

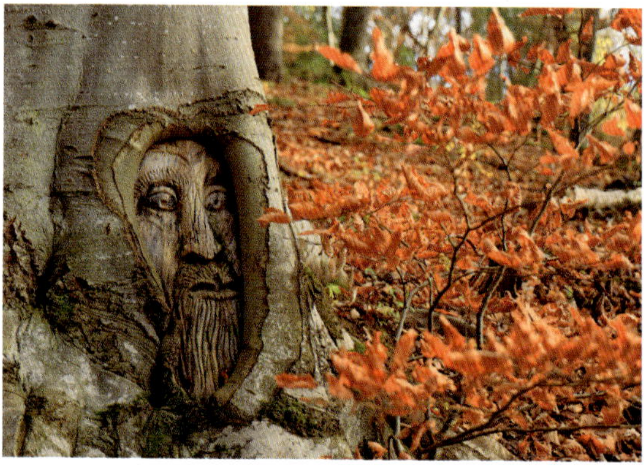

Auf der Wanderung kommt man an zahlreichen geschnitzten Fratzen vorbei.

Wir gehen vom **Parkplatz** 1 aus in den Wald hinein. An der nächsten und der übernächsten Verzweigung halten wir uns jeweils rechts, immer dem Wanderzeichen „rotes Kreuz" in Richtung „Burkhardtsmühle" folgend. An einer Kreuzung gehen wir mit dem Zeichen geradeaus weiter, nun auf einem Naturweg. Bald treffen wir wieder auf den breiten Schotterweg und wandern auf ihm abwärts. Den rechts abgehenden Pfad, früher noch der Wanderweg, ignorieren wir.

Am nächsten Abzweig nach rechts biegen wir in den **Mauersklingenweg** ein. Er bringt uns hinab ins Aichtal. Nach einer scharfen Linkskurve erreichen wir die Straße 2. Hinter ihr gehen wir in Richtung Wald, überqueren die Aich und biegen am Schild **Aichtalweg** (342 m) links ab. Nun

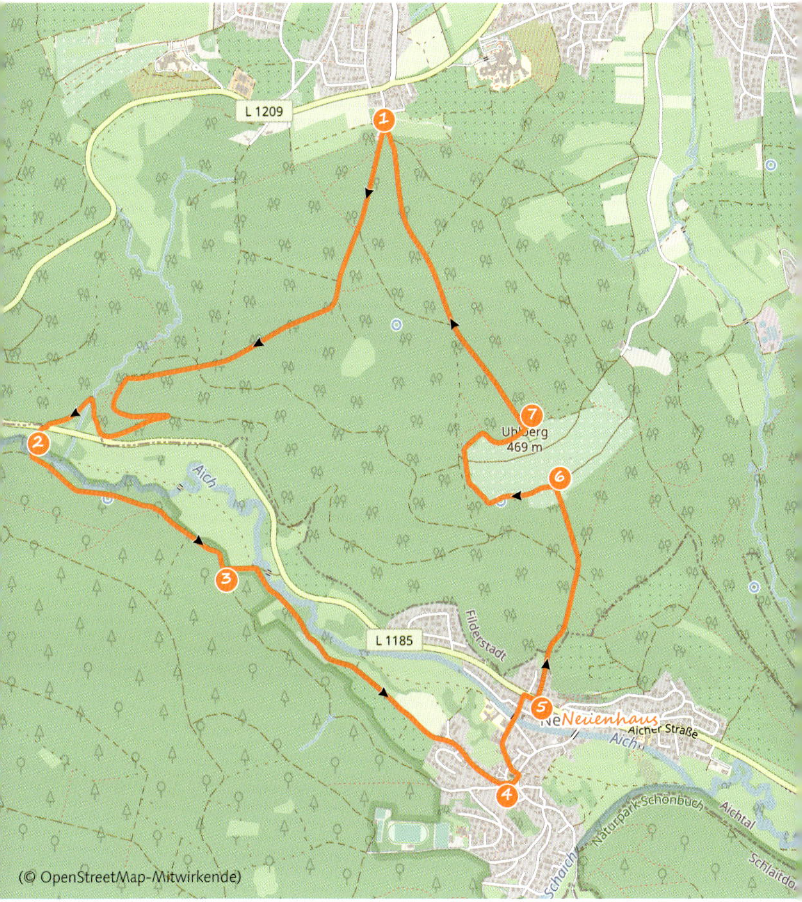

wandern wir parallel zur Aich im Wald. Links unten liegt bald der kleine Neuhauserwand-Brunnen.

Etwas später führt der Weg nach Neuenhaus geradeaus weiter, wir halten uns aber an den Abzweig nach links in Richtung „Nürtingen" 3. Gleich darauf biegen wir rechts ab. Bald geht der Weg in einen Naturweg, dann in einen Pfad über. Danach erreichen wir die ersten Häuser von **Neuenhaus**. Dort gehen wir im Kanalweg zur Kirche. Am Schild „Kirche" (322 m) 4 biegen wir links ab in die Häfnerstraße, gleich danach nach der Kirche noch einmal links in die **Seestraße**.

Ihr folgen wir bis zur Schule, überqueren nach ihr die **Aich** und gehen geradeaus bis zur querenden Schönaicher Straße. Hier biegen wir rechts ab und halten uns nach dem Gasthaus links. Gleich danach biegen wir links in den **Bonländer Weg** ein 5. Nun steigt es eine Weile stark an. Danach kommen wir in den Wald, wo wir immer wieder die interessanten Fratzen, die zum Teil auch bemalt sind, bewundern können. Nach steilem Anstieg erreichen wir einen querenden Weg. Wir behalten, eben weitergehend, noch kurz unsere Richtung bei, dann zweigen wir links ab in Richtung „Wanderheim Kelter". Bald sehen wir auch schon den Uhlbergturm vor uns und etwas später betreten wir das Gelände der **ehemaligen Kelter**.

Nach dem Gebäude halten wir uns links 6. Nun wandern wir eben entlang von Kleingärten. Nach ihnen biegen wir rechts ab und steigen empor bis zu einem **Pfos-**

INFOS

Wanderkarte W228 Stuttgart, 1:25 000, Landesamt für Geoinformation und Landentwicklung Baden-Württemberg (LGL) in Zusammenarbeit mit dem Schwäbischen Albverein e. V.; Wanderkarte W237 Tübingen Schönbuch, 1:25 000, Hrsg.: Schwäbischer Albverein e. V., Kartographie: Landesamt für Geoinformation und Landentwicklung Baden-Württemberg (LGL)

aichtal.de, albverein.net

Bus Linie 812, 813, 815 bis Haltestelle Plattenhardt Uhlberg (mehrmals stündlich)

Filderstadt-Plattenhardt, Wanderparkplatz Uhlbergturm, südlich der Waldenbucher Straße, GPS 48.644916, 9.198358

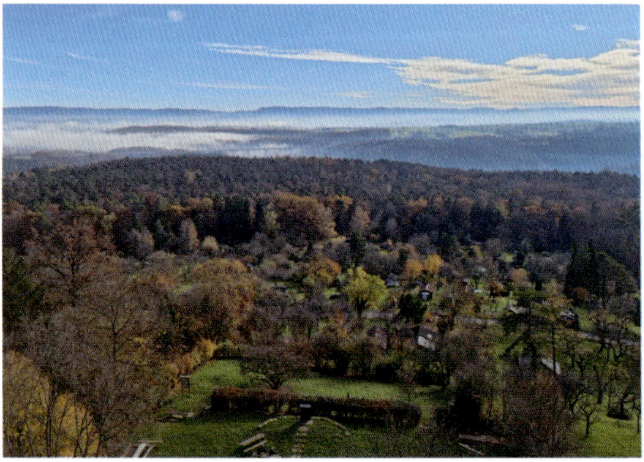

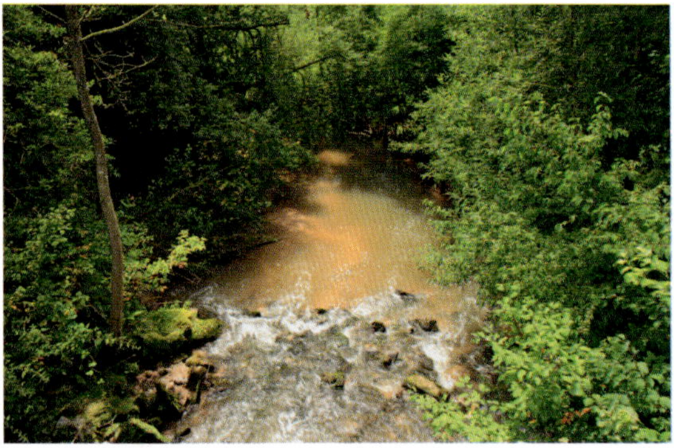

oben: Blick vom Uhlbergturm.

unten: Idyllische Szene an der Aich.

tenstein von 1580 und einer Schranke. Wir gehen noch kurz geradeaus weiter, dann halten wir uns am Ende des Kleingartens rechts. Jetzt steigt es wieder an. Oben halten wir uns an dem eingezäunten Garten rechts und erreichen bald das Gelände des **Uhlbergturms** (7). Auch wenn wir ihn nicht besteigen, haben wir schon von unten eine prächtige Aussicht auf die Schwäbische Alb, vollends grandios ist sie aber von oben.

Danach folgen wir dem Weg links des **Wanderheims**. Wo er nach links zieht, gehen wir geradeaus auf einem Naturweg weiter. Nach einem **Grenzstein** mit dem württembergischen Wappen zieht der Weg nach rechts, wir gehen aber auf einem schmalen Pfad weiter geradeaus. Nach weiteren Grenzsteinen kommen wir zum Waldrand. Links davon liegt unser Ausgangspunkt.

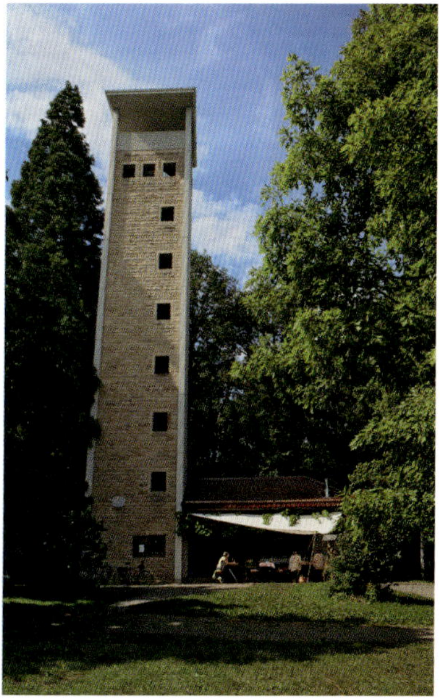

Vom Uhlbergturm hat man eine prächtige Aussicht.

Idyllisches Tal, uriger Wald

13

Vom Schaichtal auf den Betzenberg

3½ Std

12,8 km

170 Hm

Aichtal-Neuenhaus/ Wanderparkplatz – Schaichtal – Betzenberg – Wanderparkplatz

Wir wandern auf festen Wegen.

Wald, Schaichtal

Neuenhaus

Das Schaichtal selbst, durch das ein Teil dieser Wanderung führt, gehört mit seinen vielen idyllischen Ecken zu den schönsten Tälern im Schönbuch. Diese Tour führt aber im Wesentlichen durch die prächtigen und teilweise recht naturnahen Wälder beiderseits des Tals.

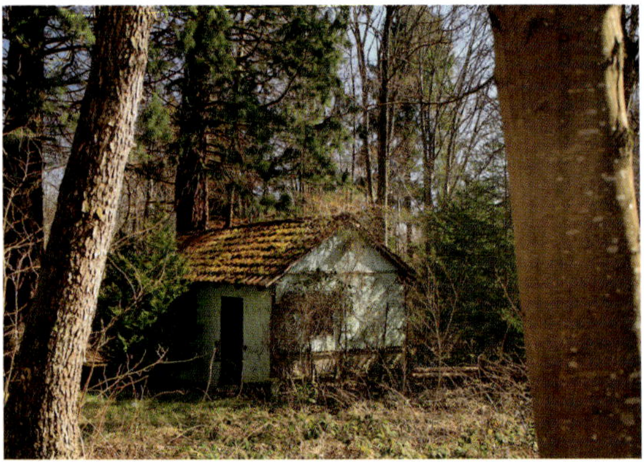

Die kleine Hütte im Wald wirkt wie ein Hexenhäuschen.

Wir folgen am Wanderschild **Parkplatz Schaichtal** (340 m) 1 dem in den Wald hineinführenden Forstweg. Er führt mit leichtem Auf und Ab, später durch eine urige Natur und mit einer Rechtskurve zur **Schaich**. Nach der Brücke biegen wir links ab 2, nun folgen wir dem **Schaichtal**. Immer wieder fließt die mäandernde Schaich neben dem Weg. Dabei können wir uns auch an ihrem teilweise recht wilden Charakter erfreuen. Auch kommen wir an einem Rastplatz mit Brunnen, Tisch und Bänken vorbei.

Etwas später müssen wir uns entscheiden 3. Wir können entweder geradeaus weitergehen, wobei wir am **Häfnerbrunnen** und an einem weiteren Rastplatz vorbeikommen. Oder wir biegen links ab, überqueren dann die Schaich und kommen zum historisch interessanten **Heilbrunnen**. Hier kann man auch rasten und eine Grillstelle gibt es hier

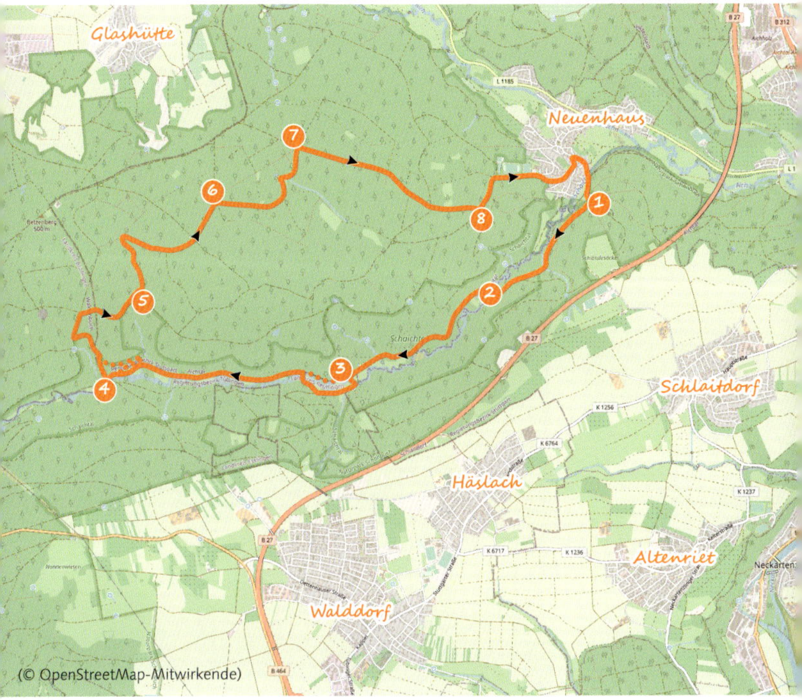

auch. Wir folgen danach dem Weg noch etwas weiter, dann zweigen wir rechts ab und kommen wieder zurück zum ursprünglichen Weg. Etwas weiter rechts sehen wir den Häfnerbrunnen; hier vereinigen sich beide Varianten wieder.

Wir folgen nun weiter dem Weg durch das Schaichtal, passieren einen größeren **See** mit Seerosen, danach einen kleinen Waldweiher, der mit seiner kleinen Insel mit dem „Felsmassiv“ an die kontemplative Stille japanischer Tempelgärten erinnert. Danach kommen wir zu einer Kreuzung 4. Hier gibt es einen weiteren Rastplatz mit einer Grillstelle.

Wir halten uns am Schild **Walddorfer Brückle** (363 m) rechts. Jetzt können wir entweder mit dem Wanderzeichen „blauer Punkt“ dem etwas steiler ansteigenden Pfad folgen oder dem gemütlicher ansteigenden Forstweg nach rechts. Später vereinigen sich beide Varianten am Schild Neubrunnenklinge Nord (401 m) wieder. Wir wandern weiter auf dem breiten Weg, danach halten wir uns an einem Querweg am Schild **Bei der Blockhütte** (427 m) rechts.

INFOS

Wanderkarte W237 Tübingen Schönbuch, 1:25 000, Hrsg.: Schwäbischer Albverein e.V., Kartographie: Landesamt für Geoinformation und Landentwicklung Baden-Württemberg (LGL)

aichtal.de

S-Bahn Linie S2 bis Bernhausen, weiter mit dem Bus Linie 809 bis Neuenhaus, Haltestelle Kirche (halbstündlich)

Aichtal-Neuenhaus, Wanderparkplatz im Schaichtal, Verlängerung Mozartstraße, GPS 48.618377, 9.208990

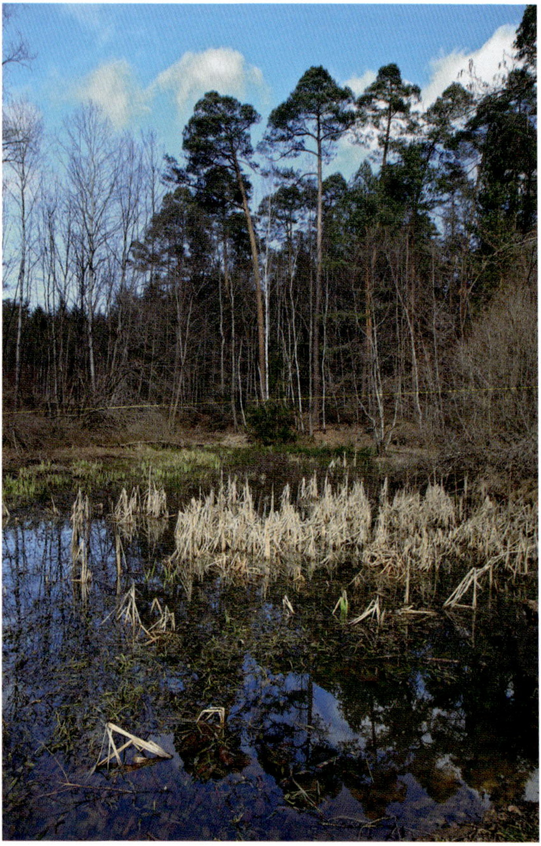

Mitten im Wald kommen wir an einem kleinen Weiher vorbei.

Kurz darauf kommen wir zu einer Stelle, an der auf das ehemalige Gewerbe der **Sandsteinsteinbrüche** und der Steinhauer hingewiesen wird. Hier sieht man einen Probeabbau von Sandstein, riesige, noch unbearbeitete Felsbrocken, ein Mühlrad und einen behauenen Stein für das Ulmer Münster. Alles ist auf einer großen Tafel erklärt.

Etwas später an der nächsten Kreuzung sehen wir einen Waldabteilungsstein und einen **hölzernen Waldgeist** 5. Hier halten wir uns am Schild „nördlich Blockhütte" (433 m) rechts in den **Hummelklingenweg**. Wo etwas später an einer Rechtskurve eine scharfe Klinge abgeht, gehen wir links an der „Verkehrsinsel" mit einem Waldabteilungsstein vorbei und folgen dem **Saufangsträßle**. Nach einiger Zeit kommen wir an einem mächtigen Mammutbaum vorbei, dann erreichen wir eine Kreuzung mit einem weiteren Waldabteilungsstein. Wir gehen im **Siebenbuchenwasensträßle** geradeaus weiter. Kurz danach liegt links ein idyllischer Weiher.

Etwas danach kommen wir wieder zu einer Kreuzung 6. Links steht ein Stein, der an den Orkan Lothar vom 26. Dezember 1999 erinnert. Hier wandern wir im zweiten Weg von rechts, dem **Kohlplattenweg**, weiter. Der Weg schlängelt sich nun etwas durch den Wald. Wir passieren eine Holzhütte, danach ein kleines Häuschen, das von zwei mächtigen Mammutbäumen beschützt wird und kommen wenig später erneut zu einer Kreuzung 7.

Hier halten wir uns rechts in den **Dettenhäuser Weg**. Rechts sehen wir bald eine Informationstafel zu einem Grenzstein, dann erreichen wir das Schaichbergsträßle und eine Schutzhütte, nun orientieren wir uns links 8. Bald darauf sehen wir links eine weitere Informationstafel zu Tongruben, hier biegen wir rechts ab. Vorbei am Hallenbad wandern wir in der **Brünnlesstraße** hinab nach **Neuenhaus**. Dort halten wir uns rechts in die Mozartstraße und verlassen auf ihr den Ort. Kurz danach sind wir wieder am Ausgangspunkt.

Immer ein Erlebnis: Eine Wanderung im Herbstwald.

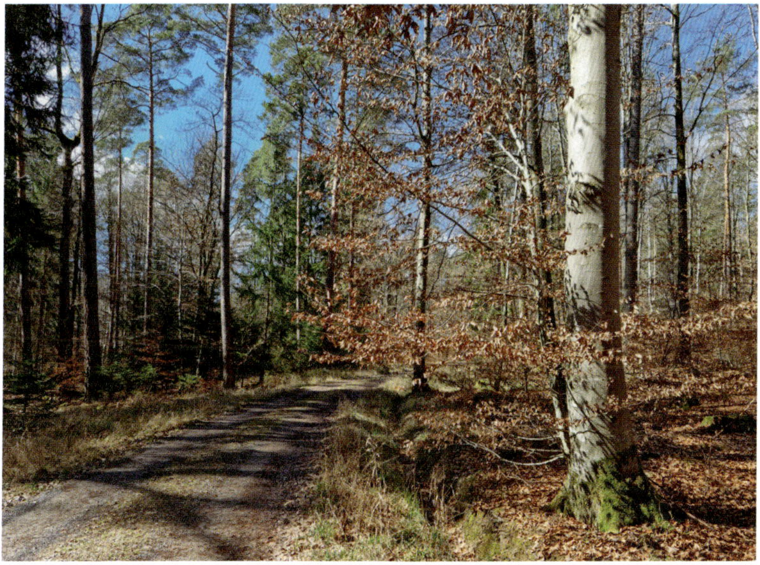

Wilder Bach, wilde Felsen

Über den Föllbach zum Ulrichstein

1¼ Std
3,6 km
80 Hm

Aichtal/Wanderparkplatz Föllbach – Föllbachwasserfall – Hardt – Ulrichstein – Parkplatz

Die Wanderung verläuft auf zum Teil breiten Waldwegen, teilweise aber auch auf schmalen, ab und zu steilen Naturpfaden, die bei Nässe, Eis und Schnee rutschig sind – dann ist die Wanderung nicht zu empfehlen. Da sie stellenweise am Steilhang entlang führen, ist diese Wanderung als schwer klassifiziert. Bei trockenem Wetter muss man nur in den Abschnitten am Steilhang vorsichtig sein.

So kurz diese Wanderung ist, so abwechslungsreich und interessant ist sie auch. Wir wandern erst an einem Bach entlang, der zwar meist tief unterhalb des Weges verläuft, zu dem man aber auch einen Abstecher machen kann. Dabei erkennt man, dass es sich vielleicht um die wildeste Tour dieses Buches handelt. Nach einer Strecke mit weiter Aussicht zur Schwäbischen Alb besuchen wir noch den historisch interessanten Ulrichstein. Er hat seinen Namen aber nur einer Geschichte vom grausamen Herzog Ulrich zu verdanken. Wir bewegen uns teilweise in einem Waldschutzgebiet, was man an dem vielen Totholz erkennt, das hier liegen bleiben und vermodern darf und dem ganzen Wald einen recht idyllischen Charakter verleiht.

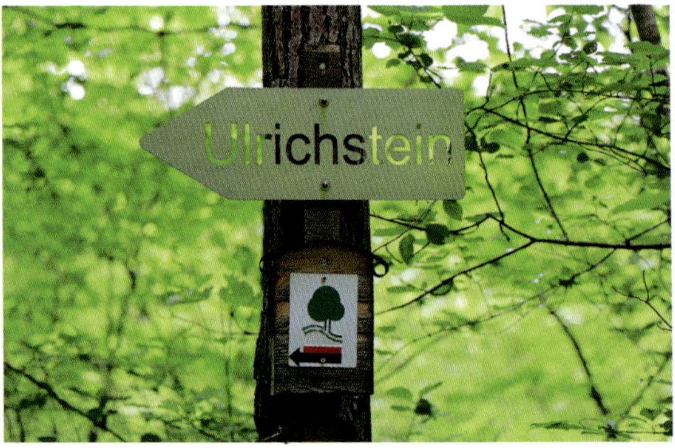

Wir sollten uns beim **Wanderparkplatz** 1 zuerst auf der Straße in Richtung Nürtingen den alten Markungsstein ansehen. Er gehört zu den erhaltenswerten Kleindenkmälern im Land. Danach folgen wir dem schmalen Weg, der in den Wald hineinführt, und wandern immer geradeaus und leicht ansteigend weiter. Kurz nachdem von rechts ein Weg eingemündet ist, führt nach links ein schmaler Steig hinab. Auf ihm können wir einen Abstecher

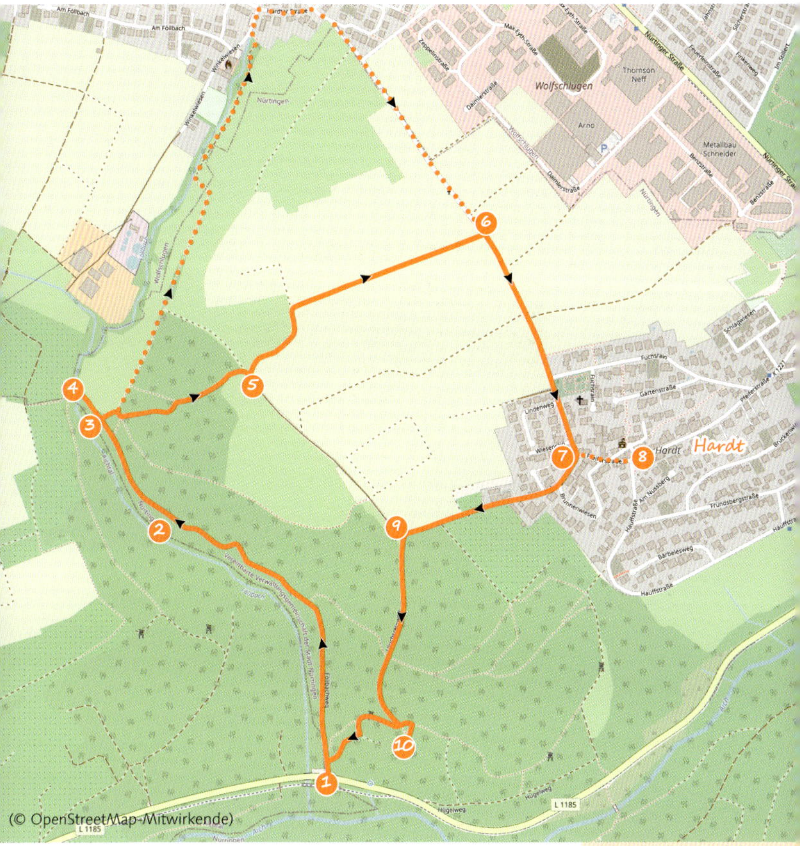

hinab zum wilden **Föllbach** machen 2. Danach wandern wir auf dem ursprünglichen Weg weiter. Wir passieren einen querenden Bach und ein Felsmassiv, das an den Ulrichstein erinnert, den wir später aufsuchen.

Später beginnt rechts ein Weidezaun 3. An ihm entlang wandern wir später nach rechts, vorerst gehen wir aber noch etwas weiter bis zum **Föllbachwasserfall** 4, der im Frühjahr und nach Regenfällen seine ganze Kraft zeigt.

Danach gehen wir etwas zurück und biegen am **Ende des Weidezauns** 3 links ab. Etwas später kommen wir zu einem querenden Weg. Hier gibt es zwei Möglichkeiten. Wer in Wolfschlugen einkehren will, hält sich hier an den linken Weg, der uns mehr oder weniger breit und gut

Wald, Föllbach, Wasserfälle, Ulrichstein

Wolfschlugen, Nürtingen

links: Der Weg zum Ulrichstein ist gut markiert.

INFOS

Wanderkarte Kirchheim unter Teck, 1:25 000, Hrsg.: Schwäbischer Albverein e. V., Kartographie: Landesamt für Geoinformation und Landentwicklung Baden-Württemberg (LGL); Wanderkarte mit Radwegen Stuttgart Südost Blatt 52-539, 1:25 000, NaturNavi

wolfschlugen.de, nürtingen.de

Bus Linie X4 oder 74 nach Wolfschlugen (halbstündlich)

Aichtal, Wanderparkplatz Föllbach, Nürtinger Straße/Grötzinger Straße (L1185), GPS 48.635613, 9.292423

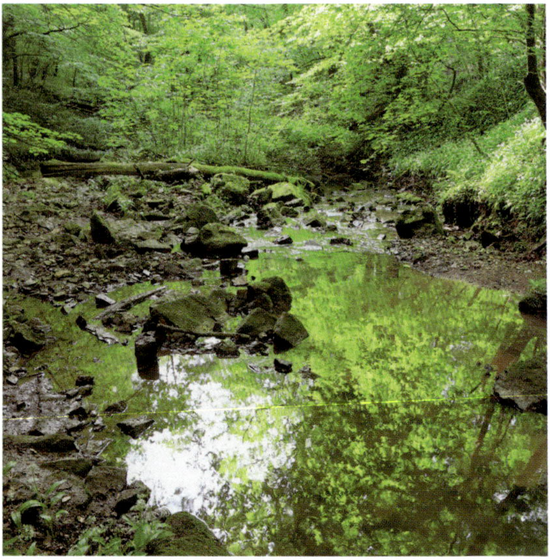

Wilde Idylle am Föllbach.

zum Ortsanfang von **Wolfschlugen** führt. Dort treffen wir auf die Straße Winkelwiesen, der wir kurz geradeaus zur Hardter Straße folgen. Für den Rückweg aus dem Zentrum biegen wir in diese aus jetziger Richtung gesehen rechts ein. Sie knickt kurz darauf an der Kreuzung rechts ab und, bevor die Albstraße beginnt, halten wir uns an der Verzweigung rechts. Nun wandern wir zwischen den Feldern nach **Hardt**, wo es in der **Pfeifferstraße** weitergeht.

Die andere Möglichkeit ist, dass wir an der großen Kreuzung den gefühlt geradeaus weiterführenden, breiten, unbefestigten Weg nehmen. Am Waldrand 5 halten wir uns links. Nun bietet sich uns ein weiter Blick auf die Schwäbische Alb, wobei der Hohenneuffen und später der Jusi hervorstechen. Wir wandern immer auf das große **Gewerbeanwesen** zu, treffen aber vor ihm noch auf ein Sträßchen 6. Ihm folgen wir nach rechts. Nun sind wieder beide Varianten vereinigt.

Wir wandern nun nach **Hardt**, wo wir in der **Pfeifferstraße** geradeaus weitergehen. An einer Verzweigung 7 können wir nach links einen Abstecher zum **Pfeifferbrunnen** 8 mit einer Skulptur des „Pfeiffers von Hardt" machen. Er soll der Sage nach Herzog Ulrich vor seinen Häschern im Ulrichstein versteckt haben. Ansonsten führt der Rückweg jedoch nach rechts im **Hofweg** weiter. Nach den letzten Häusern wandern wir durch Streuobstwiesen, dann am Waldrand entlang. Bald folgen wir dem Wanderzeichen „roter Balken“ des Schwäbischen Albvereins nach links in den Wald (9).

Nun führt uns ein breiter Forstweg abwärts. Wo er eine scharfe Rechtskurve beschreibt, machen wir nach links einen Abstecher zum Ulrichstein. Nachdem wir links das Gedicht von Friedrich Hölderlin „Der Winkel von Hardt“ an der Felswand auf einer Metalltafel gesehen haben, geht es gleich danach nach rechts hinab zum **Ulrichstein** (10), einer wilden Felsformation. Danach gehen wir zurück und an der Kurve geradeaus weiter. Bald folgt eine ausgeprägte Linkskurve. Den ersten hier rechts abgehenden Pfad ignorieren wir, folgen aber dem zweiten. Nun wandern wir hinab zu einem querenden Weg und nach links zurück zum Ausgangspunkt.

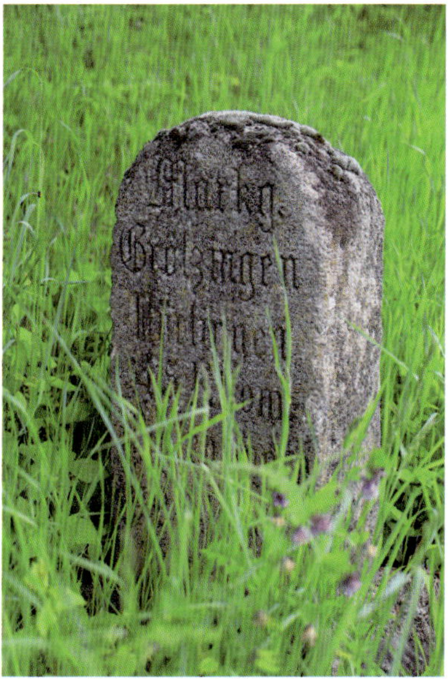

Früher wiesen Markungssteine auf die Gemeindegrenzen hin.

Ulrichstein

Der **Ulrichstein** hat seinen Namen von einer alten Sage: Der unbeliebte Herzog wurde vom Pfeiffer von Hardt auf seiner Flucht vor den Häschern in dem durchlöcherten Felsmassiv verborgen. Die Häscher waren ihm dicht auf den Fersen, aber eine Spinne hatte einen Faden über den Eingang gezogen, sodass die Verfolger dachten, darin könne sich niemand vor kurzem verborgen haben.

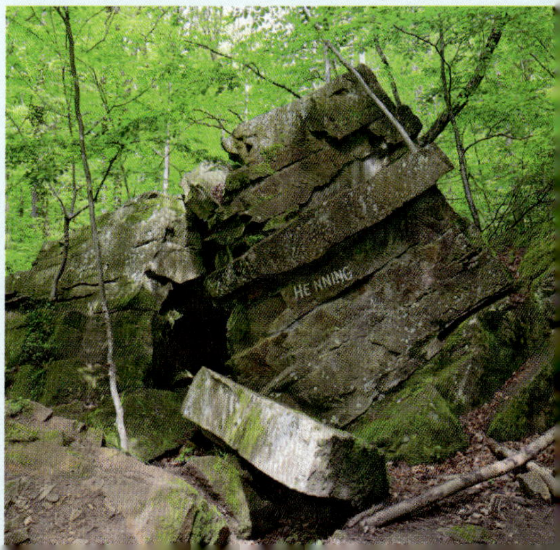

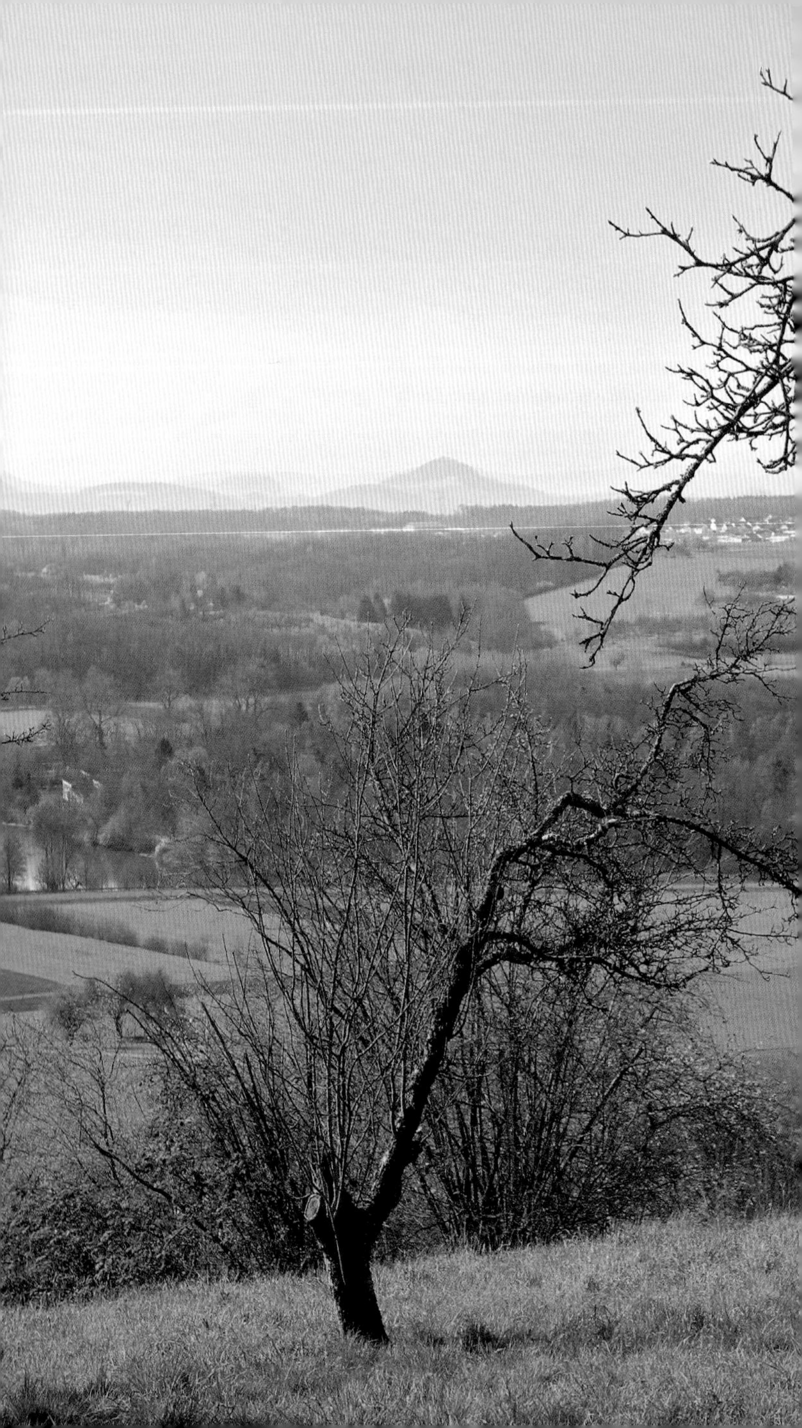

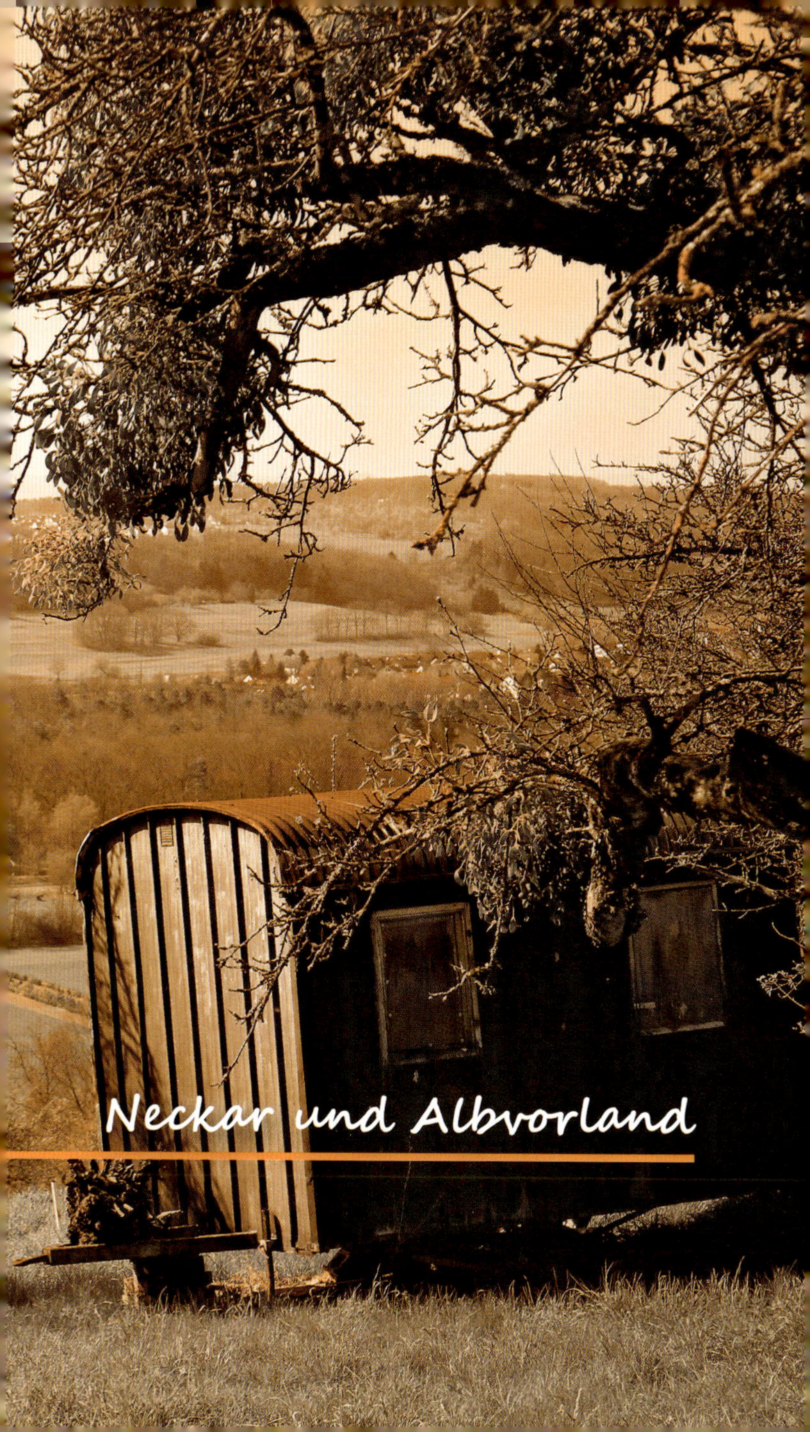

Neckar und Albvorland

Aussicht zur Alb und Seeidylle

15

Zu den Wernauer Baggerseen

2½ Std

8,8 km

90 Hm

Wernau – Köngen – Wendlingen – Hüttensee – Wernauer Baggerseen – Wernau

Wir wandern auf festen Wegen.

Aussicht zur Schwäbischen Alb, Neckar, Seen

In den Orten, am Ausgangspunkt, Fischerhütte

Diese Wanderung weist völlig verschiedene Höhepunkte und Landschaftselemente auf. Zuerst wandern wir eine Zeit lang im Wald, danach zwischen Baumwiesen, Feldern und Gärten und immer wieder haben wir einen herrlichen Blick auf die Schwäbische Alb. Im zweiten Teil der Tour begleitet uns ständig der Neckar und wir kommen an einigen idyllischen und zum Teil unter Naturschutz stehenden Seen vorbei. Vor allem die als Naturschutzgebiet ausgewiesenen Wernauer Baggerseen bezaubern durch ihre manchmal wilde und ursprüngliche Natur. Lehrreich ist die Wanderung allemal, denn wir kommen an vielen Informationstafeln zur Flora und Fauna sowie zur Geschichte der Landschaft vorbei. Gerade diese einst künstlich angelegten Baggerseen sind ein kleines, aber herrliches Stück Natur inmitten des dicht bebauten Neckartals zwischen Wendlingen und Plochingen. Sie sind von einer teilweise recht wilden und ursprünglichen, prächtigen Flora und Fauna mit einer Vielzahl an seltenen Exemplaren umgeben.

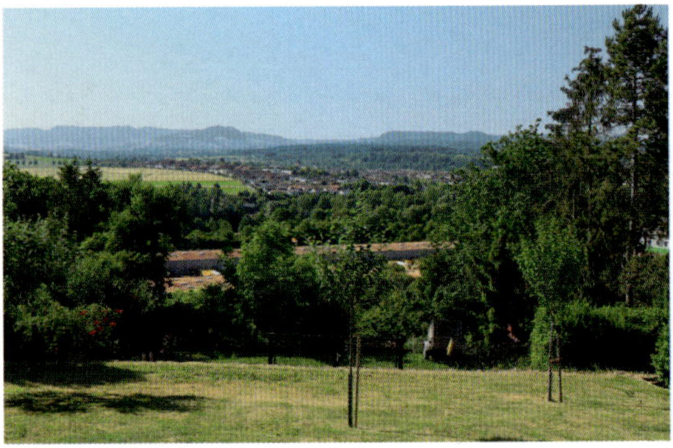

Blick vom Wanderweg zur Schwäbischen Alb.

Wir gehen von dem großen **Parkplatz** 1, egal wo wir geparkt haben, zum Neckar und folgen ihm nach Norden. Nach den Wohnmobilstandplätzen und

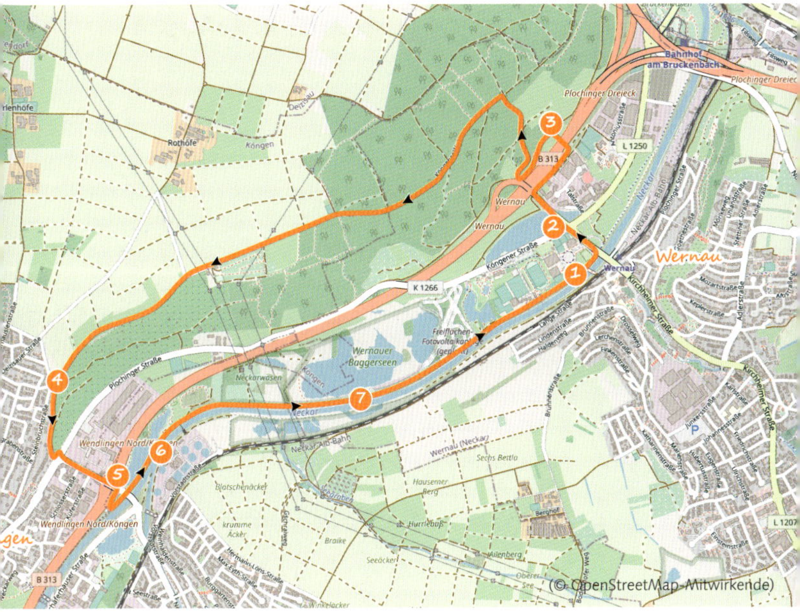

Bahnhof am Bruckenbach
Plochinger Dreieck
Rothöfe
Köngen
B 313
L 1250
Wernau
K 1266
Köngener Straße
Kirchheimer Straße
Neckar
Wernauer Baggerseen
Freiflächen-Fotovolta
Plochinger Straße
Neckarwasen
Wendlingen Nord/Köngen
Neckar-Alb-Bahn
Wernau (Neckar)
Sechs Bettla
Hausener Berg
Blatschenäcker
krumme Äcker
Braike
Seeäcker
Hurrleaub
Berghof
Ailenberg
L 1207
(© OpenStreetMap-Mitwirkende)

INFOS

Wanderkarte Kirchheim unter Teck, 1:25 000, Hrsg.: Schwäbischer Albverein e. V., Kartographie: Landesamt für Geoinformation und Landentwicklung Baden-Württemberg (LGL); Wanderkarte mit Radwegen Stuttgart Südost Blatt 52-539, 1:25 000, NaturNavi

wernau.de, koengen.de, wendlingen.de

S-Bahn Linie S1 bis Wernau oder Wendlingen (halbstündlich)

Wernau, Parkplätze an der Stadionstraße, GPS 48.693883, 9.410691

dem Spielplatz kommen wir zu einer Straßenbrücke. Hier werden wir mit dem Radwegschild in Richtung „Deizisau" und dem Wanderzeichen „blauer Punkt" nach links verwiesen.

Nach einer querenden Straße wandern wir am links liegenden **Neuen See** 2 vorbei. Er ist zwar von einer dichten Hecke umgeben, aber an einer Stelle führt ein Pfad hinab zum Wasser. Danach werden wir nach einer Linkskurve vor der B313 mit dem Radwegschild nach rechts verwiesen. Wir wandern nun entlang einiger Gewerbeanwesen, bis wir die B313 überqueren können. Am Waldrand halten wir uns links 3, folgen aber bei nächster Gelegenheit dem „blauen Punkt" nach rechts in den Wald.

Unser markierter Weg zieht gleich nach rechts und wir steigen durch den Wald, entlang einer Streuobstwiese, und wieder ein Stück durch den Wald hinauf zum querenden **Köngener Weg**. Nun orientieren wir uns links und folgen den Wanderzeichen „blaues Kreuz" und „N" für Neckarweg eine Weile durch den Wald. Danach geht es anfangs am Waldrand entlang, dann zwischen Feldern, Wiesen, Baumwiesen und Gärten sowie ab und zu mit einem Blick auf die Schwäbische Alb weiter. Wo die Fahrstraße bei einem Antennenmast nach rechts zieht, wandern wir geradeaus weiter.

Kurz vor **Köngen** zweigen wir bei dem Baum mit der umlaufenden Bank nach links ab 4. Nun geht es auf einem Schotterweg hinab bis vor die Plochinger Straße. Etwas weiter links können wir sie bei einem Kreisverkehr überqueren, dahinter gehen wir in der **Gotthilf-Daimler-Straße** weiter. Nach dem Gewerbegebiet überqueren wir die B313, danach halten wir uns rechts in Richtung „Fischerhütte" 5. Entlang des Parkplatzes wandern wir etwas hinab zum **Neckar**, wo wir scharf links abbiegen.

Kurz darauf erreichen wir den idyllischen **Hüttensee**, danach folgt die **Fischerhütte** 6 und nach ihr ein weiterer Teil des Hüttensees sowie ein großer Spielplatz. Immer geradeaus weiterwandernd sehen wir links eine savannenähnliche Grasfläche und später ebenfalls links die **Wernauer Baggerseen** 7. An diese kommt man leider nicht heran. Dafür sehen wir zahlreiche Infotafeln auf dem Weg, die uns viel über die Natur hier erzählen.

Auch jetzt wandern wir geradeaus und parallel zum Neckar weiter und sind bald zurück am Ausgangspunkt.

Naturschutzgebiet Wernauer Baggerseen

Die Seen, an die man heute nicht mehr direkt herankommen kann, liegen in einem 32 Hektar großen Naturschutzgebiet. Hier wurde bereits ab 1886 Kies abgebaut, was der hier anstehende Knollenmergel (Mittelkeuper) ermöglichte. Er konnte über lange Zeit leicht vom Wasser ausgeräumt werden, was an der Breite des Tals zu erkennen ist. Der Keuper wurde in den Warmzeiten, insbesondere aber nach der Eiszeit von mehreren Metern Schotter überdeckt. Das war auch der Grund für die gewerbliche Nutzung. Anschließend wurden die Gruben mit unterschiedlichem Material gefüllt. Die Seen Großer und Kleiner See, Rohrensee und Fischersee bedecken heute eine knapp 13 Hektar große Fläche; früher gab es insgesamt sogar zwanzig Gewässer, die aber bis etwa 1775 verloren gingen. Umgeben sind die Gewässer von einem Röhricht aus Schilf, Rohrkolben und Rohr-Glanzgras; dazu findet man Gemeinschaften von Groß- bzw. Kleinseggen sowie Binsen. In den Wiesenflächen und den Gebüschen wachsen Hahnenfußgewächse, Kuckucks-Lichtnelke, Sumpf-Vergissmeinnicht, Stolzer Heinrich, Acker-Kratzdistel, Großblütige Königskerze und viele andere Blütenpflanzen.

Auch Vögel, darunter auch seltene Arten, fühlen sich in diesem Naturparadies wohl. Man hat schon bis zu 200 Vogelarten gezählt, darunter Brutvögel wie den Graureiher, den Höckerschwan, die Graugans, das Teich- und Blässhuhn, den Kiebitz, den Zwergtaucher, den Flussregenpfeifer, daneben Mäusebussarde, Baumfalken und Mauersegler. Singschwänen, Seidenreihern, Enten-, Wat- und Möwenvögeln dient die Landschaft als Rastplatz auf der Durchreise und über den Winter kann man als Gäste Blässhuhn, Lachmöwe, Höckerschwan, Kormoran und die Große Rohrdommel sehen. Auch die Amphibienwelt in den und um die Seen ist mit Erd- und Wechselkröten, See-, Teich-, Gras- und Wasserfröschen, Gelbbauchunken, Erd- und Wechselkröten reichhaltig. Wie bei allen naturnahen Gewässern leben hier auch zahlreiche Libellenarten wie der Große Blaupfeil, die Vierfleck- und die gemeine Pechlibelle sowie die Hufeisen-Azurjungfer.

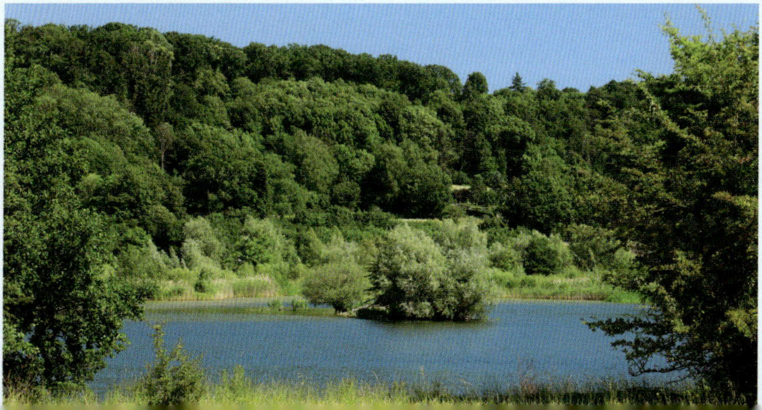

Weiter Blick auf die Schwäbische Alb

16

Von Nürtingen auf die Höhe

2½ Std

9 km

70 Hm

Nürtingen – Oberensingen – Villa Rustica – Hochen – Galgenberg – Neckarhausen – Nürtingen

Wir wandern überwiegend auf festen Wegen

Landschaft, Aussicht

Nürtingen

Wir folgen bei dieser Wanderung oberhalb der Hölderlinstadt Nürtingen dem als Qualitätswanderweg zertifizierten „hochgehberge"-Weg „hochgehblickt". Und herrliche Blicke bietet sie uns wirklich, nämlich über das Neckartal bis auf die Schwäbische Alb. Die Tour selbst verläuft durch Wald, über Felder und Streuobstwiesen.

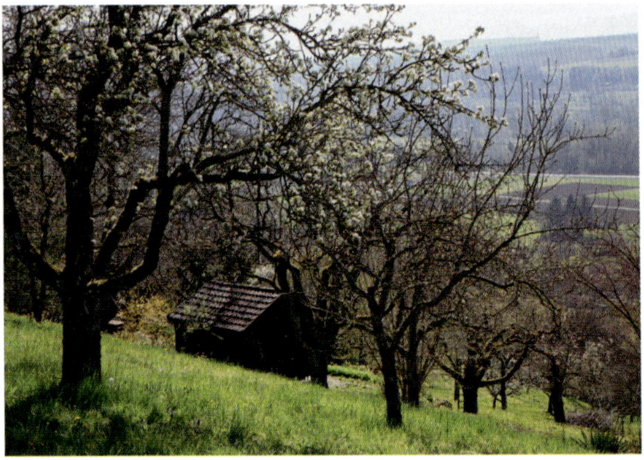

Streuobstwiesen sind im Frühjahr zur Blütezeit am schönsten.

Der offizielle Start der Wanderung ist der Parkplatz oben in der **Galgenbergstraße** 1. Wer beim Hallenbad parkt, orientiert sich an den Schildern „Zuwegung". Man geht vom dortigen Parkplatz aus an die westliche Ecke des Hallenbads, wo man das Wanderschild „Hallenbad Nord" (271 m) findet. Danach gelangt man zwischen Spielplatz und Sportplatz in den Galgenbergpark mit seinen prächtigen, alten Bäumen. Parallel zur Galgenbergstraße geht es nun hinauf zum Schild **Galgenbergpark** (308 m) 1, wo der Zuweg endet und der eigentliche Wanderweg anfängt.

Von unten her gesehen orientieren wir uns nun rechts in Richtung „römischer Gutshof". Wir passieren einen Mammutbaum, dann verlassen wir den Park und wandern nach rechts bis zu den Häusern von **Oberensingen**. Unterwegs

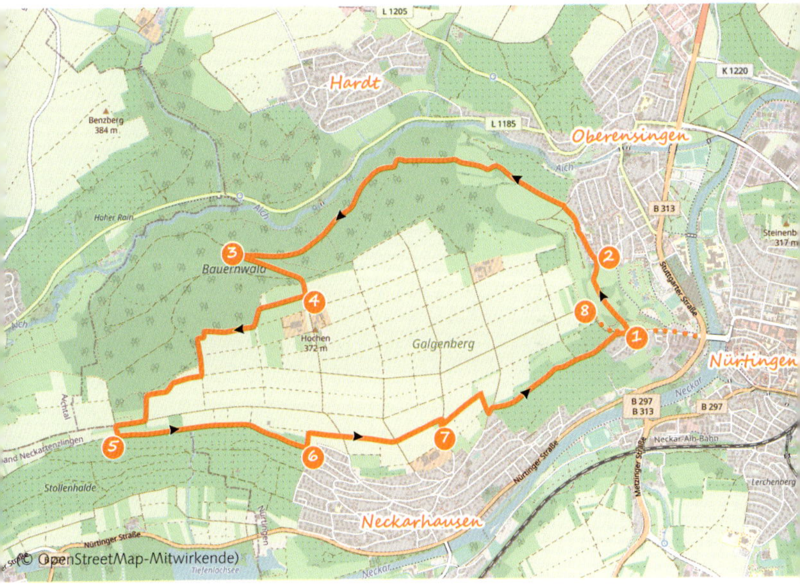

bietet sich uns ein schöner Blick über Nürtingen und auf die Schwäbische Alb. In Oberensingen biegen wir an der Querstraße und am Schild „Friedrich-Glück-Straße" (306 m) links ab. Etwas später haben wir den **römischen Gutshof Oberensingen** (313 m) 2 erreicht. Wer sich für den Gutshof, heute einige gut erhaltene Mauerreste, und die Geschichte der Römer in der Gegend interessiert: Es ist alles auf Tafeln ausführlich erklärt.

Danach wandern wir links am Gutshof vorbei, anschließend geht es leicht abwärts. Am Schild „Aichhalde Ost" (308 m) behalten wir unsere Richtung bei, wobei linker Hand Streuobstwiesen liegen, im Frühling ein wunderbarer Anblick. Wir erreichen das Schild **Aichhalde Nordost** (307 m), wo wir nach links und kurz bergauf gehen müssen. Etwas später kommen wir in den Wald. Bald passieren wir das Schild „oberhalb Aichbrücke" (316 m) und kommen zum Schild **Bauernwald Mitte** (337 m).

Hier gehen wir scharf nach links weiter 3. Der Weg steigt etwas an und wir verlassen den Wald. Bald erreichen wir die **Alpakafarm** 4, halten uns aber noch vor ihr am Schild nördlich Alpakafarm (369 m) rechts zum Waldrand. Hier orientieren wir uns am Schild **nordwestlich Alpaka-**

INFOS

Wanderkarte Kirchheim unter Teck, 1:25 000, Hrsg.: Schwäbischer Albverein e. V., Kartographie: Landesamt für Geoinformation und Landentwicklung Baden-Württemberg (LGL); Wanderkarte mit Radwegen Stuttgart Südost Blatt 52-539, 1:25 000, NaturNavi

nuertingen.de

MEX 12 und 18 bis Nürtingen, Bus ab Bahnhof bis Haltestelle Nürtingen Mühlstraße oder Neckarbrücke Bus X4 und 74, 167, 188, 189 mehrmals stündlich

Nürtingen, Galgenbergstraße oben, GPS 48.628052, 9.325912

Sollte der kleine Parkplatz belegt sein, findet man am Anfang der Galgenbergstraße beim Hallenbad weitere Parkmöglichkeiten.

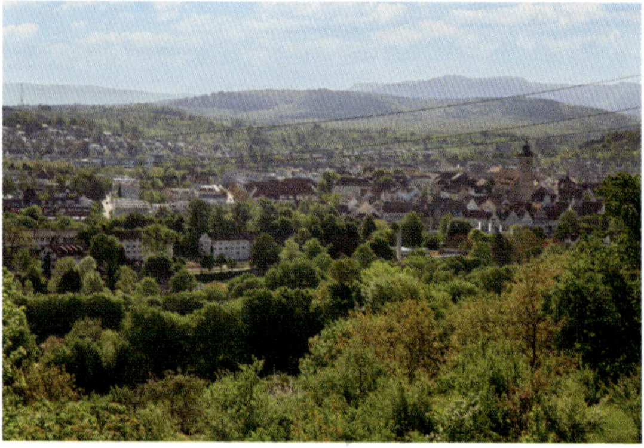

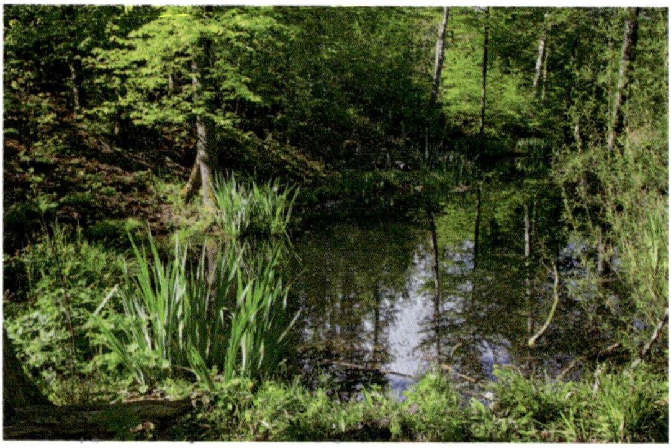

oben: Blick über Nürtingen zur Schwäbischen Alb.

unten: Stiller Waldweiher.

farm (368 m) links, danach am Schild **westlich Alpakafarm** (369 m) rechts. Nun wandern wir immer am Waldrand entlang, passieren das Schild „Hochen West" (366 m), verlassen danach kurzzeitig den Waldrand und spazieren durch die Felder. Am nächsten Querweg orientieren wir uns rechts. Am Schild **Lauch Nord** (368 m) haben wir wieder den Waldrand erreicht und gehen nach links weiter.

Der Weg knickt links ab und wir kommen zu einem Schotterweg; hier bietet sich uns zum ersten Mal ein Blick über das Neckartal. Am Schild **Wildrosenlehrpfad** (363 m) biegen wir rechts ab. Nun wird unsere Tour von rund zwanzig verschiedenen Sorten von Wildrosen begleitet. Am Ende des Lehrpfads biegen wir am Schild **Wildrosenlehrpfad West** (365 m) links ab und kommen kurz darauf zum Schild **Urhöld Südwest** (368 m) 5. Wir biegen links ab und können nun den Blick auf die Schwäbische Alb genießen, denn man sieht über die Streuobstwiesen hinab ins Neckartal. Dahinter erheben sich die Berge der Schwäbischen Alb mit dem markanten Hohenneuffen (links) und der Achalm (rechts).

Wir passieren das **Wengert-Häuschen** (354 m), dann den **Hirschbrunnen**, und treffen vor einer Scheune auf einen querenden Feldweg. Dort biegen wir rechts ab und wandern bis zu den ersten Häusern von **Neckarhausen** 6. Hier halten wir uns links auf einen Wiesenweg, gleich darauf geht es rechts auf einem Feldweg weiter zum Schild **Steigäcker Mitte** (357 m). Dort queren wir einen asphaltierten Weg und wandern geradeaus weiter bis zum nächsten Asphaltweg. Hier orientieren wir uns, jetzt ohne Zeichen, rechts und biegen gleich darauf links auf einen Wiesenweg ein 7.

Wir erreichen einen querenden Wiesenweg, orientieren uns rechts und wandern zu einem Sträßchen. Dort halten wir uns links, dann aber gleich wieder rechts. Weiter mit schöner Aussicht und durch Streuobstwiesen wandernd kommen wir zum Ortsrand von **Nürtingen**. Wer will, kann hier nach links einen 200 Meter langen Abstecher zur **Schillerhöhe** 8 machen, wo sich uns unter mächtigen, alten Bäumen erneut ein prächtiger Blick auf die Schwäbische Alb bietet. Danach erreichen wir den oberen Parkplatz. Zum unteren Parkplatz am Hallenbad können wir entweder der Straße folgen oder wie beim Aufstieg durch den Park spazieren und den Anblick der herrlichen, alten Bäume auf uns wirken lassen.

Hier wurde ein alter Wengerterunterstand rekonstruiert.

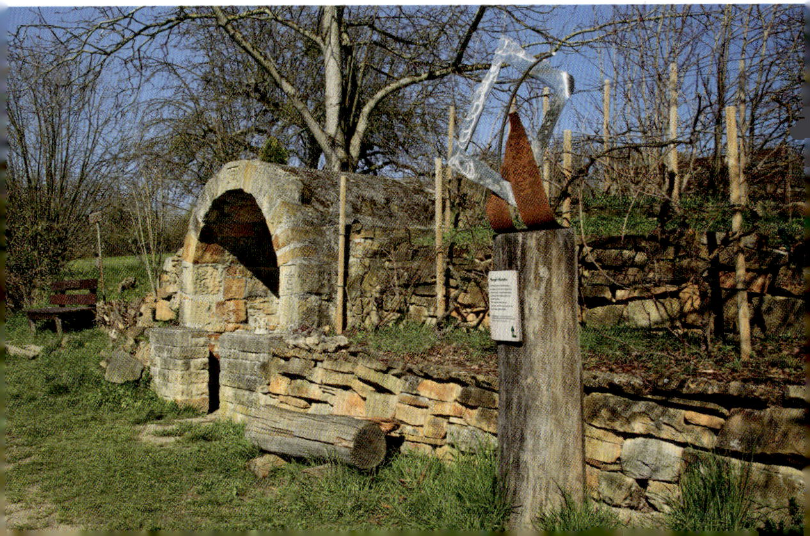

Durch eine liebliche Landschaft 17

Zwischen Hochdorf, Wellingen und Roßwälden

2 Std

7,2 km

130 Hm

Hochdorf – Lutherlinde – Wellingen – Grillplatz 4 Linden – Roßwälden – Hochdorf

Wir wandern meist auf festen Wegen, nur kurz unbefestigt.

Wald, Landschaft

Hochdorf

Die Voralb-Landschaft, durch die diese Wanderung führt, ist zwar nicht spektakulär, kann aber mit Fug und Recht als das bezeichnet werden, was man unter „lieblich" einordnet und den meisten Menschen einen beruhigenden Anblick gewährt: sanft gewelltes Bauernland mit Heuwiesen, Streuobstwiesen, Waldstücken, dazu immer wieder eine weite Aussicht, und das Ganze eingebettet zwischen drei kleineren Ortschaften. Was braucht man für eine erholsame Landschaft mehr?

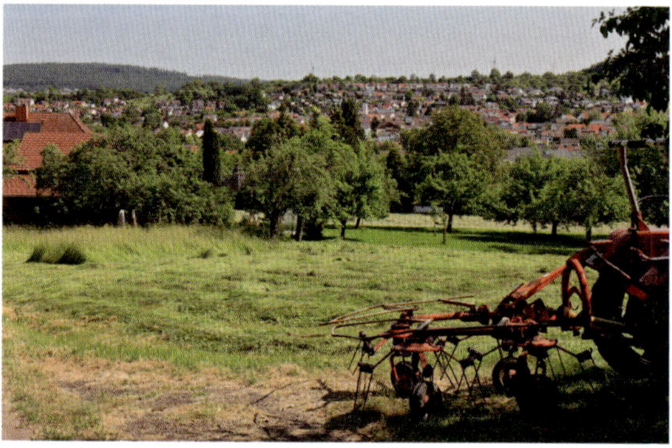

Rückblick auf Hochdorf.

Wir gehen von dem großen **Parkplatz** 1 kurz in Richtung Ortsmitte, wo die **Bachstraße** beginnt. Ihr folgen wir, auch dort, wo geradeaus die Kirchstraße weiterführt, und sie nach links abknickt. Nach einer Rechtskurve biegen wir links ab in die **Wellinger Straße** 2. Sie bringt uns ansteigend aus dem Ort, wobei wir hier einen ersten prächtigen Blick hinter uns zurück haben. Später führt uns der Weg auf dem **Müllerweg** durch den Wald, nun fast eben.

Nach dem Wald fällt der Weg etwas, bis wir uns vor den ersten Häusern von **Wellingen** mit dem Radwegschild nach „Hattenhofen Schlierbach" links halten 3. Gleich rechts sehen wir die Reste der ehemaligen **Lutherlinde**. Der Weg

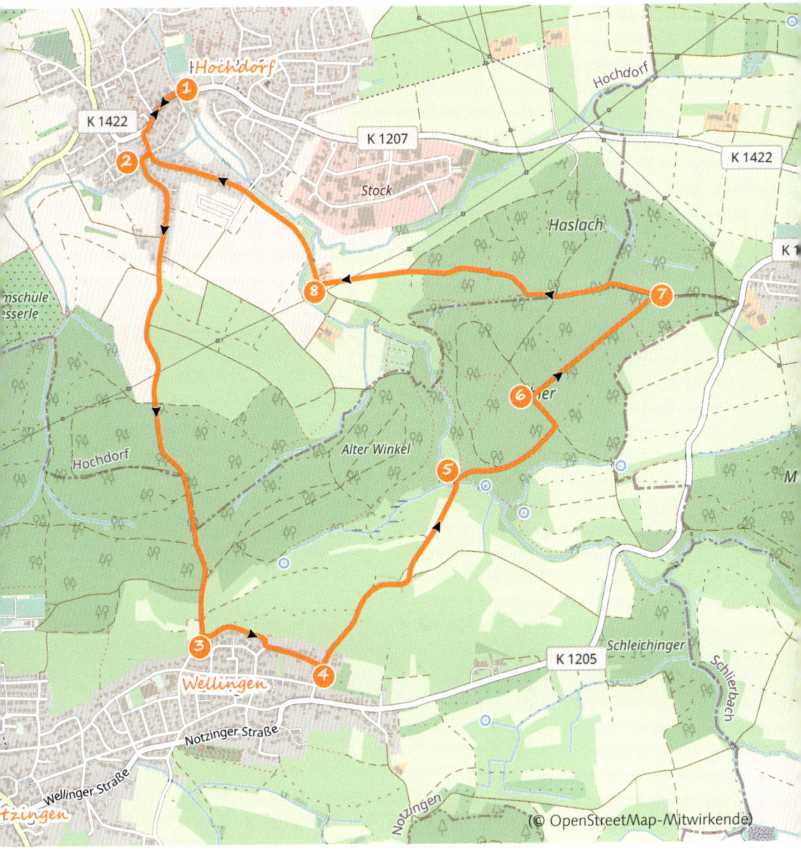

beschreibt einen Rechts-links-Knick und bringt uns in der Rechbergstraße bis zur querenden Straße **Hohenstaufenblick** 4. Auf ihr verlassen wir nach links den Ort und kommen ins Landschaftsschutzgebiet. Hier haben wir auch einen herrlichen Ausblick. Wir gehen hinab bis zum **Grillplatz 4 Linden** , halten uns nach ihm links, dann rechts und kommen in den Wald.

Am Waldrand überqueren wir den **Köhlerbach** 5, dann nehmen wir rechts des kleinen Gebäudes, geradeaus gehend, den ansteigenden Weg. Nach kurzem Bergauf geht er in einen breiten, geschotterten Weg über, dem wir in Gehrichtung folgen. Am querenden **Bolweg** halten wir uns links. Kurz darauf biegen wir rechts ab in den **Köhlerweg** 6.

INFOS

Wanderkarte Kirchheim unter Teck, 1:25 000, Hrsg.: Schwäbischer Albverein e. V., Kartographie: Landesamt für Geoinformation und Landentwicklung Baden-Württemberg (LGL); Wanderkarte mit Radwegen Blatt 54-539 Göppingen Kirchheim unter Teck, 1:25 000, NaturNavi

hochdorf.de, notzingen.de

Bus Linie 144 bis Haltestelle Hochdorf (ES) Rathaus (stündlich)

Hochdorf, Roßwälder Straße, Parkplatz bei der Evangelischen Heimstiftung/Amalienresidenz bzw. Breitwiesenhalle, GPS 48.693699, 9.466567

Wir wandern, bis der **Nonnenholzweg** quert 7. Nach rechts kann man hier nach **Roßwälden** gehen, wir biegen aber scharf links ab. An einem querenden Weg gehen wir auf dessen anderer Seite auf einem Pfad weiter. Er mündet in einen etwas breiteren, aber auch unbefestigten Weg. An der Verzweigung kurz danach halten wir uns rechts. Dieser Weg zieht bald nach links und bringt uns nach einer Weile aus dem Wald. Wir folgen dem Waldrand auf einem Pfad, dann erreichen wir einen Betonweg. Auf ihm gehen wir nach links hinab bis zu einem querenden Weg bei zwei Gebäuden 8. Hier halten wir uns rechts.

Vorbei am **Vereinsheim der Kleintierzüchter** erreichen wir den Ortsrand von **Hochdorf**, wo wir auf der Hofackerstraße in den Ort hineingehen. Wir treffen nach einiger Zeit auf die **Bachstraße** und gehen nach rechts auf bekanntem Weg zurück.

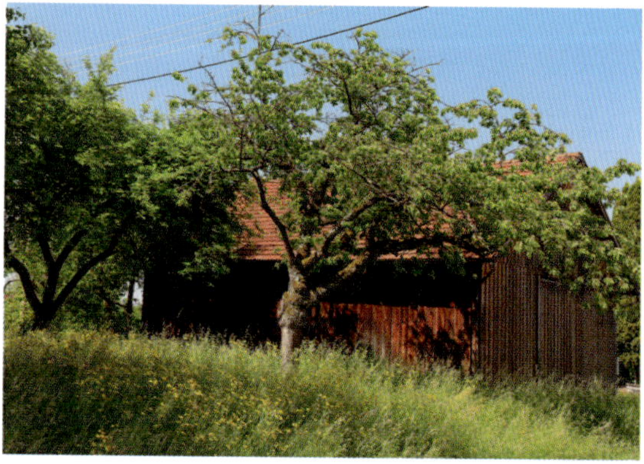

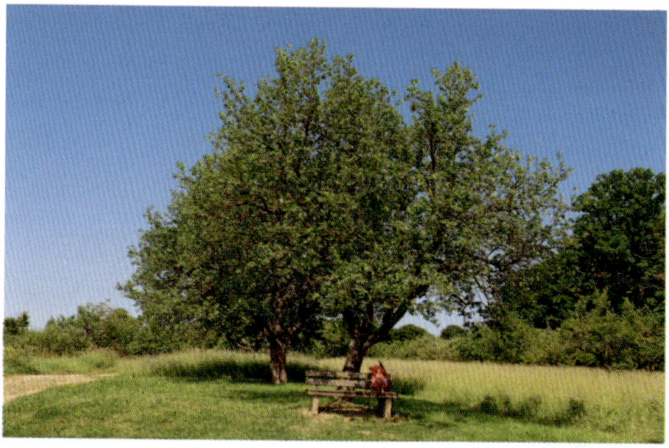

oben: In den Streuobstwiesen.

unten: Rast unter Obstbäumen.

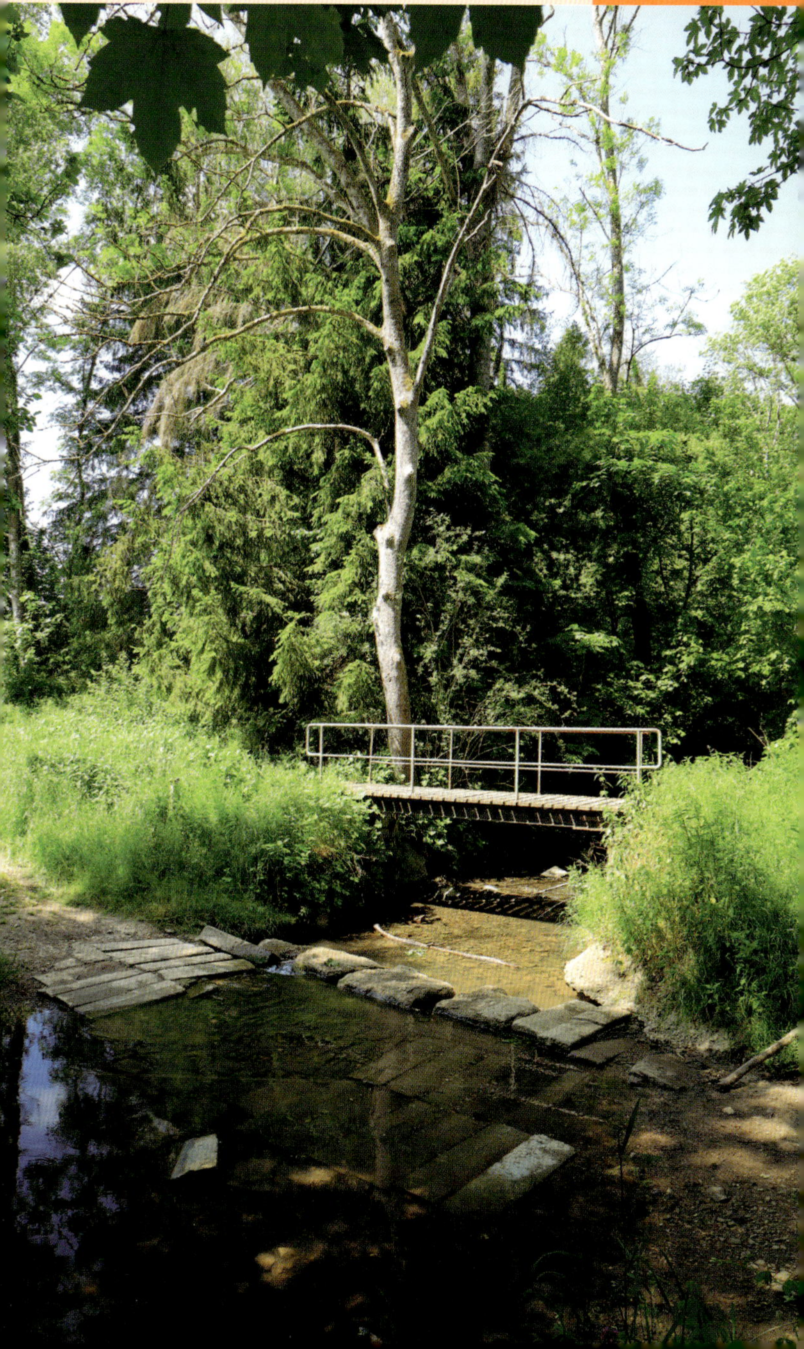

Auf und Ab mit Albblick 18

Von Notzingen nach Wernau

2½ Std
9,8 km
130 Hm

Notzingen/Sportplatz – Lauinger Hütte – Mariengrotte – Wernau – Golfplatz – Notzingen

Wir gehen auf festen Wegen.

Landschaft, Aussicht

Sportplatzgaststätte am Ausgangspunkt

Wir wandern bei dieser Tour durch eine liebliche Landschaft mit bewegter Topografie – es geht immer leicht auf und ab, die Höhenunterschiede insgesamt halten sich aber in Grenzen – und wir bewegen uns in einem munteren Wechsel zwischen Wiesen, Feldern und Waldstücken. Dazu kommen wir immer wieder an Streuobstwiesen vorbei, was der Wanderung im Frühjahr eine besondere Note verleiht. Und an einigen Stellen bietet sich uns eine weite Aussicht auf die Höhenzüge der Schwäbischen Alb dar, wobei die Teck besonders hervorsticht.

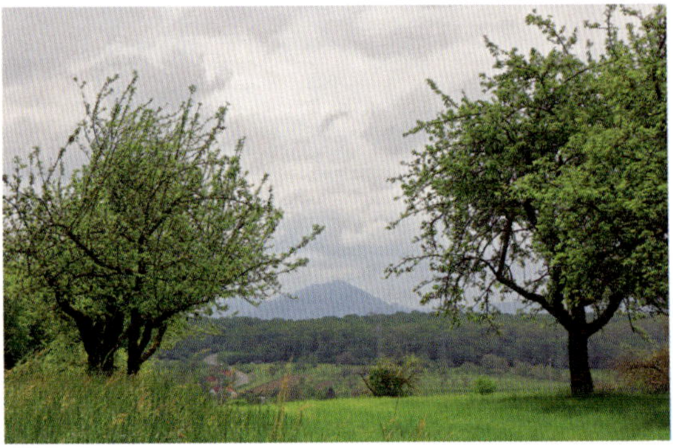

Der Blick reicht bis zur Schwäbischen Alb.

Wir folgen dem Weg, der durch den **Parkplatz** 1 hindurchführt und nach diesem am Waldrand entlang verläuft. Nach links bietet sich uns bereits ein erster Blick auf Streuobstwiesen, und auch bis zur nahen Schwäbischen Alb mit der Teck kann man sehen. Am nächsten Querweg halten wir uns links, überqueren die Straße und sehen nach ihr links eine alte **Grubbank**. Wir biegen aber rechts ab und halten uns mit dem Radwegschild nach „Wernau" gleich links.

Vor dem Wald zieht der Weg mit dem Wanderzeichen „blauer Punkt" nach links. Nun wandern wir zwischen einge-

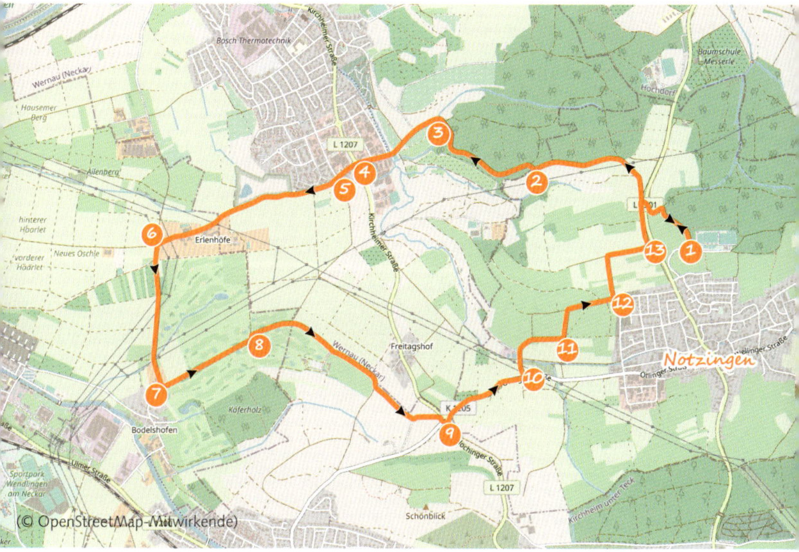

zäunten Gärten und dem Waldrand, wobei wir im Wald immer wieder interessante Totholzstücke bewundern können. Nach dem Ende der links liegenden Gärten werden wir nach rechts zur **Lauinger Hütte** verwiesen ②. Gleich nach ihr biegen wir links ab. Nun begleiten uns interessante Tafeln eines **Waldlehrpfads**. Auch jetzt beeindrucken uns verschiedene idyllische Totholzstücke, dazu ist der Boden links und rechts des Weges im Frühjahr mit Bärlauch bedeckt.

An einem Querweg nach einer Schranke halten wir uns rechts, nun geht es hinab zur links des Weges liegenden **Mariengrotte** ③. Sie wurde nach dem Zweiten Weltkrieg nach Vorbild der Grotte in Lourdes gestaltet. Nach ihr biegen wir links ab und wandern auf **Wernau** zu. Im Ort gehen wir immer geradeaus weiter, auch nach dem Kreisverkehr ④. Wo danach die Straße nach rechts weiter ins Wohngebiet zieht ⑤, wandern wir geradeaus weiter und verlassen den Ort. Es steigt etwas an, dann passieren wir die **Erlenhöfe**.

Nach ihnen biegen wir mit dem Radwegschild nach **Kirchheim** links ab ⑥. Kurz darauf erreichen wir eine aussichtsreiche Anhöhe mit einer Linde mit umlaufender Bank und einem großen Steinkreuz. Wir gehen geradeaus weiter, nun wieder bergab. Der Weg führt uns immer am links liegenden **Golfplatz** vorbei. Immer geradeaus gehend kom-

INFOS

Wanderkarte Kirchheim unter Teck, 1:25 000, Hrsg.: Schwäbischer Albverein e. V., Kartographie: Landesamt für Geoinformation und Landentwicklung Baden-Württemberg (LGL)

notzingen.de

Bus Linie 144 bis Haltestelle Notzingen Sonnenweg (stündlich)

Notzingen, Sportplatzparkplatz, Im Eichert, GPS 48.676827, 9.455196

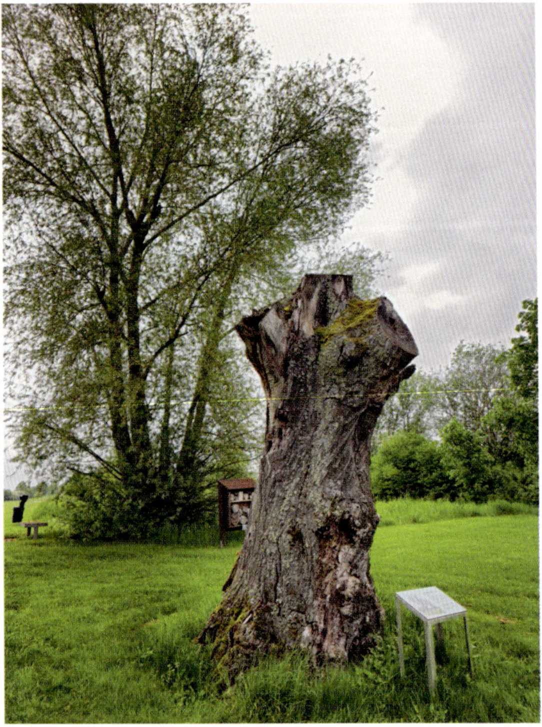

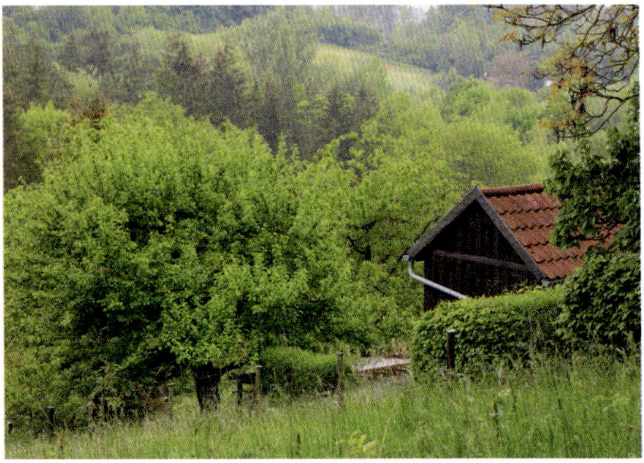

oben: Auch dieser tote Baumstamm war einmal eine kraftstrotzende Linde.

unten: In den Streuobstwiesen.

men wir zu einem Hof 7. Nach ihm biegen wir links ab und wandern nun inmitten des Golfplatzes leicht bergauf. Oben sehen wir eine Informationstafel zum **Jakobsweg**, auf dem wir soeben gewandert sind, danach den Stumpf einer alten Linde 8. Hier biegen wir links, dann mit dem Radwegschild gleich wieder rechts ab.

An einer Querstraße halten wir uns mit dem „30 km-Schild" links und folgen am Ende der Golfanlage dem Sträßchen nach links. Etwas später zieht die Fahrstraße nach rechts, wir gehen aber auf dem für KFZ gesperrten Sträßchen geradeaus zum Kreisverkehr 9. Nach ihm folgen wir dem Weg, der rechts der nach Notzingen führenden **Ötlinger Straße** verläuft. Nach etwas Bergab wird es wieder eben, dann biegen wir links in Richtung „Kläranlage Bauhof" ab 10. Wir überqueren die Straße, dann den **Bodenbach** und folgen geradeaus gehend dem ansteigenden Weg, der bald nach rechts zieht. Nun wandern wir eine Zeit lang durch Streuobstwiesen. An einer Verzweigung folgen wir dem rechten, bald geschotterten Weg entlang des Zauns.

Am nächsten asphaltierten Querweg biegen wir links ab 11, danach folgen wir dem nächsten Sträßchen nach rechts. Vor den Häusern von **Notzingen** halten wir uns links 12 in den ansteigenden Weg. Am nächsten Querweg orientieren wir uns rechts, nun wandern wir auf einem wunderbaren Panoramaweg mit Blick über Notzingen und weiter auf die Schwäbische Alb. Der nächste Querweg bringt uns nach links 13 zu der von Anfang her bekannten **Grubbank**. Nun wandern wir auf bekanntem Wege zurück zum Ausgangspunkt.

Im Frühling duftet es hier nach Bärlauch.

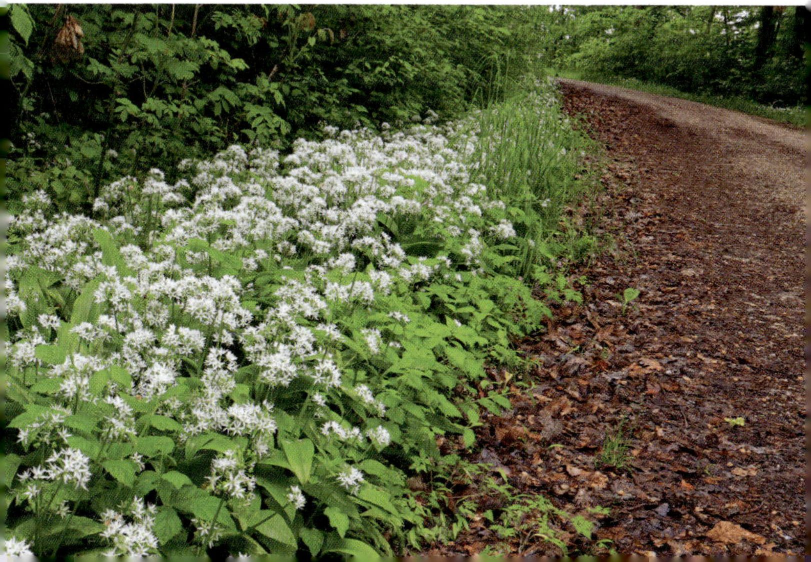

Vom Badesee zum Aussichtspunkt

19

Bürgerseen und Käppele

2¾ Std
10,2 km
170 Hm

Bürgerseen – Wechseleiche – Hindenburghain – Dettingen – Schindereiche – Bürgerseen

Wir wandern auf festen Wegen.

Bürgerseen, Wald, Hindenburghain, Aussicht, Schindereiche

Bürgerseen

Von den drei Bürgerseen bei Kirchheim unter Teck ist einer zum Baden freigegeben, worauf man sich an warmen Tagen für nach der Wanderung freuen kann. Zuerst aber wandern wir die Seen hinter uns zurücklassend durch einen schönen Wald hinauf zum Hindenburghain mit dem historisch interessanten, vor allem aber aussichtsreichen Käppele. Insbesondere das Lenninger Tal mit dem Höhenrücken im Hintergrund, der mit der Teck ausläuft, und der weitere Verlauf des Albtraufs sind schön anzusehen; auch auf den Hohenneuffen hat man einen prächtigen Blick. Ein großer Teil der Wanderung führt durch Streuobstwiesen, was insbesondere im Frühjahr zur Baumblüte ein herrliches Erlebnis ist.

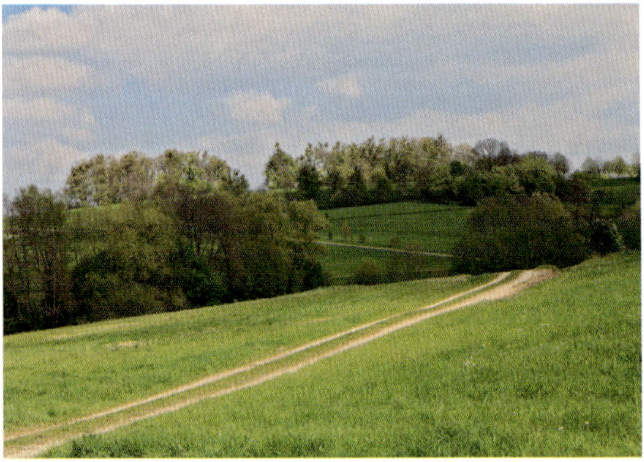

Auch oberhalb der Bürgerseen finden wir eine abwechslungsreiche Landschaft.

Wir wandern ab dem **Parkplatz** 1 an der Gaststätte und den Seen vorbei und biegen mit dem Wanderzeichen „blaue Raute" hinter dem letzten See rechts in den Wald ab, wo wir dem **Herrschaftsweg** folgen. Er geht später in den Wechseleicheweg über und bringt uns zur **Wechseleiche** (375 m). Kurz nach ihr biegen wir links ab in den **Oberen Hörnleweg** 2. Er steigt weiter an bis zu einer mächtigen

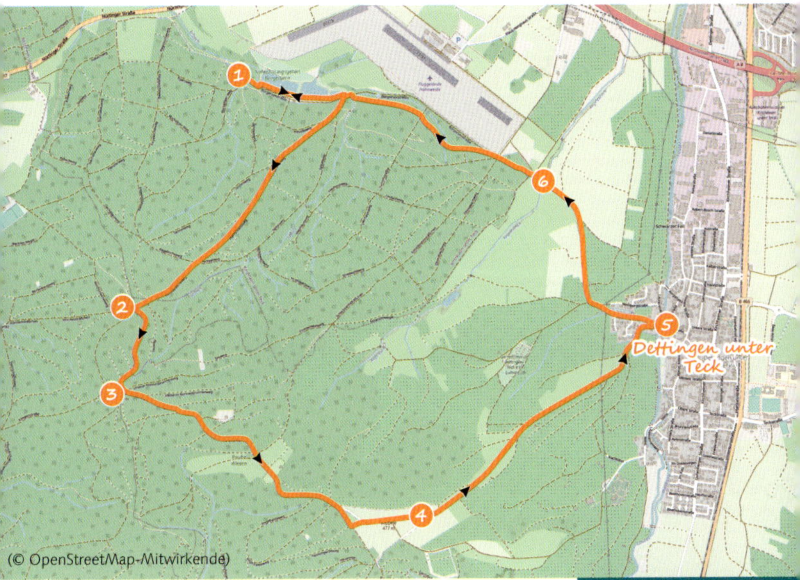

Eiche, an der wir das Schild **Hörnle** (452 m) 3 sehen. Wir ignorieren, dass ein mit dem „blauen Dreieck" markierter Weg links abgeht, und wandern auf unserem ebenfalls mit dem „blauen Dreieck" markierten Weg immer geradeaus weiter.

Nach dem Wald verlassen wir den markierten Weg und folgen dem unmarkierten über die Freifläche bis zum **Hindenburghain** 4 mit dem **Käppele**. Danach nehmen wir mit dem Wanderzeichen „blaue Raute" das abwärts führende Sträßchen. Wir folgen zuerst der Straße „Eichhalde", dann der Schloßgasse. Vor den ersten Häusern von **Dettingen** lag einst die Burg Schloßberg.

Wo die querende **Mühlstraße** 5 nach rechts über eine historische Steinbrücke in den Ort führt, orientieren wir uns links, wieder mit dem Zeichen „blaues Dreieck". Wir wandern nun zwischen Streuobstwiesen und zum Teil mit schöner Aussicht bis zur mächtigen **Schinder- oder Lindacheiche** 6. Sie ist über 500 Jahre alt und rund 28 Meter hoch; von ihr aus hat man auch einen schönen Blick über die hügelige Wiesenlandschaft. Jetzt folgen wir entweder dem Walderlebnispfad oder dem Sträßchen am Waldrand zurück zu den **Bürgerseen**. An ihnen entlang kommen wir zur Gaststätte und danach zum Parkplatz.

INFOS

Wanderkarte Kirchheim unter Teck, 1:25 000, Hrsg.: Schwäbischer Albverein e. V., Kartographie: Landesamt für Geoinformation und Landentwicklung Baden-Württemberg (LGL)

kirchheim-teck.de

S-Bahn Linie S1 bis Kirchheim/Teck, Bus Linie 166 bis Haltestelle Bürgersee (halbstündlich)

Kirchheim/Teck, Bürgerseen, GPS 48.631155, 9.414705

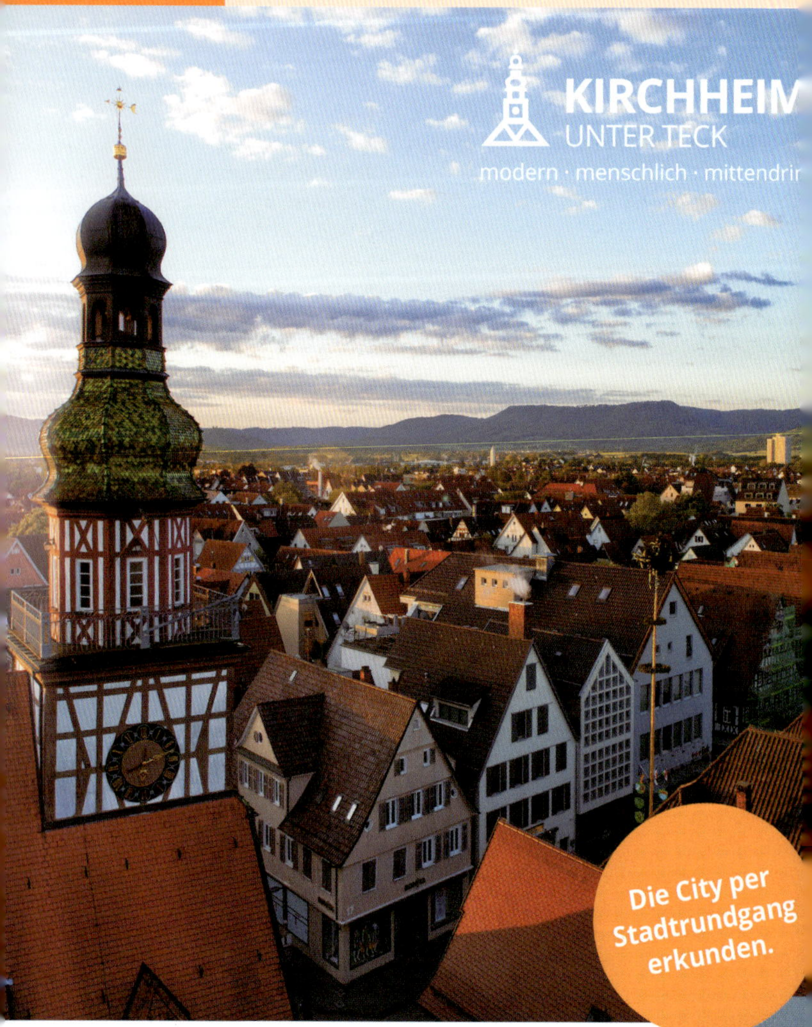
KIRCHHEIM
UNTER TECK
modern · menschlich · mittendrin
Die City per Stadtrundgang erkunden.

Drei Bürgerseen

Der Name der künstlich angelegten drei **Bürgerseen** deutet darauf hin, dass die Gewässer einst vielleicht der Versorgung der Kirchheimer Bürger mit Fischen, evtl. Karpfen, dienten. Ende des 17. Jahrhunderts waren sie auf der Kieser'schen Forstkarte eingezeichnet. Im 18. Jahrhundert hat man die Nutzung eingeschränkt und die Seen verlandeten. 1906 hat man den Unteren und den Mittleren, etwas später den Oberen See zur Fischzucht neu angelegt. 1962 erfolgte eine Neuanlage. Heute ist am Unteren See Baden erlaubt. Der 1 Hektar große Mittlere See ist dem Unteren vorgeschaltet und dient zur Vorklärung und Reinigung des Badesees. Der 0,22 Hektar große Obere See liefert Frischwasser für die beiden anderen Seen und dient der natürlichen Klärung. Vor allem sein Nordufer ist sehr artenreich, hier findet man Schilf sowie Kleinröhricht mit Sumpfschwertlilien und Igelkolben, außerdem stellt er einen Lebensraum für verschiedene Amphibienarten dar. Bei den Seen wechseln sich auf sehr kleinem Raum unterschiedliche Pflanzengesellschaften ab: Um die Seen und am Talbach findet man Sumpf- und Wasserpflanzen wie beispielsweise den Igelkolben, auf den mäßig feuchten Wiesen wächst Wiesensalbei und an den trockeneren Standorten eine an diese Bedingungen angepasste Vegetation. Im Buchenmischwald finden wir Schatten liebende Pflanzen.

Der Badesee besitzt schöne, teilweise abfallende Liegewiesen, einen Badesteg und eine Badeinsel, Toiletten (auch behindertengerecht) und eine Gaststätte. Er fällt relativ steil ab, ein Nichtschwimmerbereich ist nicht abgeteilt, Eine Aufsicht gibt es nur sonntags bei schönem Wetter. Das Mitbringen von Hunden sowie das Grillen (auf Grillstellen sowie auf mitgebrachten Grillen) ist erlaubt.

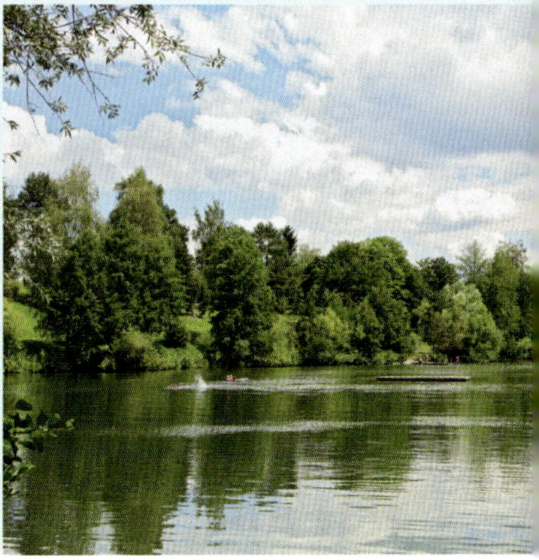

Um die offene Schutzhütte, auf die wir nach dem Wald treffen, befinden sich der 1935 angelegte **Hindenburghain**, die 1874 gepflanzte **Käppelelinde**, welche heute ein Naturdenkmal ist, und ein **Steinkreuz** aus dem 15. Jahrhundert. Von hier aus hat man eine prächtige Aussicht auf den Albtrauf.

Die **Burg Schloßberg** wurde im Bauernkrieg am 3. Mai 1525 zusammen mit der Burg Teck von aufständischen Bauern abgebrannt. Heute ist nichts mehr zu sehen.

Erinnerungen an die Zähringer 20

Auf die Limburg, den höchsten Weinberg Württembergs

2 ¼ Std

7,7 km

210 Hm

Weilheim/Wanderparkplatz – auf die Limburg – Weinberge – Gipfel – Streuobstwiesen – Parkplatz

Die Wanderung verläuft auf festen Wegen und Pfaden. Für den auf einem Pfad stattfindenden steilen Auf- und Abstieg zum/vom Gipfel sollte man trittsicher und schwindelfrei sein.

Aussicht, Weinberge, Baumblüte im Frühling

Weilheim

Man kann es kaum glauben: Die Zähringer, die in Baden bedeutende Herrscher und Städtegründer waren, stammen von der Schwäbischen Alb. Genauer gesagt: Auf der Limburg, die wir bei diesem Wandervorschlag besteigen, stand einst ihre Stammburg. Übrig davon ist kaum etwas. Der Berg lohnt aber trotzdem einen Besuch, befindet sich hier doch der höchstgelegene Weinberg Württembergs. Und vom Gipfel des Berges bietet sich uns eine grandiose Aussicht. Auch die Landschaft mit den Weinbergen kann faszinieren, denn wir wandern erst durch Streuobstwiesen, danach durch Weinberge und an der höchsten Stelle der Limburg finden wir eine karge Heidelandschaft.

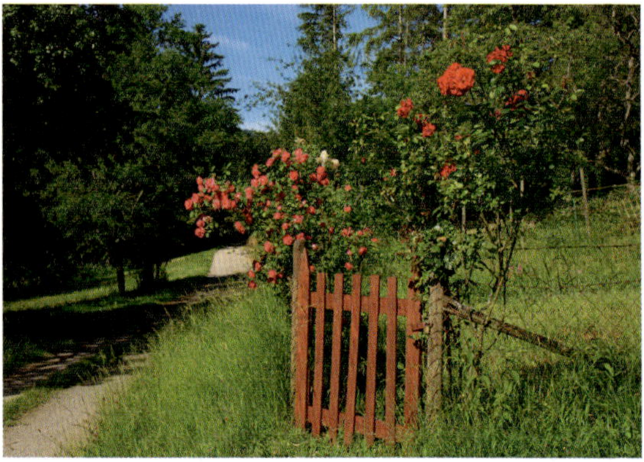

Gartenidylle auf dem Weg zum Gipfel.

Wir gehen vom **Wanderparkplatz** 1 aus in Richtung Ort, biegen aber mit dem Wanderzeichen „blauer Winkel" gleich darauf rechts ab in die Straße **Weinsteige**. Ihr folgen wir nun aufwärts. Es geht am Friedhof und dem Wanderschild „Parkplatz Friedhof Weinsteige" (398 m) vorbei, danach wandern wir bergauf, bis wir an der Infotafel zum Thema **Schwäbischer Vulkan** 2 nach links in den **Lägeler Weg** verwiesen werden.

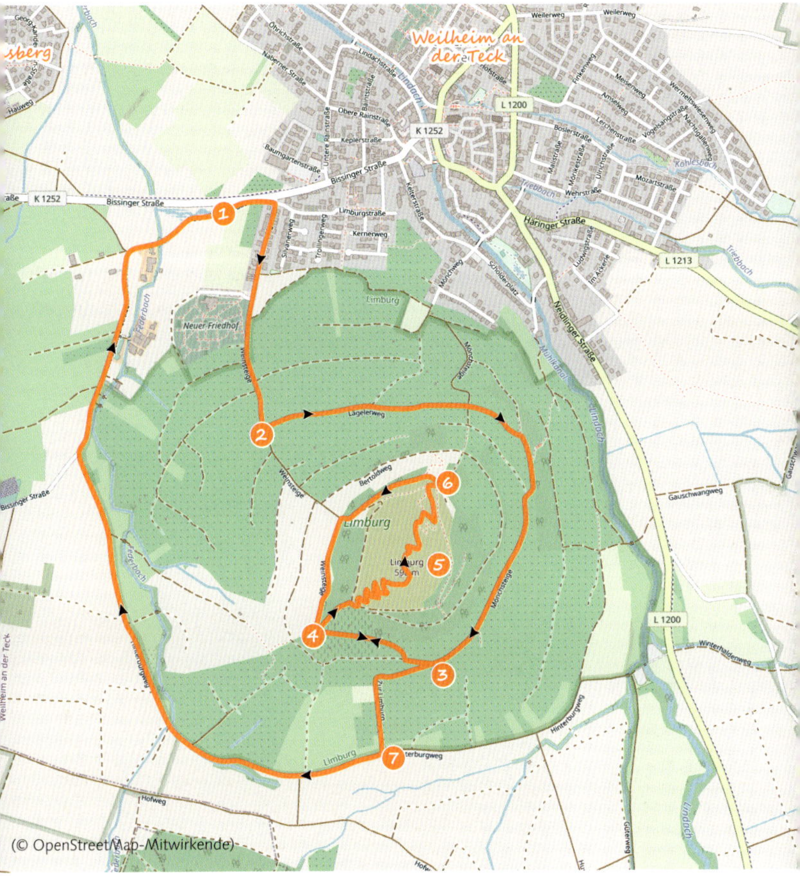

Auf ihm wandern wir nun durch prächtige Streuobstwiesen. Zudem sehen wir im Zurückblicken zur Teck, nach links ins Albvorland. Wir folgen dem Weg immer weiter rund um den Gipfel der Limburg, den wir rechts immer wieder sehen. Wo links die Mönchsteige abgeht, wandern wir nach rechts weiter. Bald steigt der Weg sanft an. Schließlich kommen wir an eine Stelle, wo links ein grasiger Weg in Richtung einer kleinen Hütte und der Teck abgeht. Hier haben wir zwei Möglichkeiten 3.

Bei Nässe, Eis und Schnee sollte man sich hier links halten, ebenso wenn man auf den Gipfelanstieg verzichten will. Wer sich die Weinberge ansehen möchte oder die

INFOS

Wanderkarte Kirchheim unter Teck, 1:25 000, Hrsg.: Schwäbischer Albverein e. V., Kartographie: Landesamt für Geoinformation und Landentwicklung Baden-Württemberg (LGL); Wanderkarte mit Radwegen Blatt 54-539 Göppingen Kirchheim unter Teck, 1:25 000, NaturNavi

weilheim-teck.de

S-Bahn Linie S1 bis Kirchheim/Teck, danach mit dem Bus Linie 173 oder 177 bis Haltestelle Weilheim Marktplatz (halbstündlich)

Weilheim an der Teck, Wanderparkplatz Alte Bissinger Straße, GPS 48.613351, 9.528997

Einen Ausweichparkplatz findet man bei der Weinsteige am Friedhof.

Aussicht von dort genießen will, folgt dem nachfolgend beschriebenen Weg, kehrt aber dann wieder hierher zurück.

Die Wanderer, die die ganze Tour unternehmen, kommen später auch wieder hier an. In diesem Fall wandern wir geradeaus weiter. Kurz danach folgen wir an einer Verzweigung dem Schild **Lehrpfad** nach rechts, gleich darauf durchqueren wir die Weinberge der Limburg. Wie wir auf einer Tafel lesen können, sind es die höchsten Württembergs.

Nach den Weinbergen zweigt an der Tafel **Weinbau an der Limburg** der Weg zum Gipfel rechts ab 4. Der Weg steigt erst steil an, dann trifft er auf einen querenden Weg.

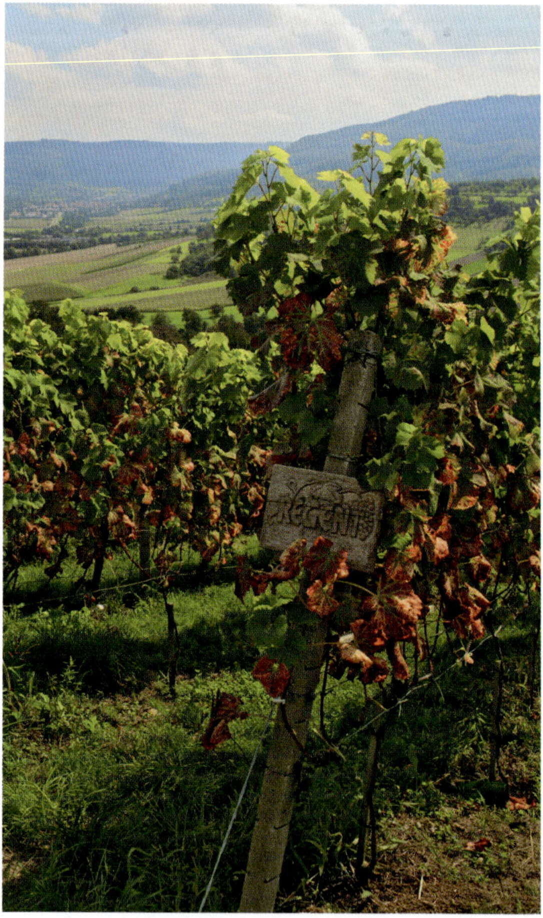

Man wandert durch die höchsten Weinberge Württembergs.

Ihm folgen wir mit dem Schild **Christian Kazmaierwegle** nach rechts. Nun geht es in Serpentinen steil hinauf zum **Gipfel der Limburg** 5. Die Aussicht auf die Teck, auf den Breitenstein, nach Osten in Richtung Erkenberg und über das Albvorland wird dabei immer prächtiger. Schließlich sind wir am Gipfel angelangt, wo Bänke zu einer ausgiebigen Rast und dem Genuss der Aussicht locken.

Danach folgen wir dem Steig, der rechts der **Informationstafel zur Geschichte der Limburg** in Serpentinen hinabführt. Nachdem es etwas nach links gegangen ist, kommen wir zu einer Kreuzung. Hier biegen links ab 6. Bald erreichen wir wieder den Abzweig, an dem wir vorhin zum Gipfel hochgestiegen sind 4. Wir wandern auf bekanntem Weg noch etwas weiter abwärts bis zum Abzweig davor 3.

Hier orientieren wir uns nun scharf rechts. Der etwas grasige Weg knickt bald nach links ab 7 und wir kommen hinab zu einem asphaltierten Weg am **Fuß der Limburg**. In ihn biegen wir rechts ein. Nun wandern wir eben und mit schönem Blick auf den Breitenstein und auf die Teck zwischen Wiesen und Feldern. Wir folgen immer dem Weg, der am Fuß der Limburg entlangführt, und erreichen schließlich wieder unseren Ausgangspunkt.

Vom Gipfel der Limburg bietet sich ein herrlicher Blick zum Albtrauf und ins Albvorland.

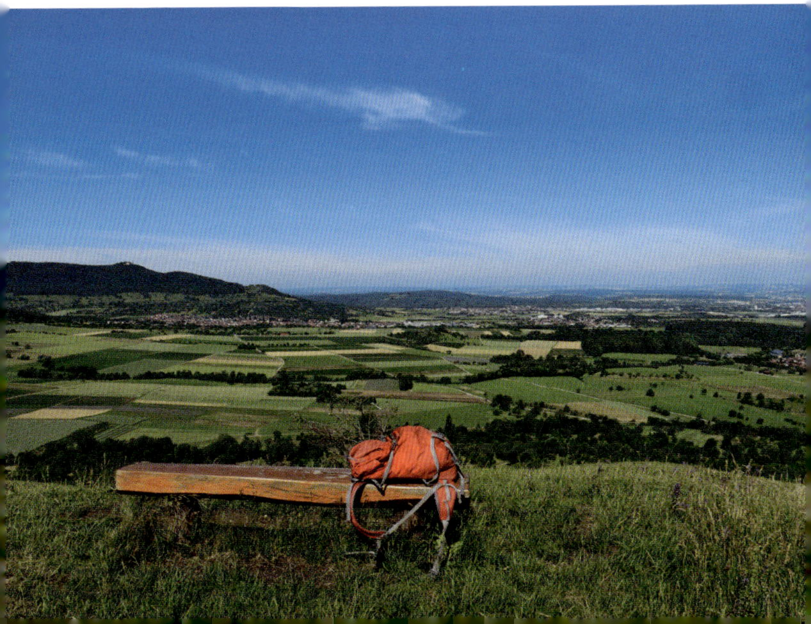

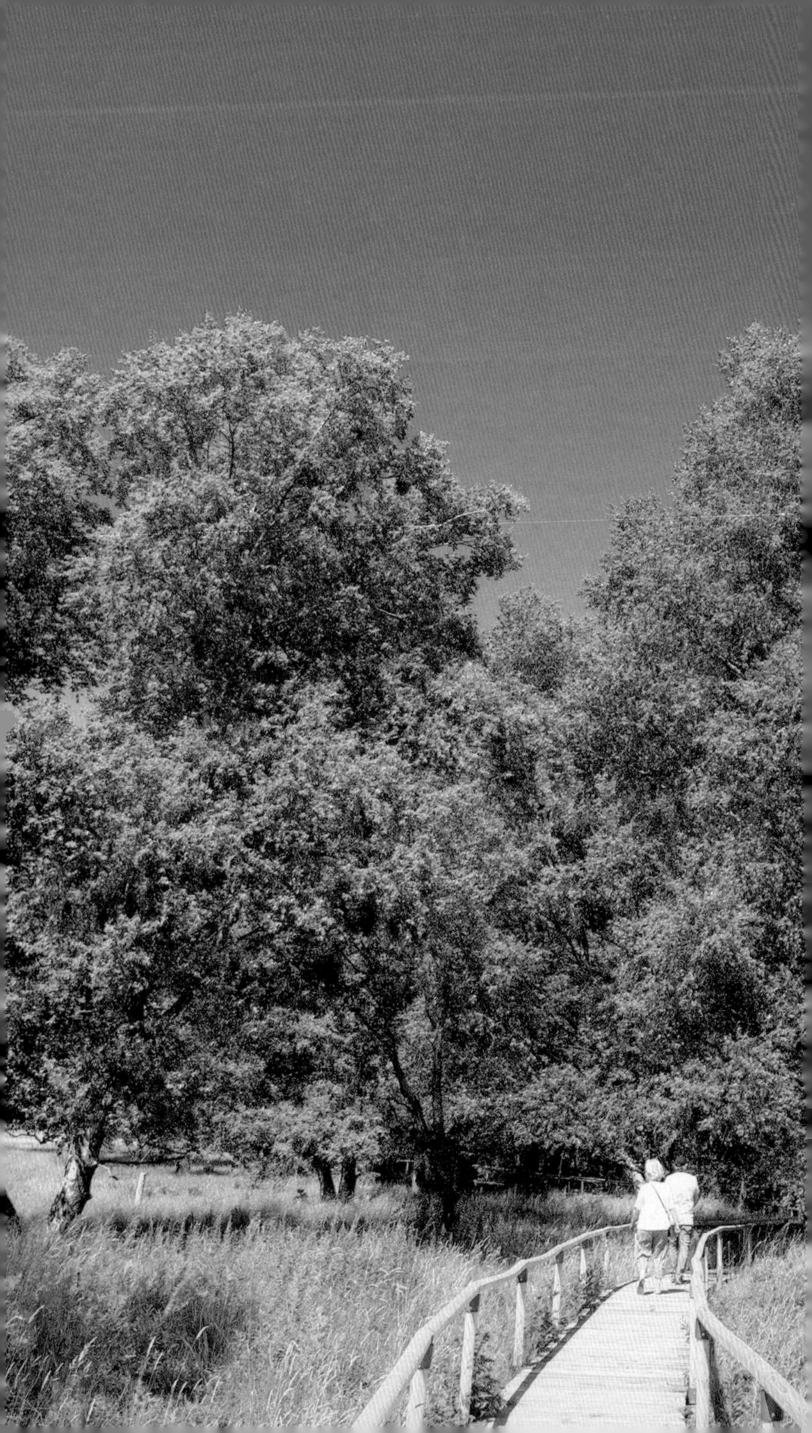

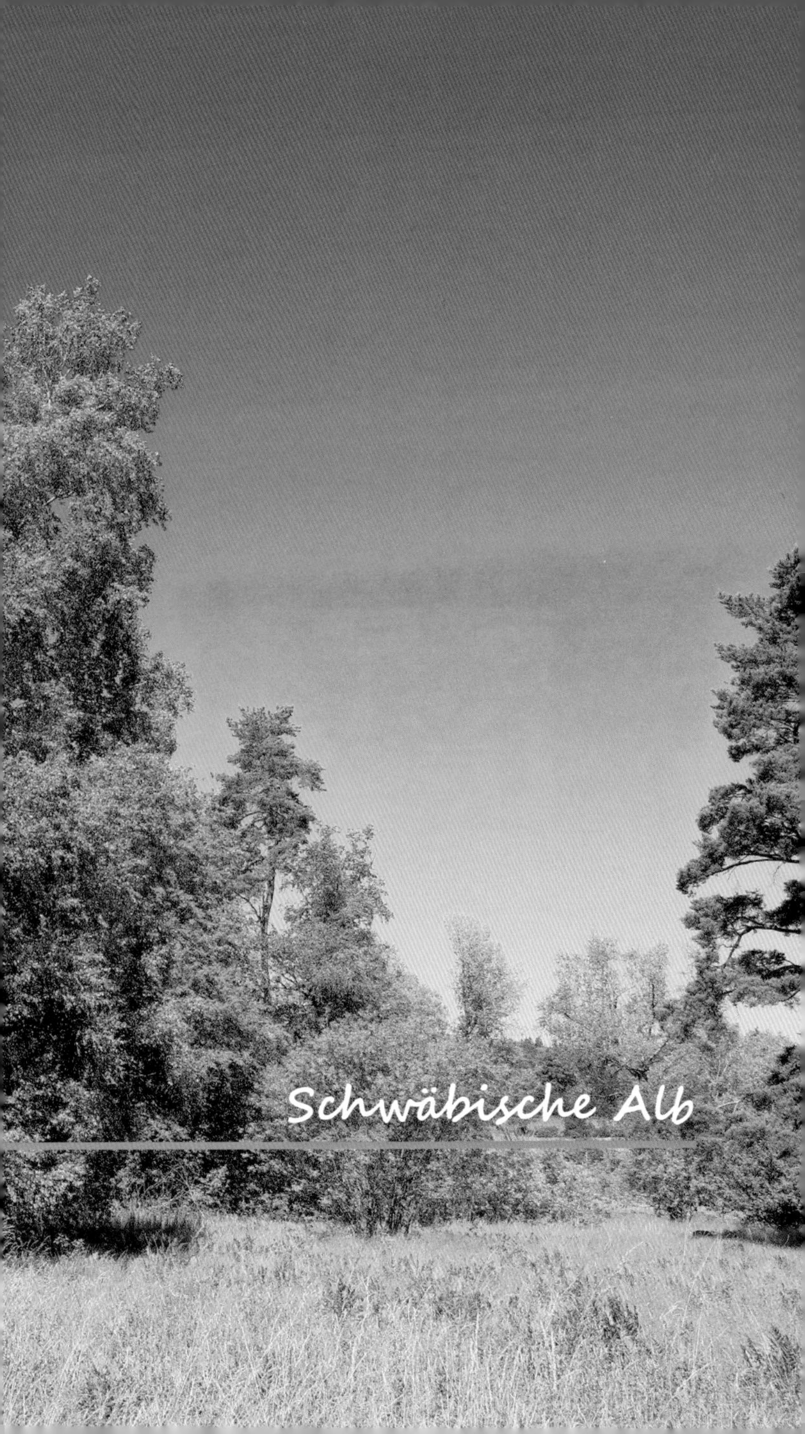

Schwäbische Alb

Zum Ursprung des Schwäbischen Albvereins

21

Über die Ruine Teck zum Sattelbogen

2 ¼ Std

7,5 km

210 Hm

Owen/Parkplatz Burg Teck – Hörnle – Ruine Teck – Sattelbogen – Parkplatz Bölle – Parkplatz

Wir wandern auf festen Wegen und Pfaden. Relativ steiler Anstieg zur Ruine.

Ruine Teck, Aussicht

Ruine Teck

Nicht viele andere Burgruinen auf der Schwäbischen Alb können es mit der Ruine Teck aufnehmen. Von dem alten Bauwerk ist zwar nicht mehr viel übrig, aber diese Burg hat eine reiche Geschichte aufzuweisen. Außerdem bietet der Aussichtsturm, der ehemalige Bergfried, einen grandiosen Blick, vor allem über das Albvorland, aber auch auf den Albtrauf und weiter bis auf die drei Kaiserberge auf der Ostalb.

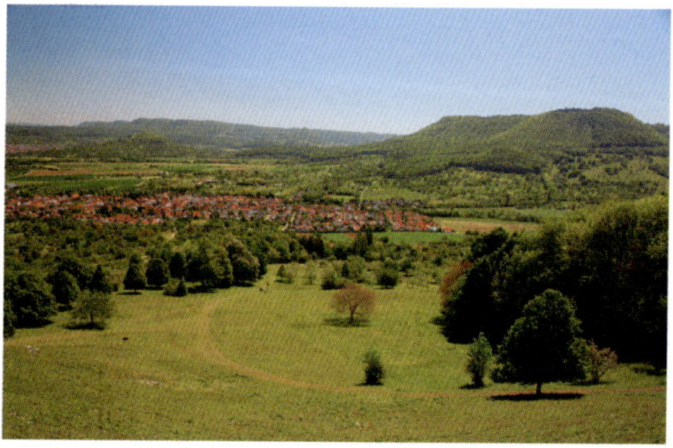

Blick vom Hörnle zum Albtrauf.

Vom **Parkplatz** 1 aus gehen wir zum Schild **Am Hörnle** (590 m) 2. Von hier aus kann man vor oder nach der Wanderung hinaus zum Aussichtspunkt gehen, wo es auch eine Bank und ein Denkmal gibt.

Danach gehen wir zurück zum Parkplatz und zu dessen Einfahrt mit dem Schild „Parkplatz Hörnle“ (605 m) und weiter in den Wald. Hier steigt es weiter an. Wir wandern am Schild „Roßwasen Nord“ (672 m) und einer Hütte, danach am Schild „Roßwasen“ (683 m) vorbei und kommen zum Schild **Bei der Burg Teck** (744 m). Hier sollten wir nach rechts einen 200 Meter weiten Abstecher zur **Ruine Teck** 3 machen. Hier kann man einkehren, außerdem lohnt es sich, den Turm zu besteigen, der uns eine unvergleichliche Aus-

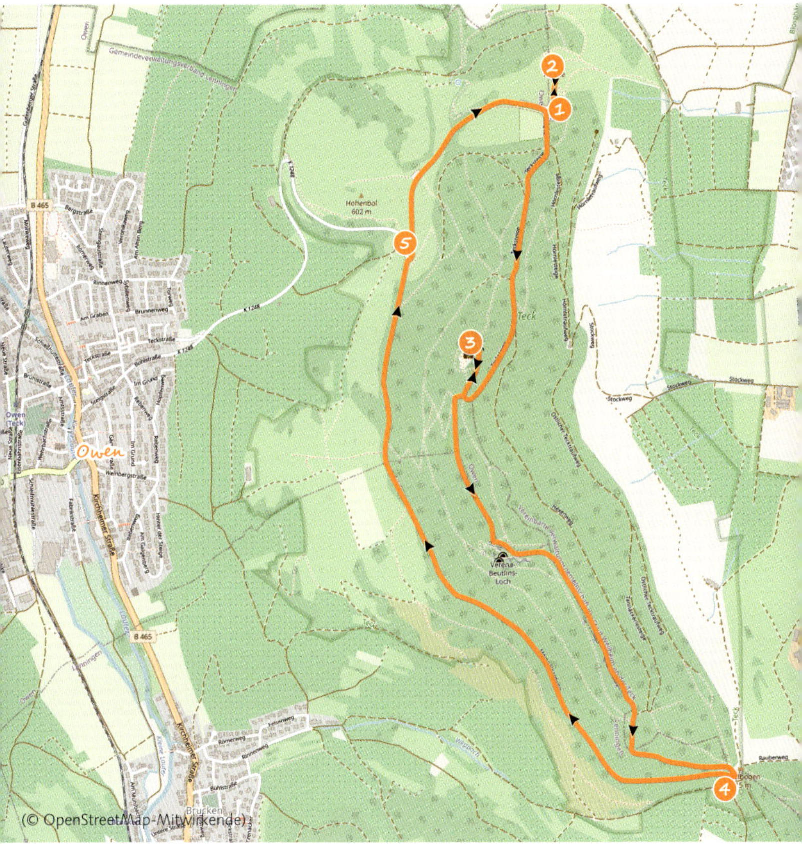

sicht bietet. Wenn wir danach die Anlage verlassen, können wir nach links einen Abstecher zur **Sibyllenhöhle** machen. Danach kehrt man entweder wieder zum Eingang der Burgruine zurück oder folgt von der Höhle aus dem Weg um den Burgberg herum und erreicht schließlich wieder den Anstiegsweg zur Ruine.

In beiden Fällen wandern wir wieder hinab zum Abzweig und halten uns rechts. Gleich danach nehmen wir am Schild **Teck West** (744 m) den linken Weg, nun ein Pfad. Er führt uns vorbei am ehemaligen Segelfliegerstartplatz „Gelber Fels“ zum aussichtsreichen **Gelben Fels**. Danach fällt der Pfad und bringt uns hinab zum **Sattelbogen** (604 m) 4. Hier sollte man zuerst nach links gehen und den Ausblick

INFOS

Wanderkarte Kirchheim unter Teck, 1:25 000, Hrsg.: Schwäbischer Albverein e. V., Kartographie: Landesamt für Geoinformation und Landentwicklung Baden-Württemberg (LGL); Wanderkarte mit Radwegen Blatt 54-539 Göppingen Kirchheim unter Teck, 1:25 000, NaturNavi

owen.de

Regionalbahn RB64 oder Bus Linie 177 bis Owen, dann muss man allerdings noch den Anstieg zum Hörnle in Kauf nehmen (halbstündlich).

Owen, Parkplatz Burg Teck/Hörnle, GPS 48.596218, 9.474106

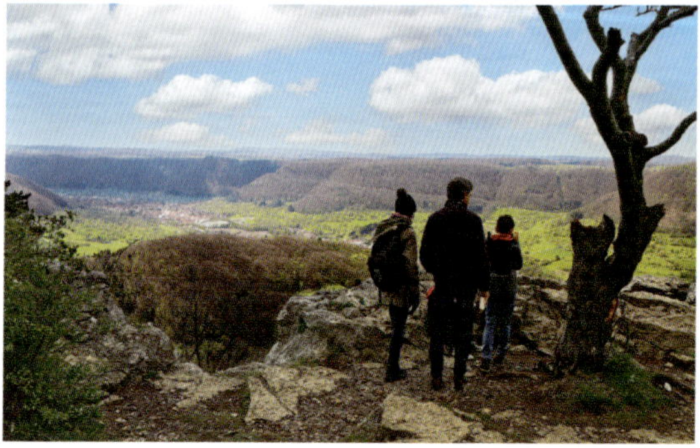

über das Albvorland und auf den mächtigen Breitenstein genießen. Danach gehen wir wieder zurück auf den Sattel. Nach links hat man die Möglichkeit, zu einer weiteren Ruine, der Ruine Rauber, aufzusteigen, muss dann aber wiederum zum Sattel zurückzukehren.

Etwas weiter unten folgen wir dem **Mömpelgardweg** nach rechts. Nach dem **Parkplatz Bölle** geht es auf dem Zufahrtsweg zu diesem weiter. Wo dieser als K1248 nach links zieht 5, gehen wir nach rechts auf der K1249 weiter. Vorbei am links liegenden Hügel **Hohenbol** mit seiner einmaligen Reihe von Bäumen erreichen wir wieder unseren Ausgangspunkt.

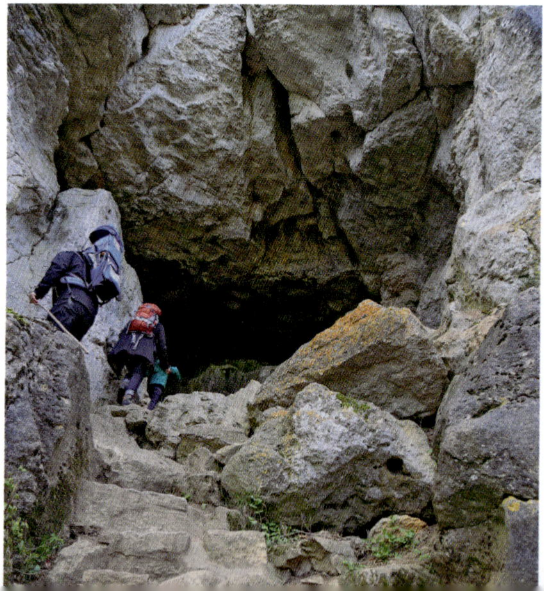

oben: Von manchen Aussichtsfelsen bietet sich ein herrlicher Tiefblick ins Lenninger Tal.

unten: Die Sibyllenhöhle begeistert auch Kinder.

Burg Teck, Hörnle und Hohenbol

Die **Burg Teck** wurde um 1150 errichtet und geht vielleicht auf Herzog Konrad von Zähringen (1122–1152) zurück, dem nach den Welfen und Staufern einflussreichsten Fürsten in Süddeutschland. Erstmals erwähnt wurde sie 1152 in einem Vertrag zwischen König Friedrich I. Barbarossa und dem Sohn Konrads, Herzog Berthold von Zähringen. Einem Ansturm des Schwäbischen Bundes gegen Herzog Ulrich im Jahr 1519 hielt sie nicht stand, und sechs Jahre später (1525) wurde sie im Bauernkrieg zerstört. Erwähnt werden soll noch, dass die Herzöge von Teck über Herzog Alexander zu den Vorfahren des englischen Königshauses zählen. Ein wichtiges Jahr war 1888, als die Ruine Anlass für die Gründung des Schwäbischen Albvereins war. Damals übernahm sich der Verschönerungsverein Kirchheim finanziell beim Bau des Teckturmes und bat daraufhin die benachbarten Verschönerungsvereine um Spenden. Daraus folgte ein Treffen im Waldhorn in Plochingen, und aus diesem ging dann der am 13. August 1888 gegründete Schwäbische Albverein hervor.

Das **Hörnle** bietet einen prächtigen Blick auf den rechts liegenden Breitenstein, hinab ins Lautertal mit Bissingen, auf den Kegel der Limburg, ins Neidlinger Tal und sogar bis auf die drei Kaiserberge im Hintergrund. Hier findet man auch ein kleines Denkmal, von den „dankbaren Bissingern" König Wilhelm zu Ehren errichtet. Auch der Blick nach Westen ins Lenninger Tal und weiter Richtung Hohenneuffen ist großartig.

Der große Kegel des **Hohenbol** wird von einer Gruppe von Kiefern bekrönt. Sie wurden 1916 gepflanzt und haben dem Berg den Spitznamen „Zahnbürste" eingebracht.

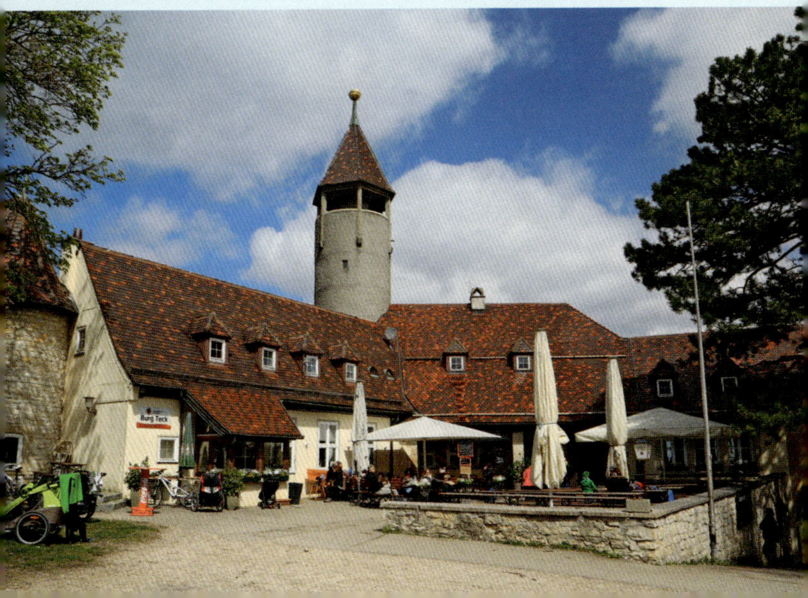

Blütenzauber und ein Wasserfall 22

Ins Neidlinger Tal

2 Std

7,5 km

60 Hm

Neidlingen/Wanderparkplatz Braike – Neidlinger Wasserfall – Panoramaweg durch die Streuobstwiesen – Parkplatz

Die Wanderung verläuft auf festen Wegen.

Streuobstwiesen, insbesondere zur Kirschbaumblüte, Wasserfall

Neidlingen

Weithin bekannt ist die Neidlinger Kirschbaumblüte im Frühjahr, zu der Wanderer und Naturfreunde in Scharen strömen. Deshalb unternehmen wir hier eine gemütliche Tour, die uns sogar noch mit einem kurzen Anstieg zum Fuß des Neidlinger Wasserfalls führt. Vor allem im Frühjahr, nach Regenfällen und nach der Schneeschmelze hat man einigermaßen die Gewähr, dass er genügend Wasser führt, um seine ganze Kraft eindrucksvoll zu zeigen.

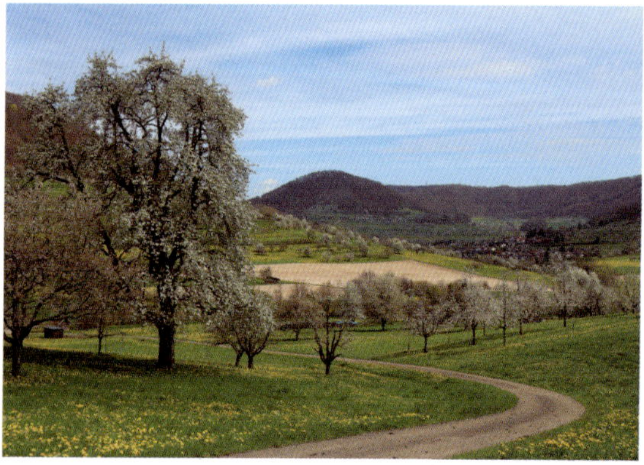

Durch das Lenninger Tal führt ein ebener Weg.

Wir nehmen ab dem **Parkplatz** 1 mit dem Wanderzeichen „blaues Dreieck" den taleinwärts führenden Weg. Den nach den großen Scheunen links abgehenden Weg, markiert mit der „blauen Gabel", ignorieren wir und wandern bis zu der kleinen **Pfannenhütte**. Nach ihr folgen wir an der Dreierverzweigung dem linken Weg 2.

Er führt gleich etwas steiler aufwärts, wir werden aber nach etwas Anstieg vor der Linkskurve vom Wanderzeichen nach rechts verwiesen und stehen gleich darauf am Fuß des **Neidlinger Wasserfalls** 3.

Danach kehren wir zurück zu der Kreuzung bei der Pfannenhütte und gehen geradeaus über den **Limbach**.

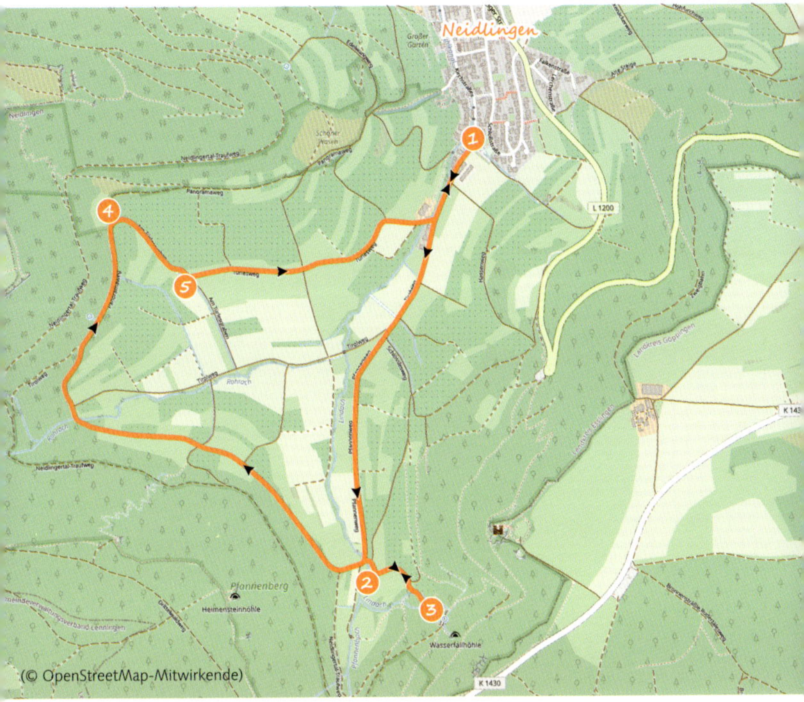
Neidlingen
1
2
3
4
5
L 1200
K 1430
Pfannenberg
Heimensteinhöhle
Wasserfallhöhle
Rohrach
(© OpenStreetMap-Mitwirkende)

INFOS

Wanderkarte W238 Metzingen, 1:25 000, Landesamt für Geoinformation und Landentwicklung Baden-Württemberg (LGL) in Zusammenarbeit mit dem Schwäbischen Albverein e. V.; Wanderkarte Kirchheim unter Teck, 1:25 000, Hrsg.: Schwäbischer Albverein e. V., Kartographie: Landesamt für Geoinformation und Landentwicklung Baden-Württemberg (LGL)

neidlingen.de

Bus Linie 177 bis Haltestelle Neidlingen Schlossgärten (stündlich)

Neidlingen, Wanderparkplatz Braike, Ende Kirchstraße, GPS 48.573377, 9.566087

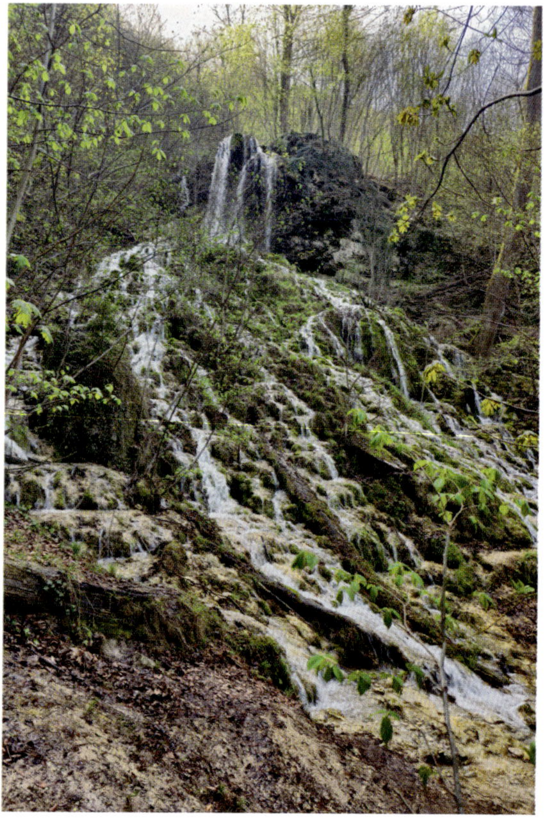

Am Neidlinger Wasserfall.

Nun steigt es etwas an bis zum Waldrand, wo wir uns rechts halten. Ab jetzt haben wir ständig einen prächtigen Blick über das Tal, natürlich optimalerweise, wenn alles blüht.

An der Kreuzung mit dem Asphaltweg gehen wir noch geradeaus weiter und kommen nach einer Rechtskurve vor den Wald. Hier nehmen wir den rechts abgehenden Weg 4. Er führt uns bergab und auf das **Neidlinger Tal** zu, sodass man sich fast wie ein Gleitschirmflieger im Flug fühlt. Wenig später biegen wir links in den Asphaltweg ein 5. Er verläuft in etwa halber Höhe über dem Talgrund leicht bergab. Dann knickt er rechts ab und wir kommen bei der letzten Scheune auf den Weg, den wir noch vom Anfang her kennen. Nach links bringt er uns zurück zum Ausgangspunkt.

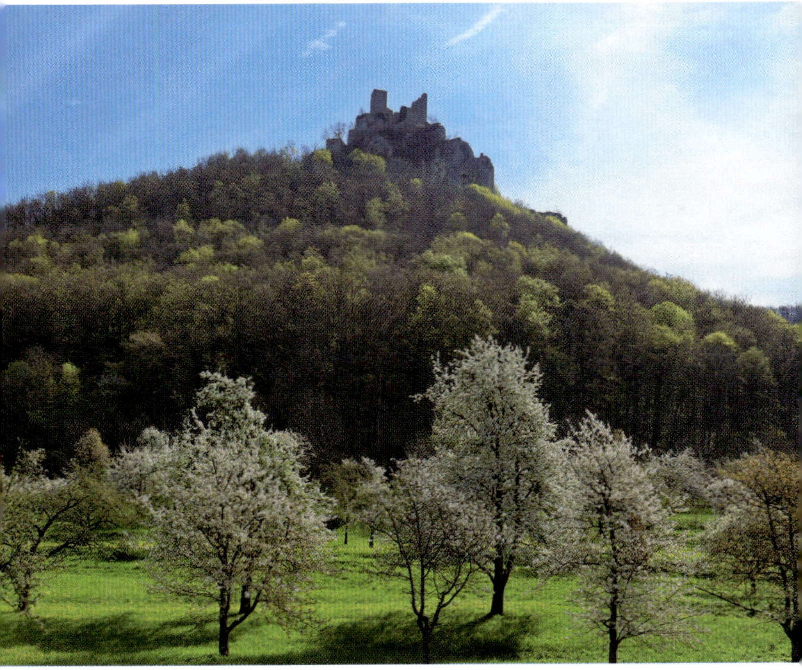

oben: Auch aus dem Tal beeindruckt die Ruine Reussenstein.

unten: Die schönste Zeit hier zu wandern ist sicher das Frühjahr mit der Baumblüte.

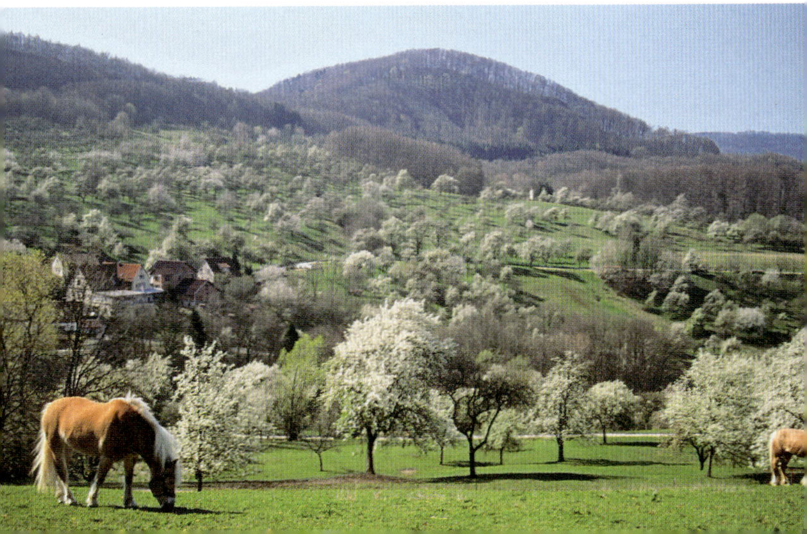

Aussicht satt: auf die Alb und über das Vorland

23

Über den Breitenstein zum Randecker Maar

2 Std
7 km
130 Hm

Ochsenwang – Breitenstein – Mörikefels – Randecker Maar – Ochsenwang

Wir wandern überwiegend auf festen Wegen, nur auf dem Weg vom Breitenstein zum Mörikefels teilweise auf Pfaden.

Aussicht vom Breitenstein, Mörikefels und Randecker Maar

Ochsenwang, Ziegelhütte am Randecker Maar

Aussicht satt, kann man da nur sagen. Der langgezogene Breitenstein bei Ochsenwang bietet eine der schönsten Aussichten über die umliegenden Berge der Schwäbischen Alb, ja sogar bis zu den drei Kaiserbergen auf der Ostalb sowie ins Albvorland. Auch der nachfolgende Mörikefels hat vermutlich wegen seines Ausblicks den Dichter beflügelt. Ebenso vom nächsten Highlight der Tour, dem Vulkanmaar Randecker Maar, bietet sich eine grandiose Aussicht. Hier hat man sogar noch einen anderen Vulkan im Blickfeld, die Limburg, die Stammburg der Zähringer.

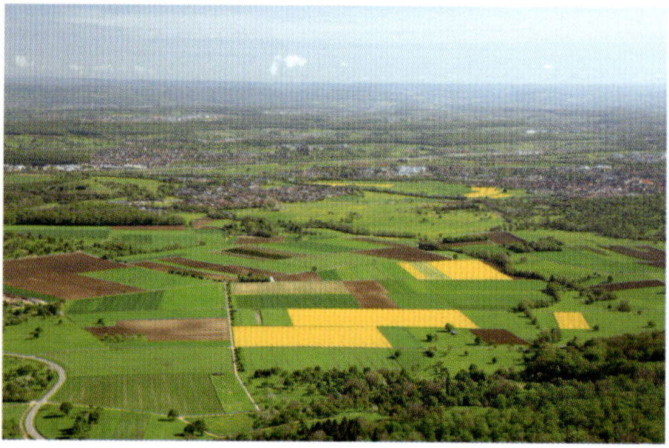

Blick ins flache Albvorland.

Wir gehen von den **Parkplätzen** 1 bzw. von der Bushaltestelle in der Bissinger Straße bis zur abzweigenden Eduard-Mörike-Straße. Ihr folgen wir nach links, bis nach der Kirche und dem **Mörikehaus** links ein Sträßchen abgeht. Auf ihm spazieren wir am Friedhof vorbei und verlassen danach den Ort. Anschließend wandern wir durch die Felder zu einem Parkplatz. Dort biegen wir mit dem Wanderzeichen „rotes Dreieck" rechts ab. Jetzt folgt bei unserem Weg am Steilabfall entlang über den **Breitenstein** ein Aussichtspunkt dem anderen 2. Auf einer Metallrosette sind die Punkte eingeschrieben, die man sehen kann.

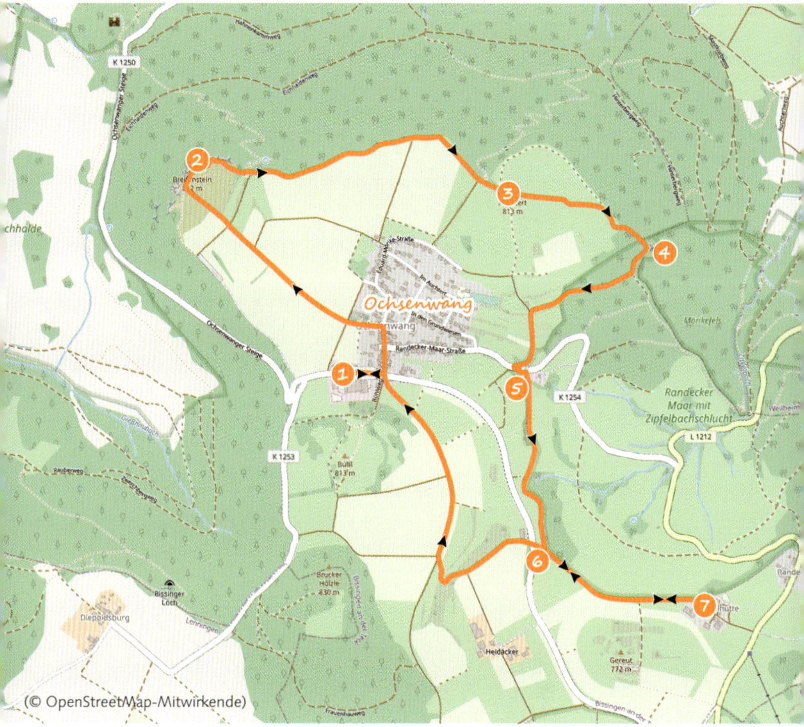

Bald fällt der Weg und wir erreichen das Schild „vor Breitenstein Ost“ (775 m). Rechter Hand liegt eine typische Doline. Es folgt ein kurzer Steilabfall bis zum Schild **Breitenstein Ost** (775 m). An ihm behalten wir unsere Richtung bei, wobei es zum Schild „Pferch“ (783 m) wieder etwas ansteigt. Wo der Asphaltweg rechts abknickt, folgen wir weiter dem Pfad und erreichen kurz darauf den **Auchtert** (813 m) 3. Nach ihm orientieren wir uns an den Schildern mit der „blauen Raute“, die uns auf Pfadspuren über die grasige Hochfläche führen. Hier sehen wir auch weitere

Oberhalb des Randecker Maars verläuft ein Weg.

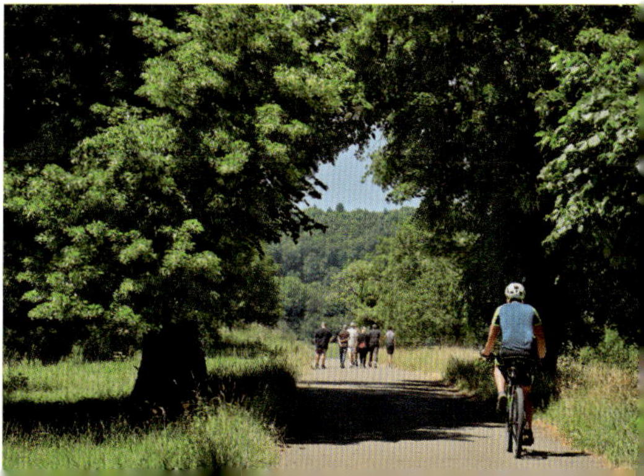

INFOS

Wanderkarte Kirchheim unter Teck, 1:25 000, Hrsg.: Schwäbischer Albverein e. V., Kartographie: Landesamt für Geoinformation und Landentwicklung Baden-Württemberg (LGL); Wanderkarte mit Radwegen Blatt 54-539 Göppingen Kirchheim unter Teck, 1:25 000, NaturNavi

bissingen-teck.de

Bus Linie 175 bis Bissingen und Bus 176 bis Ochsenwang, Haltestelle Bissinger Straße (stündlich)

Bissingen an der Teck-Ochsenwang, GPS 48.577181, 9.509747

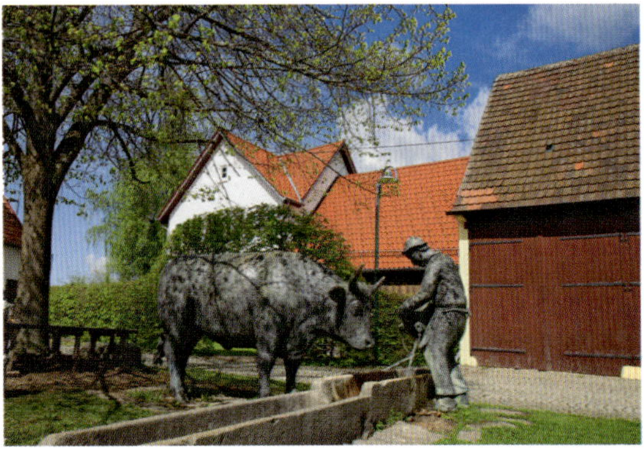

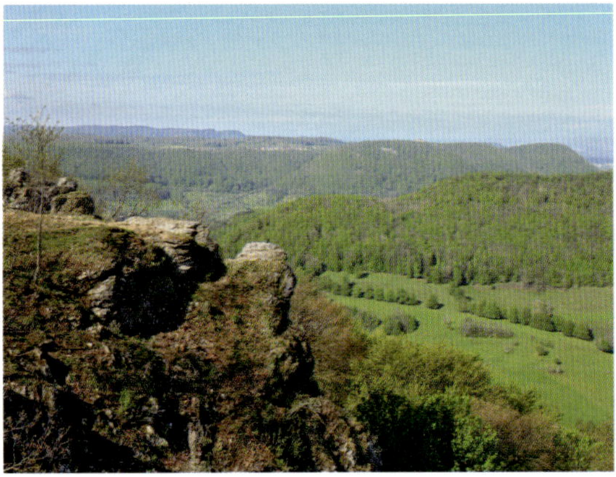

oben: Ochsendenkmal in Ochsenwang.

unten: Blick vom Breitenstein.

Dolinen. Wir erreichen den Waldrand, wo wir unsere Richtung beibehalten und in den Wald kommen. Etwas später liegt linker Hand der **Mörikefels** (774 m) 4, eine schmale, links und rechts steil abfallende Felsnase.

Dies war der letzte Aussichtsfels. Nun gehen wir noch etwas geradeaus weiter, halten uns aber bei der nächsten Gelegenheit rechts. Wir verlassen bald den Wald und erreichen etwas später einen Asphaltweg. Wir orientieren uns links und gehen hinab zur **K1254** 5. Etwas nach links versetzt liegt ein Wanderparkplatz. Von ihm aus folgen wir dem nach Süden führenden Weg, nun wieder mit dem „roten Dreieck“. Links von uns liegt schon das Randecker Maar. Bald stoßen wir auf die **K1250** 6. Hier kann man nach links einen Abstecher machen, wobei man mit prächtiger Aus-

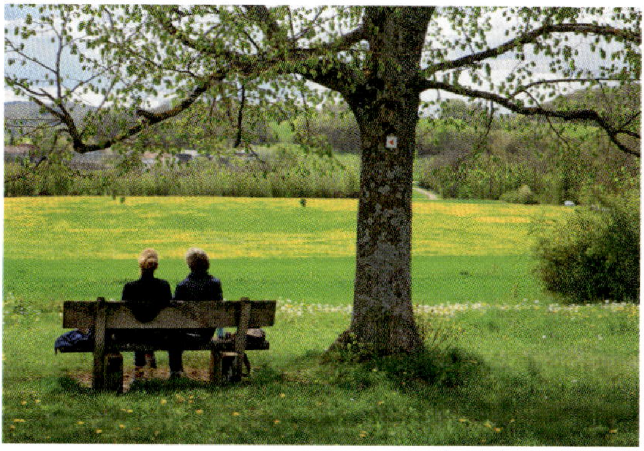

oben: Zwischen Ochsenwang und dem Breitenstein erstreckt sich eine liebliche Landschaft.

unten: Blick über das Vulkanmaar Randecker Maar zu den Kaiserbergen auf der Ostalb.

sicht am oberen Rand des Randecker Maars entlang geht. Hinter dem **Salzmannstein** 7 – einem Gedenkstein für den Mitbegründer und ersten Vorsitzenden des Schwäbischen Albvereins, Dr. med. Valentin Salzmann (1821–1890) – liegt der **Hof Ziegelhütte**, wo es eine Einkehrgelegenheit und einen Hofladen gibt.

Danach gehen wir zurück und überqueren die **K1250** 6. Nach dem Wanderparkplatz Randecker Maar folgen wir dem nach Osten führenden Weg, der uns nach einer Rechtskurve zu einem querenden Weg bringt. Auf ihm gehen wir nach rechts zurück zum Ausgangspunkt.

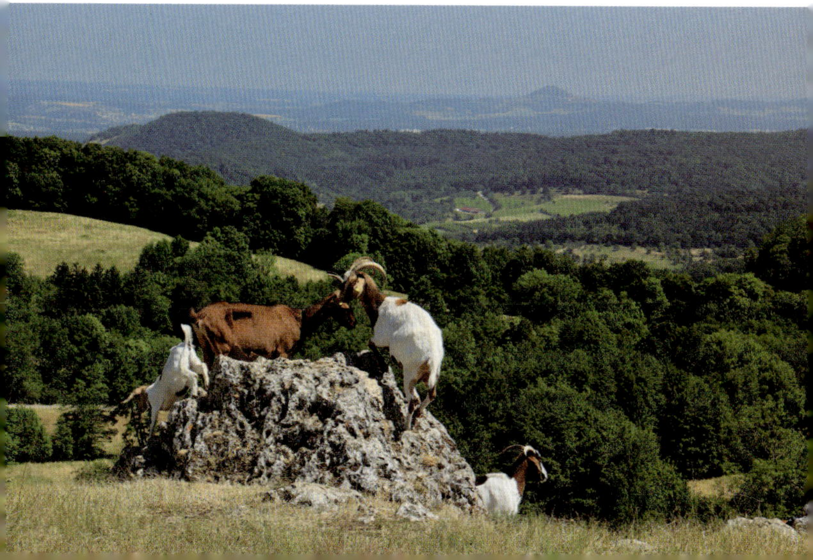

Panoramaweg am Fuß des Hohenneuffen 24

Über Beuren zu den Weinbergen

2 ¼ Std
7,8 km
180 Hm

Beuren – Panoramaweg – Tobelsee – Weinberge – Hohbölle – Beuren

Wir wandern auf festen Wegen.

Aussicht, Weinberge

Beuren, Hohenneuffen

Diese Wanderung zwischen Beuren und dem Abhang der Schwäbischen Alb verläuft durch Streuobstwiesen und Weinberge. Auf dem Panoramaweg haben wir einen grandiosen Blick über Beuren ins Land. Unterwegs kann man am idyllischen Tobelsee eine Rast einlegen, bevor man zu den Weinbergen kommt. Diese entfalten im Herbst ihre volle, bunt leuchtende Schönheit.

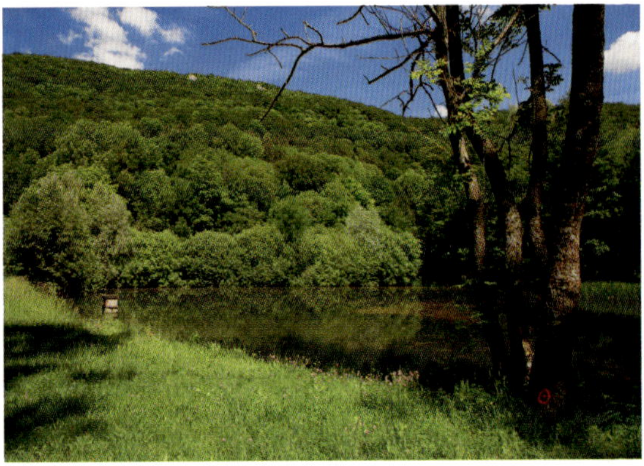

Idylle am Tobelsee.

Vom **Parkplatz** 1 aus folgen wir der Straße „Am Thermalbad" zu einem querenden Weg. Dort halten wir uns rechts, dann gleich wieder links. Nun gehen wir am **Friedhof** vorbei, danach an einem Spiel- und Bolzplatz. Anschließend erwartet uns ein Grasweg, wobei sich uns hier ein prächtiger Blick nach links über die Streuobstwiesen auf den Hohenneuffen bietet.

Es folgt ein recht idyllisches Wegstück entlang eines kleinen Bächleins mit Kopfweiden und Schilf, bevor wir zu einem Haus kommen. Noch vor ihm halten wir uns links in Richtung **Hohenneuffen** 2; nun wandern wir durch Streuobstwiesen zu weiteren Häusern, gehen geradeaus zwischen ihnen hindurch und folgen dem Weg durch die

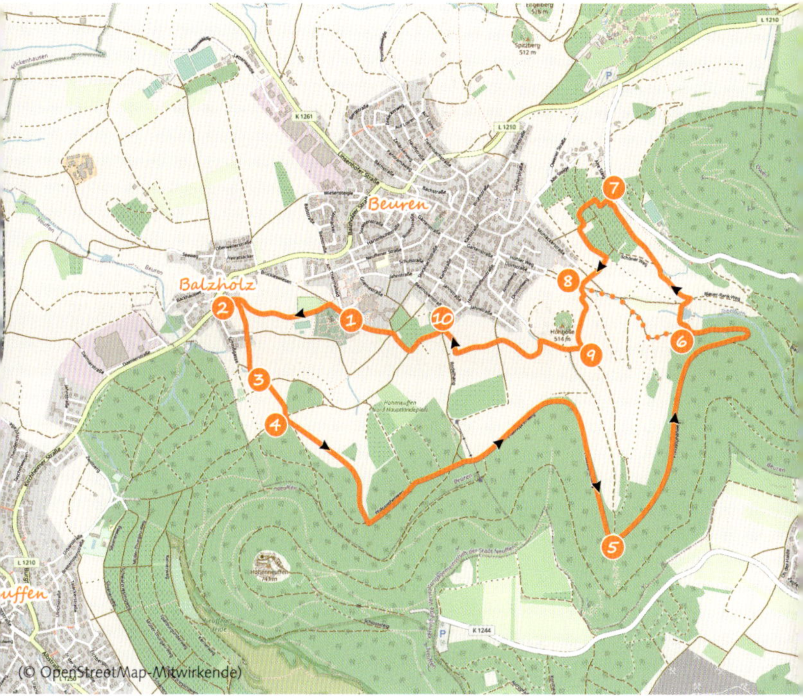

Baumwiesen bis zu einem Asphaltweg, hinter dem wir ein **Biotop** sehen. Hier orientieren wir uns links 3 und wandern hinauf zum Waldrand 4. Dort biegen wir links in den **Panoramaweg** (Philosophenweg) ein. Er führt uns teils am Waldrand entlang, teils auch durch den Wald. Unterwegs passieren wir Bänke, von denen man gemütlich den Blick hinab nach Beuren genießen kann; Tafeln eines Lehrpfads bieten sich zur lehrreichen Unterhaltung an. An einer Linkskurve erwartet uns die **Albert-Ege-Hütte** 5, in der man auch eine Pause einlegen kann.

Nach einem weiteren Waldstück erreichen wir die kleine **Seehütte** 6. Jetzt haben wir zwei Möglichkeiten: Wer die Tour verkürzen will, hält sich hier links und wandert, bis er rechts des **Hohbölle** auf die Zeichen des Premiumwanderwegs „hochgehfestigt" trifft. Von rechts kommen auch die Wanderer, die die längere Variante gegangen sind, sodass sich hier beide Varianten vereinigen. Nun geht es nach links weiter.

INFOS

Wanderkarte W238 Metzingen, 1:25 000, Landesamt für Geoinformation und Landentwicklung Baden-Württemberg (LGL) in Zusammenarbeit mit dem Schwäbischen Albverein e. V.; Wanderkarte Kirchheim unter Teck, 1:25 000, Hrsg.: Schwäbischer Albverein e. V., Kartographie: Landesamt für Geoinformation und Landentwicklung Baden-Württemberg (LGL); Wanderkarte mit Radwegen Reutlingen Bad Urach Blatt 52-538, 1:25 000, NaturNavi

beuren.de
beuren-tourismus.de

Regionalbahn RB65 bis Neuffen (halbstündlich), weiter mit dem Bus Linie 199 bis Haltestelle Beuren Panorama Therme (stündlich)

Beuren, Am Thermalbad, GPS 48.566613, 9.396751

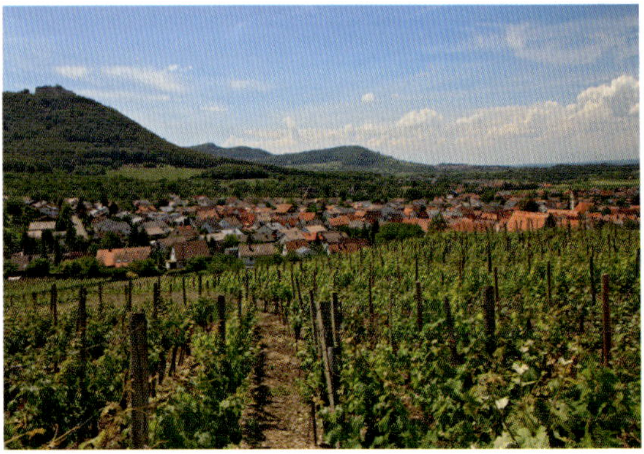

Blick über die Weinberge auf Beuren und zur Schwäbischen Alb.

Wer die längere Variante gehen will, wandert an der **Seehütte** 6 nach rechts hinab zu dem als Naturdenkmal geschützten **Tobelsee.** Links an ihm vorbei kommen wir zu einem Asphaltweg. Ihm folgen wir kurz nach rechts bis zu einem querenden Weg. Auf ihm wandern wir nach links in Richtung „Museum".

Nach einiger Zeit liegt links des Weges ein Weinberg. An seinem Ende biegen wir links ab 7 und erreichen bald erneut einen querenden Weg. Dort halten wir uns kurz rechts, dann orientieren wir uns aber links. Nun wandern wir zu den bereits sichtbaren beiden **Weinberghütten**. Nach der Hütte, die sich als ehemaliger Unterstand entpuppt, orientieren wir uns links. Ein grasiger Weg bringt uns zu einem asphaltierten Weg, wo wir uns rechts, dann gleich wieder links halten.

Kurz darauf kommen wir zu einem anderen asphaltierten Weg. Wir halten uns rechts, gehen etwas hinab und überqueren den **Beurener Bach**. An der Kreuzung danach folgen wir dem zweiten Weg von links 8. Er steigt kurz an, dann geht es nach rechts in Richtung „Hohbölle". Nach kurzem Anstieg führt der Weg nach links, dann nach rechts. Wir wandern nun links des **Hohbölle** bis zu einem Schotterweg 9, dem wir durch Streuobstwiesen nach rechts hinab in Richtung Beuren folgen. Vor einer Rechtskurve halten wir uns links auf einen Grasweg, er zieht nach rechts und wir erreichen noch einen Asphaltweg. Wir nehmen den Grasweg, der etwas weiter führt. Dem Grasweg, der kurz vor einem weiteren Asphaltweg quert, folgen wir nach rechts zu einer Kreuzung 10, an der beide Wege zusammentreffen.

Nun halten wir uns links in Richtung **Thermalbad**. Bald geht rechts ein Weg ab. Er bringt uns zum nächsten Querweg, wo wir nach links weiterwandern. Jetzt gehen wir am Thermalbad entlang bis zur Straße „Am Thermalbad", unserem Ausgangspunkt.

Beuren

In **Beuren** wurde bereits im Jahr 1526 eine öffentliche Badestube erwähnt. Sie lag unterhalb des Rathauses und benötigte zur Warmwasserbereitung natürlich viel Holz, was wegen des hohen Holzeinschlags zum Streit mit den Nachbardörfern Owen und Erkenbrechtsweiler führte. In den 1920er-Jahren versiegte die erste Quelle. Erst 1970 hat man dann nach Thermalwasser gebohrt, was zu einem Thermalwasserbecken führte. Das neue Thermalbad wurde 1977 eingeweiht. Es erhält sein Wasser mit Thermal-Mineral-Säuerlingen aus der Wilhelms- und der Friedrichsquelle, wobei das Wasser aus der Wilhelmsquelle etwa 30 000 Jahre alt ist, das der Friedrichsquelle ist etwa weitere 10 000 Jahre älter. Das Wasser hilft bei rheumatischen Erkrankungen, Abnutzungserscheinungen, peripheren Durchblutungsstörungen, Ischias- und anderen Nerven-Muskel-Leiden.

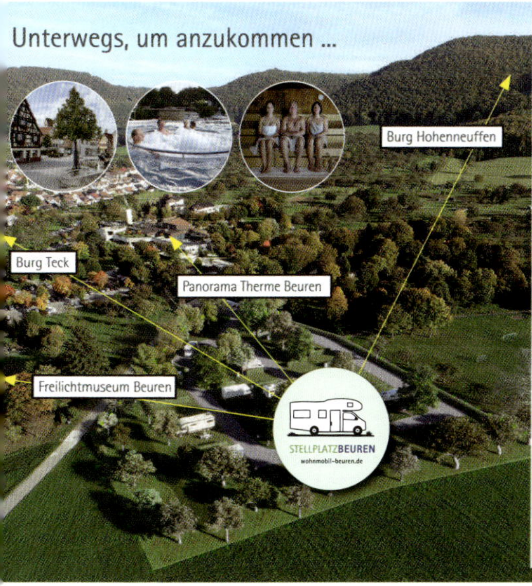

Blütenpracht um alte Bauernhöfe

25

Wandern beim Freilichtmuseum Beuren

2 Std
6,7 km
110 Hm

Beuren/Freilichtmuseum – Blumentobel-Hütte – Breitenlau-Hütte – Hohenneuffen-Blick – Wanderparkplatz Zwetschgenwäldle – Engelberg – Freilichtmuseum

Wir wandern auf festen und Naturwegen.

Freilichtmuseum, Streuobstwiesen, Aussicht

Freilichtmuseum

links: Solch kleine Hütten wurden für die Bauern und Feldschützen als Schutz vor Schlechtwetter erbaut.

rechts: Blick auf das Freilichtmuseum Beuren.

Wir folgen bei dieser Wanderung dem Premiumspazierwanderweg „hochgehnießen" der „hochgehberge". Dabei wandern wir vor allem durch Streuobstwiesen. Vor allem im Frühjahr zur Zeit der Baumblüte ist das ein bleibendes Erlebnis. Beeindruckend ist aber auch die Aussicht, die wir immer wieder haben: fast immer über die Landschaft sowie zu den Burgruinen Hohenneuffen und Teck. Abschließend bietet sich noch ein Besuch oder auch nur eine Einkehr im Freilichtmuseum an.

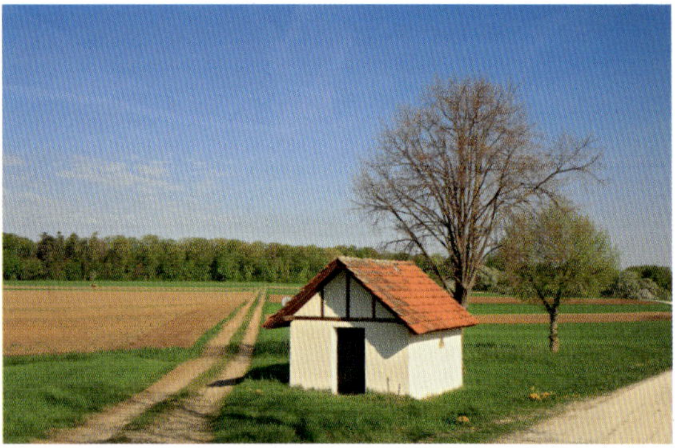

Vom oberen **Parkplatz** 1 des Freilichtmuseums gehen wir zum unteren Parkplatz, dort führt ein schmaler Pfad über einen kleinen Steg auf die beiden Hügel Spitzberg und Engelberg zu. Am Ende des Wiesenpfades orientieren wir uns rechts auf einen Schotterweg, der leicht abwärts führt.

Nach einem querenden Bach nähern wir uns dem Wald; hier halten wir uns links (**Herbstwiesen**) 2. Wir wandern nun, bis der Weg nach links abknickt, wir aber auf einem Wiesenweg geradeaus weitergehen. Nun passieren wir ein eingezäuntes Gelände und kommen in den Wald.

Hier halten wir uns am Tor des Zauns links 3 und kommen bald wieder aus dem Wald. Jetzt nehmen wir den nach

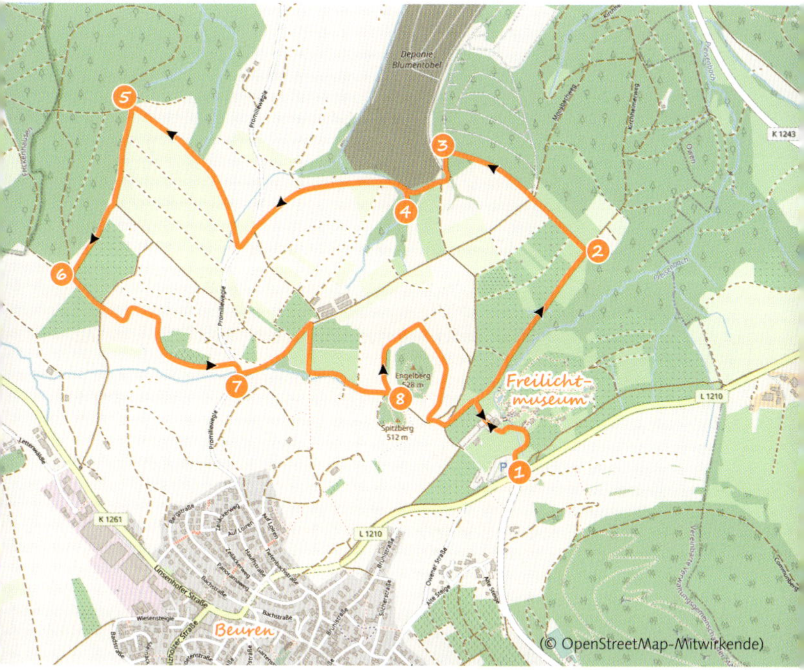

rechts ziehenden Weg, der uns etwas später wieder durch Streuobstwiesen führt. Am Schild **beim Blumentobel-See** (425 m) kann man einen Abstecher von 100 Metern nach links zu dem idyllischen See 4 machen. Etwas später liegt rechts die **Blumentobel-Hütte,** danach stoßen wir auf die Straße. Wir folgen ihr kurz in Gehrichtung, dann halten wir uns rechts.

Nun gehen wir rechts an der **Breitenlau-Hütte** vorbei, danach halten wir uns am Waldrand links 5. Wir folgen weiter dem Weg, der etwas später steil abfällt. Dafür bietet sich uns jetzt ein prächtiger Blick auf die Ruine Hohenneuffen sowie auf die wohl nie verheilende Wunde des ehemaligen Steinbruchs am Hörnle. Dort wo rechts der Wald endet, orien-

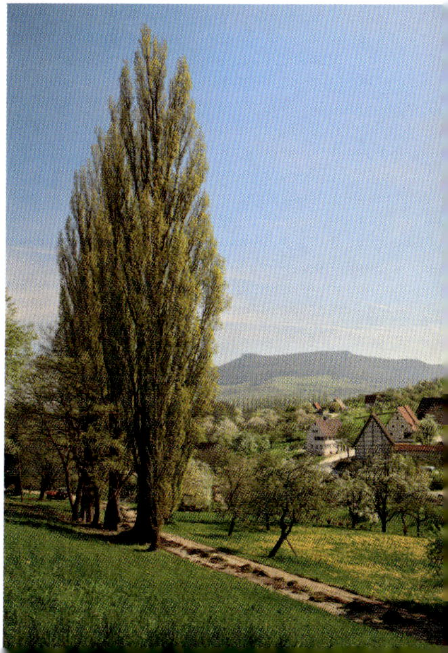

INFOS

Wanderkarte Kirchheim unter Teck, 1:25 000, Hrsg.: Schwäbischer Albverein e. V., Kartographie: Landesamt für Geoinformation und Landentwicklung Baden-Württemberg (LGL); Wanderkarte mit Radwegen Reutlingen Bad Urach Blatt 52-538, 1:25 000, NaturNavi

beuren.de, freilichtmuseum-beuren.de

Regionalbahn RB65 bis Neuffen. Weiter mit dem Bus Linie 199 bis Haltestellen Beuren Freilichtmuseum (stündlich)

Beuren, Freilichtmuseum, Engelbergweg, GPS 48.574168, 9.412302

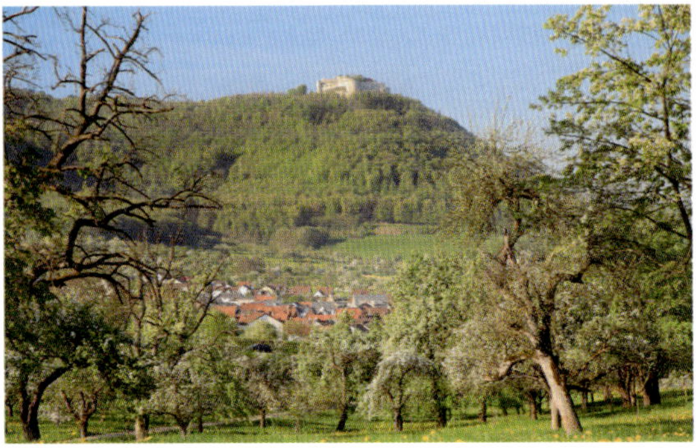

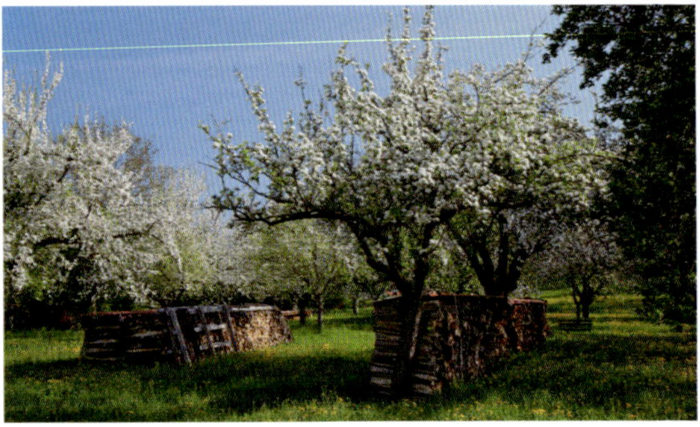

oben: Blick aus dem Tal zur Ruine Hohenneuffen.

unten: Interessante Szene in den Streuobstwiesen

tieren wir uns links 6. Danach queren wir einen Asphaltweg, nun folgen wir einem unbefestigten Weg. Er knickt zuerst links, dann zweimal rechts ab und bringt uns durch Streuobstwiesen zu einem Sträßchen, wo wir nach rechts gehen. Rechts liegt auch der **Wanderparkplatz Zwetschgenwäldle**, wo man die Tour auch beginnen könnte.

Hier biegen wir links ab 7 und sehen immer wieder Stationen des Bodenlehrpfads. Dann weisen uns die Zeichen erst nach rechts, daraufhin knickt unser Weg links ab und steigt etwas an zum **Engelberg** 8. Wir biegen vor diesem bewaldeten Hügel links ab und umrunden ihn. Unterwegs bietet sich uns eine herrliche Aussicht. Später halten wir uns rechts, ein weicher Wiesenweg führt uns nun, bis wir uns oberhalb des Sträßchens beim **Freilichtmuseum** befinden. Wir halten uns rechts und gehen hinunter zu diesem Sträßchen. Es bringt uns nach rechts zurück zum Parkplatz.

Da die Wanderung recht kurz war, haben wir sicher noch Zeit, das Freilichtmuseum zu besuchen.

Freilichtmuseum Beuren

Das **Freilichtmuseum Beuren** bietet für alle Altersklassen etwas. Hier kann man sich in die Vergangenheit einfühlen – ob diese nun schöner und die „gute alte Zeit" war oder nicht, sei einmal dahingestellt. Aber ein Paradies für Jung und Alt, für Wissbegierige und solche, die die Luft der Vergangenheit schnuppern wollen, ist es wie alle Freilichtmuseen allemal.

In Beuren werden zahlreiche, original wiederaufgebaute Gebäude der ländlichen Regionen aus dem Mittleren Neckarraum und der Schwäbischen Alb gezeigt. Zudem gibt es unter anderem einen Hausgarten und einen Museumsacker. Ältere Besucher entdecken vielleicht Gegenstände oder Möbel, die sie noch kennen, vielleicht auch noch bei den Großeltern gesehen haben. Kinder wundern sich, wenn sie Geschichten darüber hören – so lange scheint diese Zeit anscheinend doch nicht her zu sein. Eine Attraktion für alle ist auch der nach der letzten Inhaberin benannte Tante-Helene-Laden mit seinem altertümlichen Flair. Hier entdecken Kinder verschiedene Spielsachen, der große Renner sind aber die in offenen Gläsern angebotenen Himbeerbonbons, die abgewogen und wie früher in Papier-Spitztüten verpackt werden.

Im Freilichtmuseum gibt es ein reiches Besucherprogramm mit vielen Veranstaltungen, das zur Wissenvermittlung und Unterhaltung der Besucher dient. Lieblinge der Kinder sind sicher die hier gehaltenen Nutztiere. Zu bestimmten Zeiten kann man auch bei den Fütterungen zusehen.

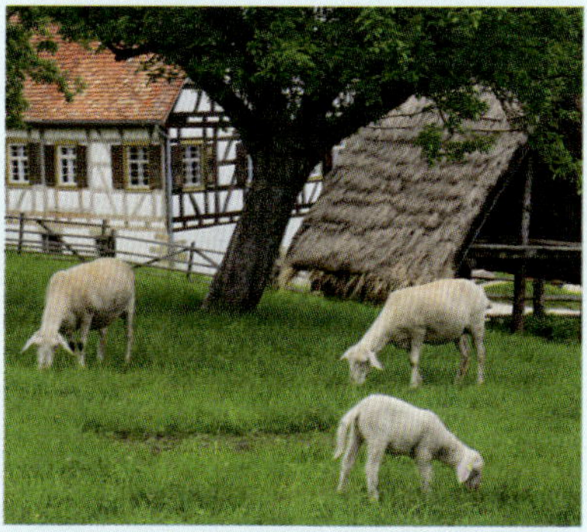

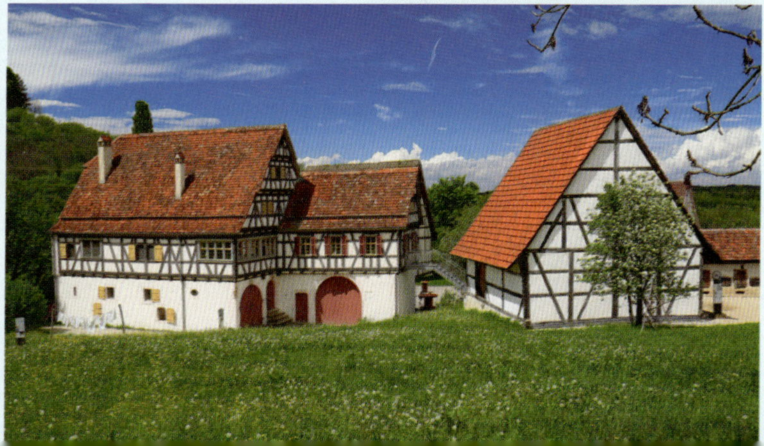

Aussicht und Kelten

26

Von Erkenbrechtsweiler zum Beurener Fels

2½ Std

7,7 km

280 Hm

Erkenbrechtsweiler/ Parkplatz Bassgeige – Beurener Fels – Beurenberg Nordost – Brucker Fels – Zangentor G – Parkplatz

Wir wandern auf festen Wegen und Naturpfaden. Es erwarten uns ein steiler Ab-, dann wieder ein Anstieg.

Heidengraben, Aussicht

Erkenbrechtsweiler

Der wichtigste Grund, diese Tour, eine von den „hochgehbergen" markierte Wanderung, zu unternehmen, sind die Aussichtspunkte, die uns herrliche Blicke über das Albvorland und auf die anderen Berge der Schwäbischen Alb gewähren. Sie ist aber auch hochinteressant, kommen wir doch zu Stationen des bedeutenden Heidengrabens. Ein Ausbau dieser historischen Sehenswürdigkeiten ist für die nächsten Jahre geplant.

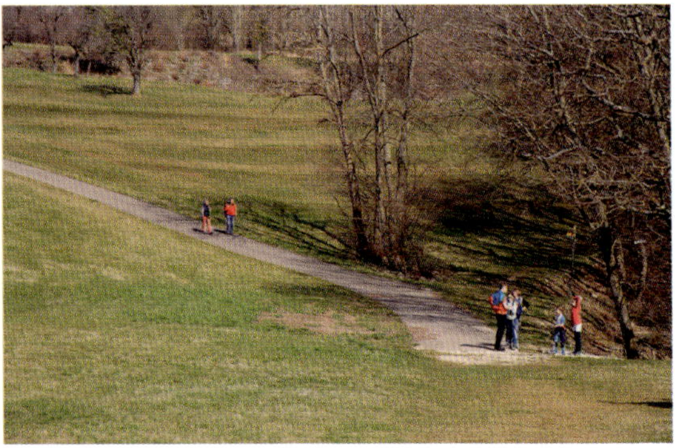

Auf dem Weg zum Heidengraben.

Am **Parkplatz** 1 gehen wir auf dem Anfahrtsweg weiter. Gleich danach beschreibt er eine Linkskurve, dabei durchquert er den **Heidengraben**, der noch gut zu erkennen ist. Am Wanderschild „oberhalb Parkplatz Bassgeige" (721 m) gehen wir an der Verzweigung 2 auf dem linken Weg geradeaus weiter. Wir kommen bald am Schild „südöstlich Hörnlesgehau" (722 m) vorbei, danach halten wir uns am Schild **Hörnlesgehau Süd** (722 m) 3 rechts in den unbefestigten **Hörnleshauweg**. Nun kommen wir zum Trauf, wo der Weg am Schild „Hörnlesgehau Ost" (724 m) nach links zieht.

Am Schild **Schlupffels Ost** (719 m) erreichen wir wieder einen festen Weg. Er führt uns nach rechts, wir kommen

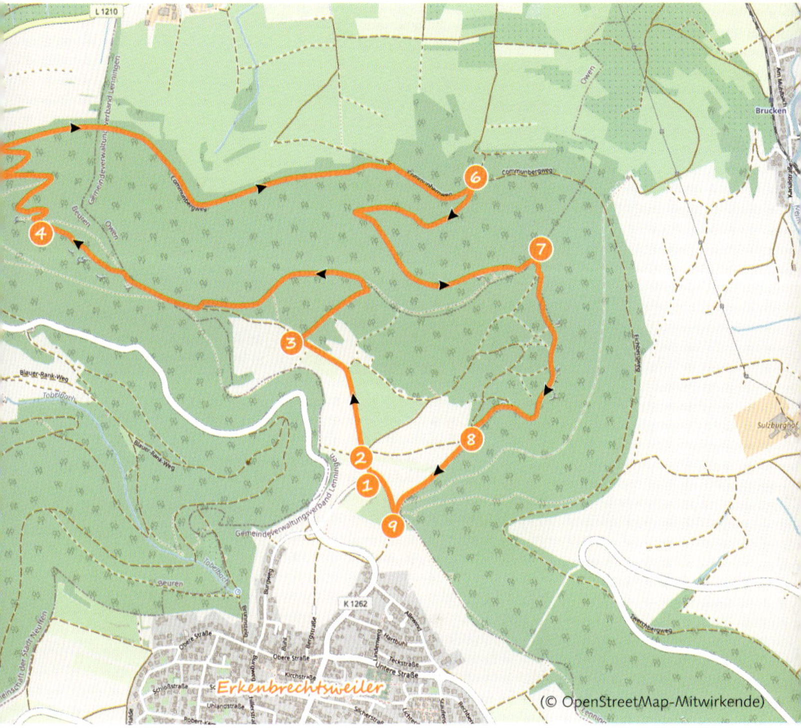

hinab in einen Sattel, dann geht es aber wieder bergauf. Wir passieren das Schild „Schlupffels West" (710 m) und erreichen nach dem links liegenden Felsen die **Beurener Fels-Hütte** (721 m) 4 und anschließend das Schild „Beurener Fels" (715 m). Dort halten wir uns später rechts, jetzt wandern wir aber noch etwas geradeaus und sind kurz darauf am **Beurener Fels**. Er bietet uns einen herrlichen Blick auf Beuren, auf die Ruine Hohenneuffen, das Albvorland und das Freilichtmuseum.

Nach einer verdienten Rast wandern wir etwas zurück, dann orientieren wir uns am Wanderschild „Beurener Fels" (715 m) links. Jetzt wandern wir in Serpentinen, dazu stellenweise steil, hinab. Am nächsten Querweg biegen wir am Schild **Beurenberg Nordost** (557 m) 5 rechts ab. Jetzt folgen wir einige Zeit recht bequem und eben einem breiten Waldweg. Wir passieren das Schild „unterhalb Kommunberg" (534 m), dann gehen wir noch etwas geradeaus

INFOS

Wanderkarte W238 Metzingen, 1:25 000, Landesamt für Geoinformation und Landentwicklung Baden-Württemberg (LGL) in Zusammenarbeit mit dem Schwäbischen Albverein e. V.; Wanderkarten mit Radwegen Reutlingen Bad Urach Blatt 52-538 und Blatt 54-539 Göppingen Kirchheim unter Teck, 1:25 000, NaturNavi

erkenbrechtsweiler.de

Bus Linie 179 bis Haltestelle Erkenbrechtsweiler Untere Straße (stündlich)

Erkenbrechtsweiler, Parkplatz Bassgeige GPS 48.562467, 9.433552

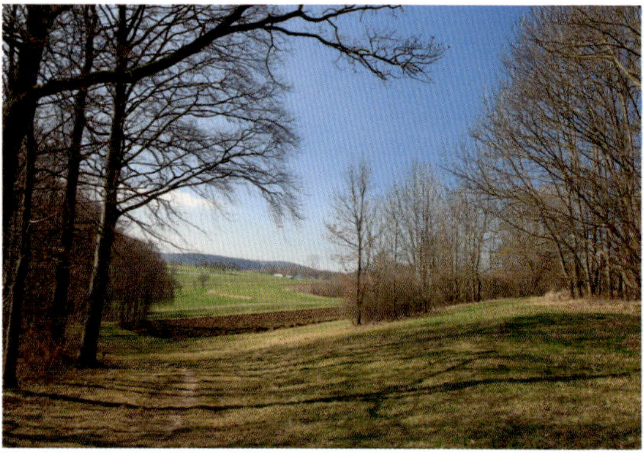

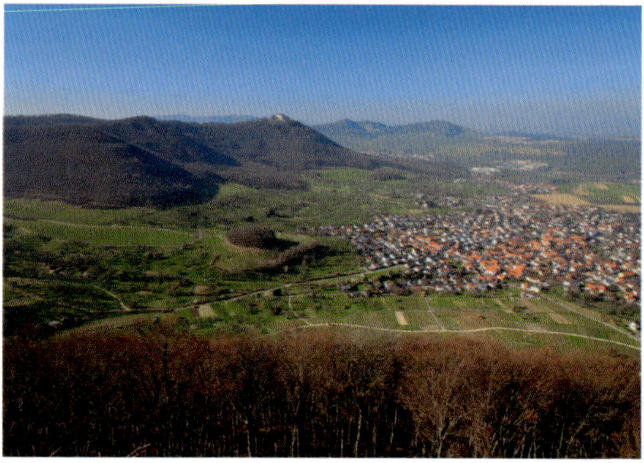

oben: Die Landschaft auf der Hochfläche ist recht abwechslungsreich.

unten: Blick über Beuren zur Ruine Hohenneuffen.

weiter. Etwas später halten wir uns am Schild **südöstlich Ameisenwinkel** (539 m) 6 rechts.

Jetzt geht es wieder hinauf auf die Albhochfläche, wo wir uns an dem querenden Pfad links halten. Etwas später kommen wir zum **Brucker Fels** 7, von dem aus wir einen herrlichen Blick auf die Ruine Teck, hinab ins Lenninger Tal und hinaus über das Albvorland haben. Danach orientieren wir uns rechts, wobei wir außer dem Zeichen der „hochgehberge" noch das Wanderzeichen „rotes Dreieck" sehen. Bei den beiden **Wällen**, die wir kurz darauf sehen, handelt es sich um Überreste früherer Gebäude. Was es mit ihnen auf sich hat, ist auf einer Tafel erklärt.

Der Pfad führt uns nun immer am Trauf entlang, wobei wir immer wieder nach links einen Blick hinab ins Lenninger Tal und auf die Teck haben. Dies ist wohl im Frühjahr am schönsten. Nach dem aussichtsreichen **Friedrichsfels** wandern wir mit leichtem Auf und Ab auf einem Pfad weiter durch den Wald und passieren das **Halsenbrünnele**. Am Schild „nördlich Weiler Steig" (721 m) 8 folgen wir dem breiten **Halsenhauweg** nach links. Gleich darauf am Schild „nördlich Weilersteig" (719 m), wo der breite Weg nach rechts zieht, gehen wir am Waldrand entlang geradeaus weiter. Rechter Hand liegt nun der Heidengraben. Unten angelangt sehen wir das Schild **Heidengraben Nord** (696 m). Jetzt halten wir uns rechts und wandern auf einem breiten Weg zurück zum Ausgangspunkt. Wer will, kann aber vorher noch kurz geradeaus weiter zum rekonstruierten **Zangentor G** 9 gehen.

Heidengraben

Der vor allem in der Latène-Zeit ausgebaute sogenannte **Heidengraben** – der Name findet sich auch im nahen Grabenstetten wieder – ist eines der eindrucksvollsten Geländedenkmale der Alb. Die 1,3 Kilometer lange Wallanlage aus dem 1. Jahrhundert n. Chr. sicherte und schützte die 1 600 Hektar große keltische Ansiedlung Elsachstadt, ein so genanntes Oppidum auf der Erkenbrechtsweiler Halbinsel. Sie war die größte bekannte Anlage aus dieser Zeit. Allerdings fand man von ihr keine direkten Spuren. Lediglich Einzelfunde liegen vor, so z.B. Münzschrötlinge. Die Prägung von Münzen spricht für die hochstehende Kultur. Die Kelten selbst waren kein Volk mit einem festen Stammesgebiet, und so ging während der Römerzeit ihre Kultur in der Besatzungsmacht unter. Lediglich einige Namen haben sich erhalten – so beispielsweise auch der Name Neuffen.

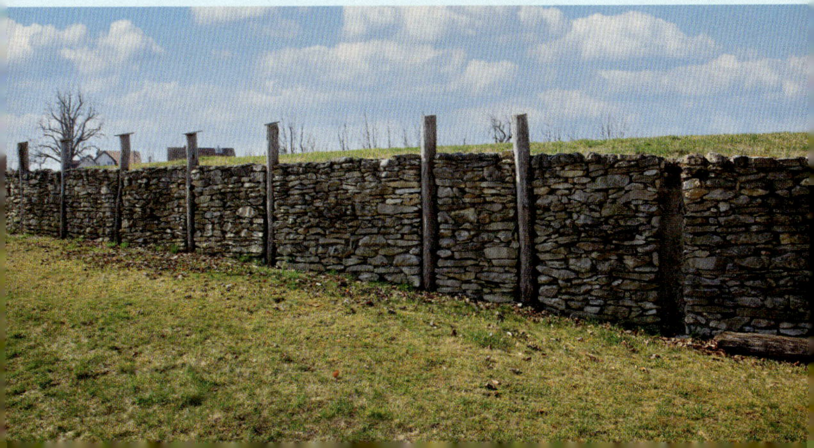

Vulkanismus auf der Alb

27

Randecker Maar und Torfgrube

2 Std
7,3 km
100 Hm

Lenningen-Schopfloch/Torfgrube – Ziegelhütte – Randecker Maar – Torfgrube

Wir wandern auf festen Wegen.

Landschaft, Torfmoor, Randecker Maar, Dolinen

Hoffmeisterhaus, Ziegelhütte

Die Landschaft, durch die diese Wanderung führt, ist nicht nur wunderschön, sondern bietet uns mit dem Randecker Maar und der Torfgrube/dem Torfmoor auch einen Einblick in den ehemaligen Vulkanismus der Schwäbischen Alb in Form des Schwäbischen Vulkans (Urach-Kirchheimer-Vulkangebiet). Geologie und Erdgeschichte pur. Dazu haben wir vom oberen Rand des Randecker Maars auch einen wunderbaren Blick auf die Limburg – auch ein ehemaliger Vulkan – und darüber hinaus ins Albvorland und weiter bis auf die drei Kaiserberge der Ostalb.

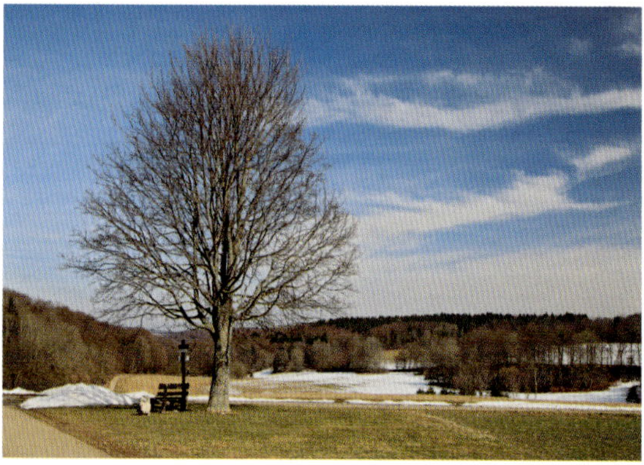

Unter diesem Baum versteckt sich der kleine Kreuzstein.

Wir gehen vom Parkplatz des **Otto-Hoffmeister-Hauses/Landgasthof Alb-Engel** 1 in Richtung der Gaststätte. Rechts dahinter liegt das **Torfmoor**, durch das wir aber auf dem Rückweg kommen und deshalb jetzt ignorieren können. Vorbei an verschiedenen Dolinen kommen wir geradeaus zur Kreuzung. Hier steht rechts bei einer Bank ein alter **Kreuzstein** 2.

Nun halten wir uns links und kommen kurz darauf zur **L1212**. Auf ihrer anderen Seite geht es kurz hinauf, dann biegen wir links ab und kommen durch ein Waldstück zu

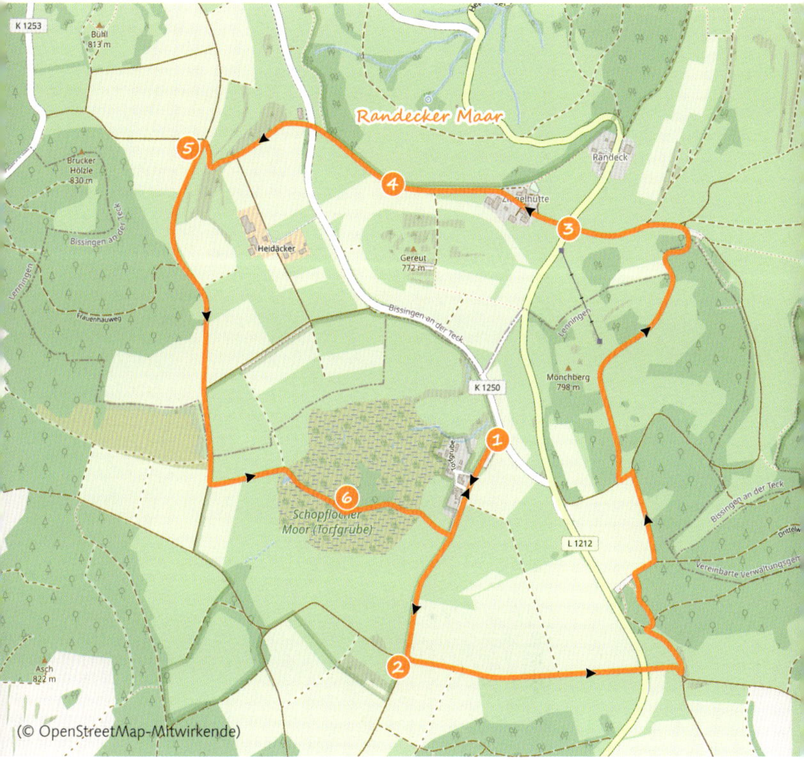

einem Parkplatz. Wir halten uns rechts, am Parkplatzende mit dem Radwegschild links. Zuerst geht es am Waldrand entlang und dort wo der Radweg nach rechts abwärts zieht, gehen wir auf dem Weg links davon geradeaus weiter. Unser Weg bleibt auf der Höhe, zieht dann etwas nach rechts und fällt durch ein Waldstück ab zu einem festen Weg. Auf ihm gehen wir nach links. Dabei passieren wir einen Skilift; auch Schlittenfahren ist hier möglich. Wer dies bei einer Winterwanderung und entsprechender Schneelage nach der kurzen Wanderung machen möchte, beginnt die Wanderung am besten hier.

Danach überqueren wir wieder die **L1212** 3 und kommen zur **Ziegelhütte**; anschließend befinden wir uns am oberen Rand des **Randecker Maars** 4. Immer geradeaus gehend passieren wir den **Salzmannstein**; ab jetzt bietet sich uns ein herrlicher Blick hinab ins Maar und ins Alb-

INFOS

Wanderkarte W238 Metzingen, 1:25 000, Landesamt für Geoinformation und Landentwicklung Baden-Württemberg (LGL) in Zusammenarbeit mit dem Schwäbischen Albverein e. V.; Wanderkarte mit Radwegen Blatt 54-539 Göppingen Kirchheim unter Teck, 1:25 000, NaturNavi

lenningen.de

Bus Linie 176 bis Haltestelle Schopfloch Unterm Greut (zweistündlich)

Lenningen, Wanderparkplatz Otto-Hoffmeister-Haus, Schopflocher Straße/K1250 zwischen Ochsenwang und Schopfloch, GPS 48.563515, 9.525817

Ausweichparkplätze sind der Wanderparkplatz Randecker Maar nach dem Maar und ein Parkplatz vor der L1212 vor der Ziegelhütte.

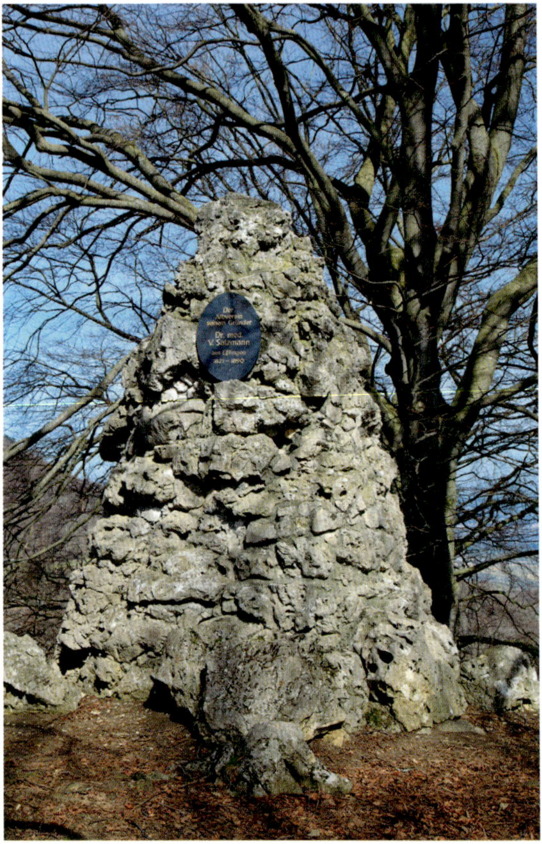

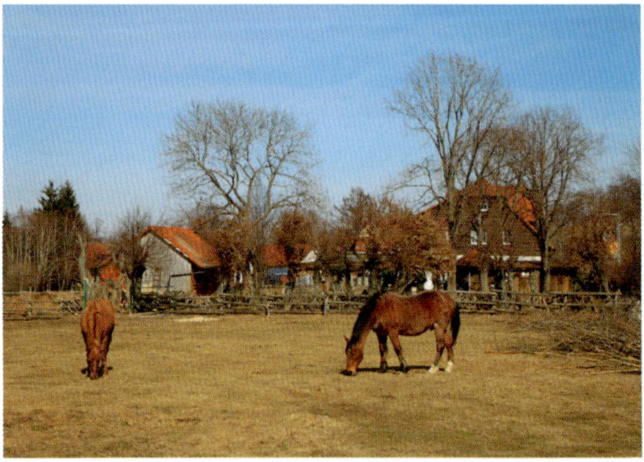

Torfmoor und Randecker Maar

Das auch als Torfgrube bezeichnete **Torfmoor** beim Otto-Hoffmeister-Haus ist eine für die Schwäbische Alb seltene Vegetationsform. Es ist das einzige Hochmoor dieses Mittelgebirges und geht auf einen Vulkanschlot des Uracher Vulkans zurück, der rund 360 Austrittslöcher aufweist. Auf dem wasserdichten vulkanischen Untergrund staute sich die Nässe zu einem See auf – in Ortschaften entstanden daraus die Hülben genannten Wasserlöcher. Der See verlandete im Laufe der Zeit und dadurch entstand erst ein Niedermoor. Bedingt durch die hohen Niederschläge von jährlich 1060 mm wandelte sich dieses schließlich in ein mehrere Meter mächtiges Hochmoor um, in dem von 1625 bis 1931 Torf gestochen wurde. Seit 1942 steht das Moor, das heute dem Schwäbischen Albverein gehört, unter Naturschutz und darf nur auf einem Bohlenweg betreten werden. Hier wachsen Birken, Kiefern, Zitterpappeln, an Gräsern u. a. Seggen, außerdem die Moosbeere, das Breitblättrige und das Fleischfarbene Knabenkraut, die Trollblume und verschiedene Niedermoorpflanzen. Seit 1983 ist eine Fläche von 50 Hektar als Naturschutzgebiet ausgewiesen. In der Nähe der Straße gibt es verschiedene Dolinen, darunter die Dolinen „Höll" mit einer Tiefe von 7 Metern, das 13 Meter tiefe „Stauchloch" und die 5 Meter tiefe Doline „Wasserfall".

Das 60 Meter tiefe **Randecker Maar** ist der am besten erhaltene Vulkanschlot der Schwäbischen Alb. Fast eine Sensation: Hier kann man vom Kraterrand aus in den ehemaligen Schlot hineinsehen! Er hat einen Durchmesser von 1,2 Kilometern und ist zwar fast

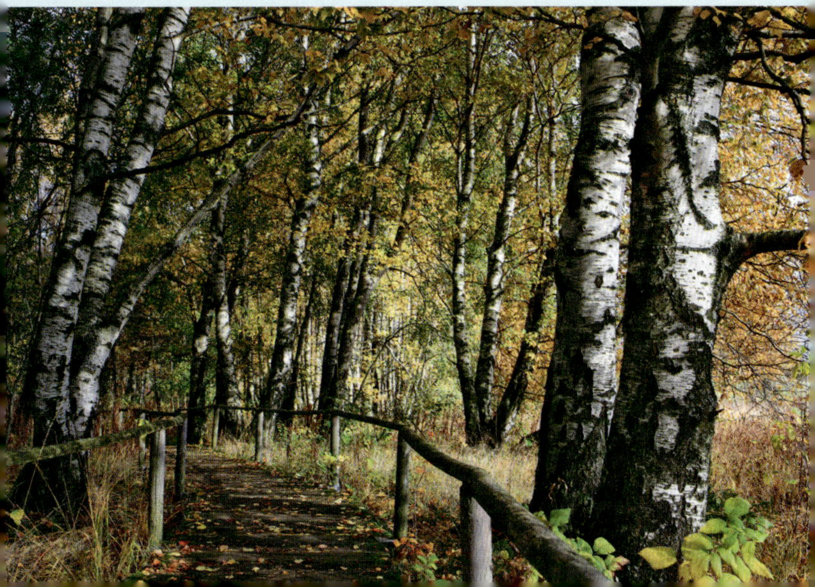

kreisrund, allerdings auf einer Seite vom Zipfelbach „angefressen“, sodass man sich die hintere Wand denken muss. Dies hat aber auch seine positive Seite: Durch die fehlende Rückwand hat man vom Kraterrand oberhalb des Maars nicht nur eine herrliche Sicht in den mit Felsbrocken gespickten Trichter hinein, sondern über den Einschnitt sieht man auch zur Pyramide der Limburg, und, wenn es die Sichtverhältnisse zulassen, sogar bis zu den drei Kaiserbergen auf der Ostalb. Auch die Limburg ist ein ehemaliger Vulkan (von dem allerdings nur die Schlotfüllung der Erosion widerstand). Der Vulkan gehörte zu jenem Schwäbischen Vulkan (Urach-Kirchheimer-Vulkangebiet), von dem man bis jetzt rund 360 Austrittslöcher kennt und der im Erdinneren einen Herd mit einem Durchmesser von rund 40 Kilometern hatte; das am weitesten nach Norden vorgedrungene Austrittsloch ist wohl der Scharnhäuser Vulkan in der Nähe Stuttgarts. Bei den Ausbrüchen im Miozän vor etwa 10 Millionen Jahren handelte es sich um einmalige oder mehrfache Gasausbrüche, wobei das hochgerissene Gesteinsmaterial und die Ascheteile zum größten Teil wieder in den Schlot zurückfielen. Bei den Ausbrüchen bildete sich kein Vulkanberg, sondern der Schlot erweiterte sich durch die Wucht der Ausbrüche an seiner Oberfläche trichterförmig und bildete dabei das sogenannte Maar. Das Magma stieg dabei meist nicht bis an die Oberfläche hoch; wo es aber doch so hoch kam, dass das basaltartige Gestein später durch die Erosion freigelegt werden konnte, spricht man von Vulkanembryonen. Von dem ehemaligen See im Maar und dem einstigen tropisch warmen Klima erzählen die Bodenfunde: Aus dem Faulschlamm entstand der sogenannte Blätterschiefer, der eine papierfeine Schichtung (Papierkohle) aufweist. In ihm fand man Reste von Insekten oder Pflanzen wie Zimtbaum und Bambus. Außerdem lebten hier Landschildkröten, kleine Hirsche, hornlose Nashörner sowie Mastodonten (elefantenähnliche Rüsseltiere, die aber vier Stoßzähne besaßen). Heute ist das Randecker Maar von großer Bedeutung für den Vogelzug.

Oberhalb des Kessels des Randecker Maars sieht man die Häuser von Ochsenwang.

vorland. Nach dem Randecker Maar treffen wir auf die **K1250**. Hinter ihr liegt der Wanderparkplatz Randecker Maar, nun gehen wir kurz hinauf und treffen nach einer Rechtskurve zu einem querenden Weg 5, an dem wir uns links halten.

Links des Weges sehen wir nach einiger Zeit ein großes Gehölz, das **Torfmoor**. Ein nach links abzweigender, unbefestigter Pfad führt uns dorthin. Wir kommen an einem Tümpel vorbei, in dem im Frühjahr die Frösche beim Laichen quaken, dann durchqueren wir auf einem Bohlenweg das **Torfmoor** 6 und kommen zum bekannten Otto-Hoffmeister-Haus. Links von ihm liegt unser Ausgangspunkt.

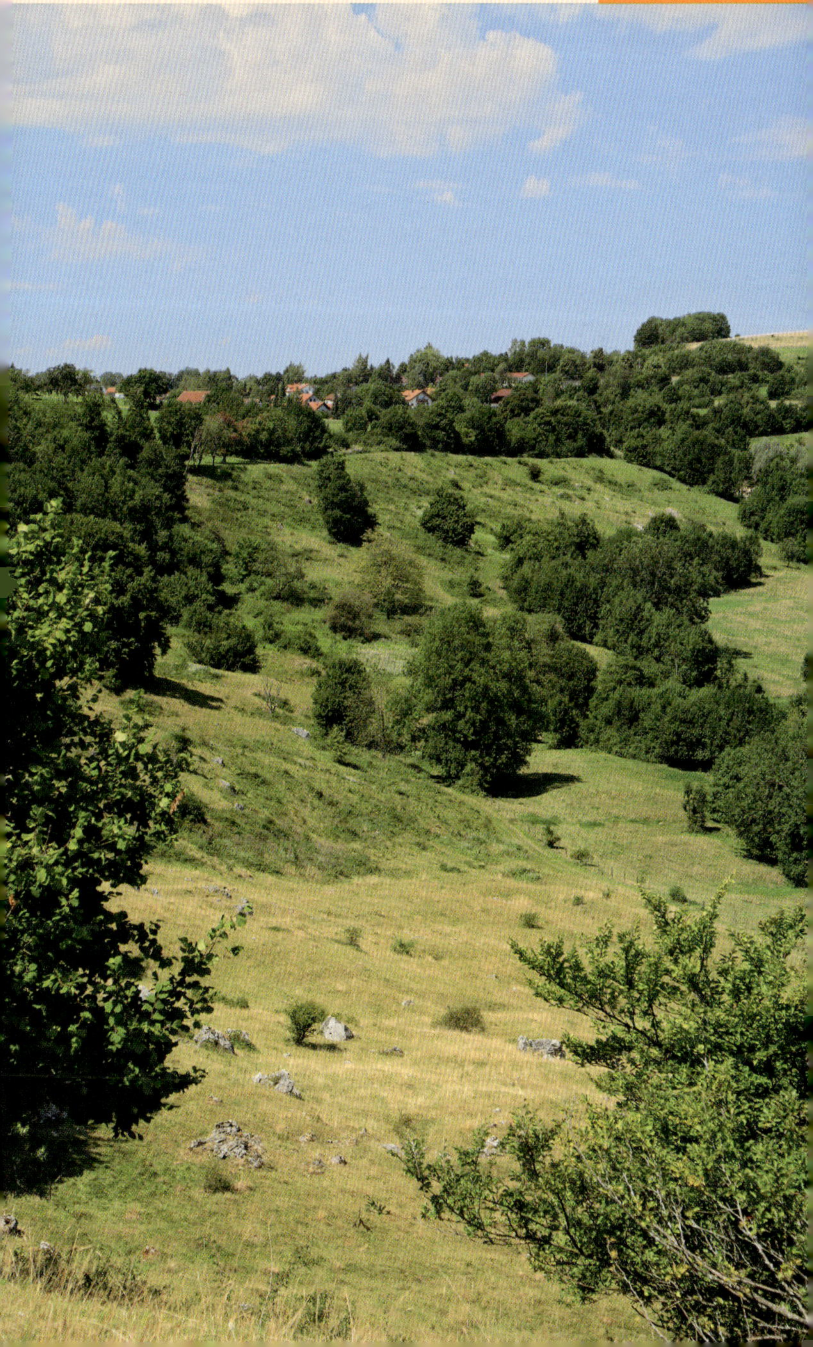

Aussichtsreich über den Vulkan 28

Blick vom Jusi

2 Std
5,8 km
270 Hm

Kurzversion

1½ Std
4,2 km
190 Hm

Kohlberg/Wanderparkplatz Raupental – Jusi –Sattelbogen – Hörnle – Panoramaweg – Parkplatz

Wir wandern auf Pfaden, teilweise auch auf festen Wegen. Wegen der Steilstellen bei Eis und Schnee nicht empfehlenswert.

Jusi, Aussicht

Kohlberg, Kappishäusern

Wir besteigen bei dieser Wanderung einen ehemaligen Vulkan, den Jusi, der zum weitverzweigten Schwäbischen Vulkan (Urach-Kirchheimer-Vulkangebiet) gehört und sich schon durch seine eigenartige Form von den anderen Bergen der Schwäbischen Alb unterscheidet. Bereits beim Aufstieg und dann auf seinem Gipfel bietet sich uns eine weite Sicht, aber auch auf dem Rückweg wandern wir einen großen Teil des Weges auf einem richtigen Panoramaweg mit Blick ins Ermstal und auf die Berge der Schwäbischen Alb.

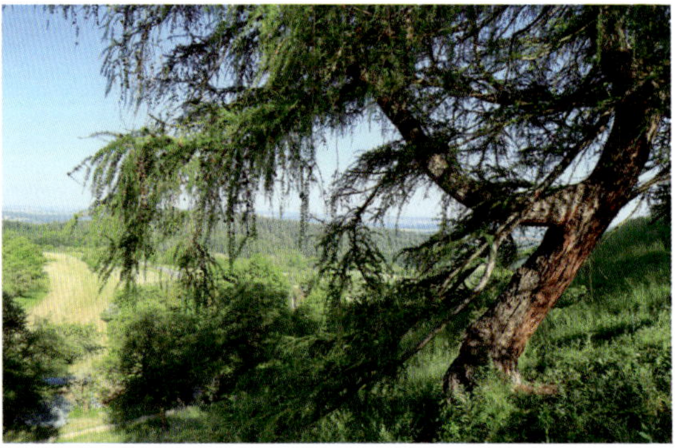

Markante Bäume säumen den Aufstiegsweg zum Jusi.

Wir folgen am **Parkplatz** 1 dem mit dem „blauen Dreieck“ markierten Weg, der sogleich ansteigt. Er bringt uns vorbei an einer Gruppe prächtiger Lärchen, den Wanderschildern „Paradiesweg“ (541 m) und „Jusi Sattel“ (549 m) und einem Kreuz mit einer Stahlplatte, in die die Aussicht erläuternd hineingraviert ist, und schließlich hinauf auf den Gipfel des **Jusi** 2. Hier finden wir eine malerische Gruppe riesiger Linden, eine Grillstelle und eine Schutzhütte. Von dort aus gehen wir zum Waldrand und dem Schild **Auf dem Jusi** (673 m).

Nun wandern wir durch den Wald weiter. Mit Auf und Ab erreichen wir durch das Naturschutzgebiet „Neuffener

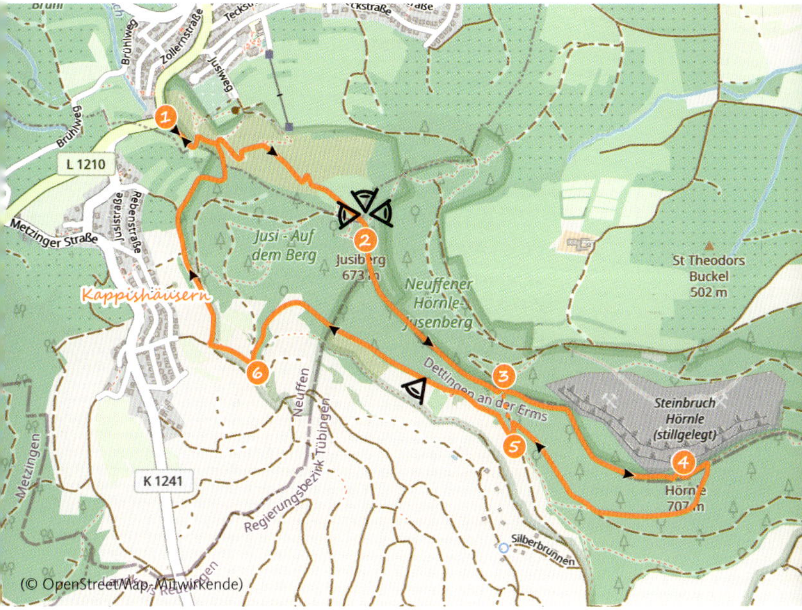

Hörnle/Jusenberg" den **Sattelbogen** (605 m) 3. Hier kann man die Tour abkürzen, indem man auf dem Weg nach rechts hinabgeht. Auf dem von links kommenden Weg finden sich auch die Wanderer ein, welche die weitere Strecke gewählt haben 5. Wir gehen noch etwas weiter bergab und biegen dann rechts ab. Jetzt sind beide Varianten wieder vereint.

Wer die weitere Strecke begehen will, steigt vom Sattelbogen geradeaus steil an. Auch danach geht es kräftig auf und ab, bis wir am **Hörnle** (707 m) 4 zwar eine Bank zum Ausruhen finden, aber keine Aussicht haben. Erst wenn wir etwas weiter bergab gehen, hat man nach links durch eine Lücke im Wald einen Blick auf den ehemaligen Steinbruch und über das Albvorland. Danach halten wir uns mit dem Schild „Nach Dettingen" rechts auf einen schmalen Pfad. Er bringt uns hinab zu einem breiten Schotterweg, dem wir nach rechts folgen. Wir treffen bald auf den Weg, der als Abkürzung von rechts vom Sattelbogen kommt 5. Hier halten wir uns kurz links, biegen aber bei nächster Gelegenheit rechts ab und folgen danach dem Schotterweg.

INFOS

Wanderkarte Kirchheim unter Teck, 1:25 000, Hrsg.: Schwäbischer Albverein e. V., Kartographie: Landesamt für Geoinformation und Landentwicklung Baden-Württemberg (LGL); Wanderkarte mit Radwegen Reutlingen Bad Urach Blatt 52-538, 1:25 000, NaturNavi

kohlberg.de, neuffen.de

Regionalbahn RB64 bis Frickenhausen und dann Bus Linie 192 bis Haltestelle Kohlberg (Württemberg) Goethestraße (stündlich)

Kohlberg, Wanderparkplatz Raupental, Metzinger Straße/L1210, GPS 48.553463, 9.330220

Etwas später verlassen wir den Wald, nun kommen wir zum **Modellflugplatz**. Ab jetzt haben wir fast ständig einen herrlichen Blick nach links ins Ermstal; auch die Achalm bei Reutlingen ist im Hintergrund zu sehen. Nach einer aussichtsreichen Strecke mit Blick über die Baumwiesen stoßen wir auf einen Asphaltweg. Hier biegen wir links ab. Kurz danach zieht der Weg nach rechts, links sehen wir aber einen herrlichen **Aussichtsbalkon**, an dem sogar ein Tisch und Bänke zur Rast laden 6.

Wenn wir dem Weg dann weiter folgen, treffen wir etwas später auf den mit einem Schild als Rundwanderweg

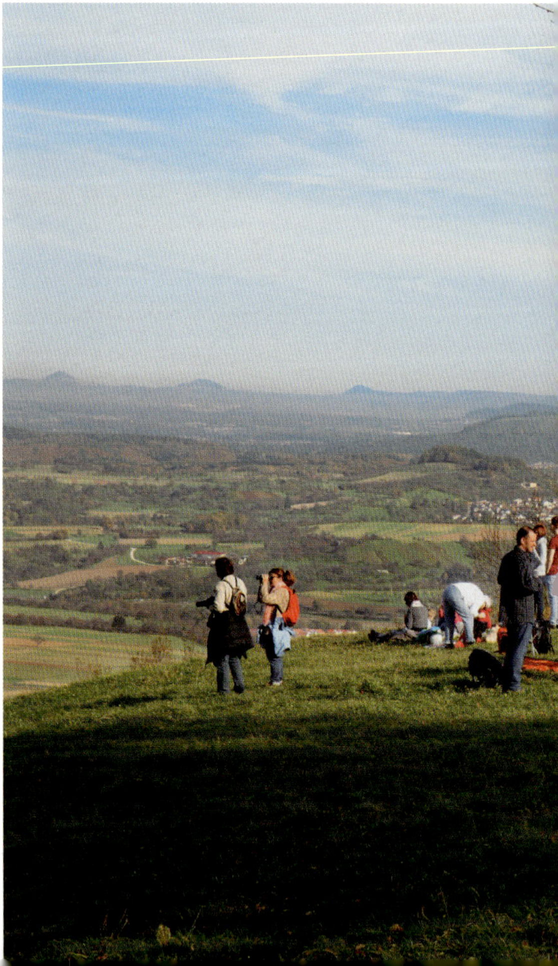

Der Jusi ist ein beliebter Aussichtsberg.

markierten Asphaltweg. Er bringt uns nach rechts durch das „Naturschutzgebiet Jusi – Auf dem Berg" etwas aufwärts. An einer Verzweigung führt der rechte Weg hinauf in den Wald, wir gehen aber auf dem linken Weg unterhalb des Waldes relativ eben weiter.

Wir wandern am **Wasserbehälter Kappishäusern** (537 m) vorbei und kommen zum Schild **Raupental** (538 m). Hier werden wir nach rechts zum „Wandparkplatz Jusi" verwiesen. Nach einem Stück durch den Wald treffen wir auf den bekannten Wegweiser **Paradiesweg** (541 m). Dort biegen wir links ab und gehen auf bekanntem Weg hinab zum Ausgangspunkt.

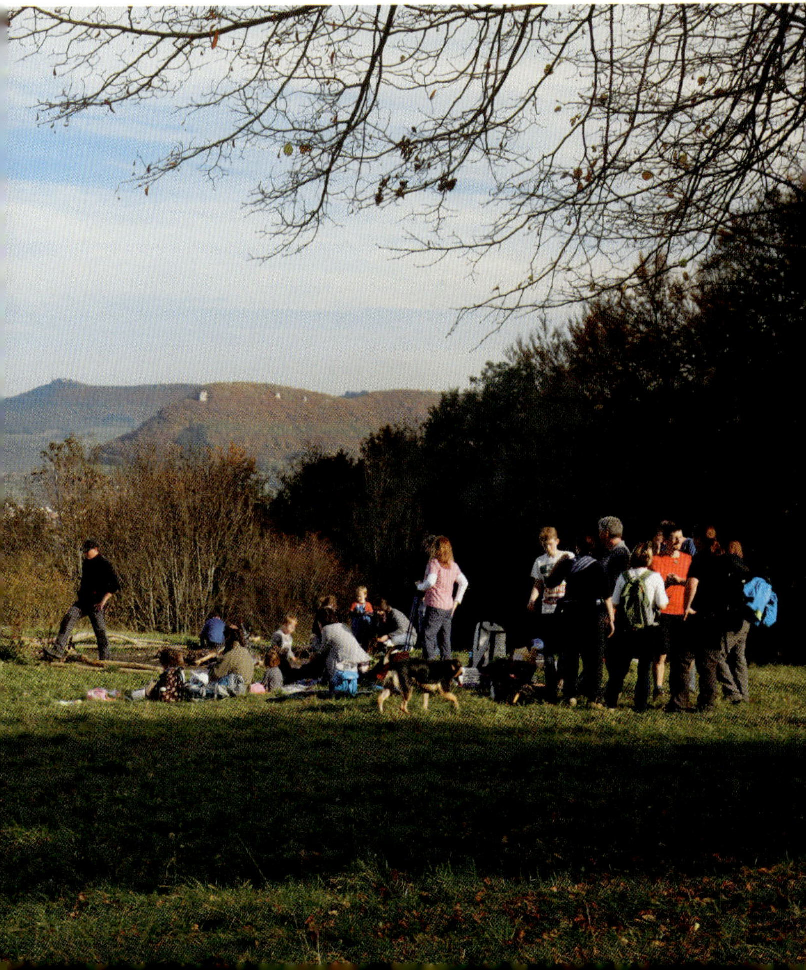

Blick auf den Hohenneuffen

29

Durch die Streuobstwiesen bei Neuffen

2 Std

7,2 km

160 Hm

Neuffen – Schützenhaus – Streuobstwiesen – Neuffen

Wir wandern auf festen Wegen.

Streuobstwiesen, Neuffen

Neuffen

Um Neuffen finden wir zwei sehenswerte Nutzungsarten der Natur: Unterhalb der Ruine Hohenneuffen dominieren Weinberge, auf der anderen Seite des Ortes Streuobstwiesen. Dort findet auch diese Tour statt, zu den Weinbergen und zur Ruine sieht man nur hin. Besonders schön sind die Streuobstwiesen bekanntlich im Frühjahr zur Zeit der Baumblüte. Aber auch andere Jahreszeiten haben ihre Reize – zum Beispiel ist der herbstliche Blick auf die bunt gefärbten Weinberge und Wälder unterhalb des Hohenneuffen eine Sensation.

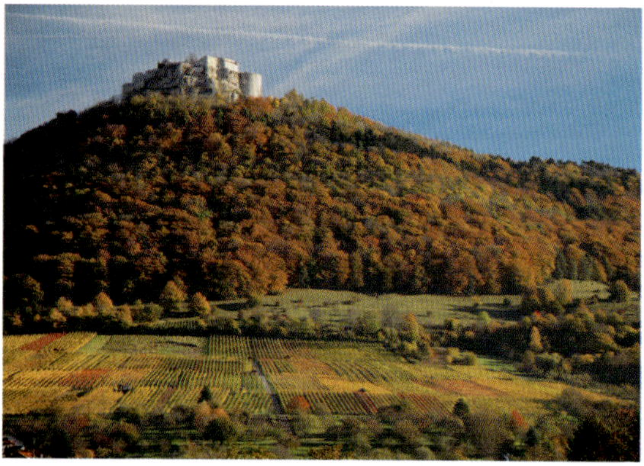

Unterhalb der Ruine Hohenneuffen breiten sich Wald und Weinberge aus.

Wir gehen vom **Bahnhof** 1 aus erst durch die Bahnhofstraße über die querende Goethestraße bis zum Kreisverkehr (links Oberer Graben/Rechts Lindenplatz). Dort hält man sich rechts, erst über den Lindenplatz, dann in der Reutlinger Straße, bis links der mit dem „blauen Dreieck" markierte **Gaisweg** in Richtung „Sattelbogen" abgeht 2. Kurz danach sehen wir links einen **Gedenkstein**, der an den ehemaligen Steinkohleabbau erinnert.

Bald verlassen wir das Wohngebiet. Wo es an einer Verzweigung rechts zu Scheunen geht, nehmen wir den lin-

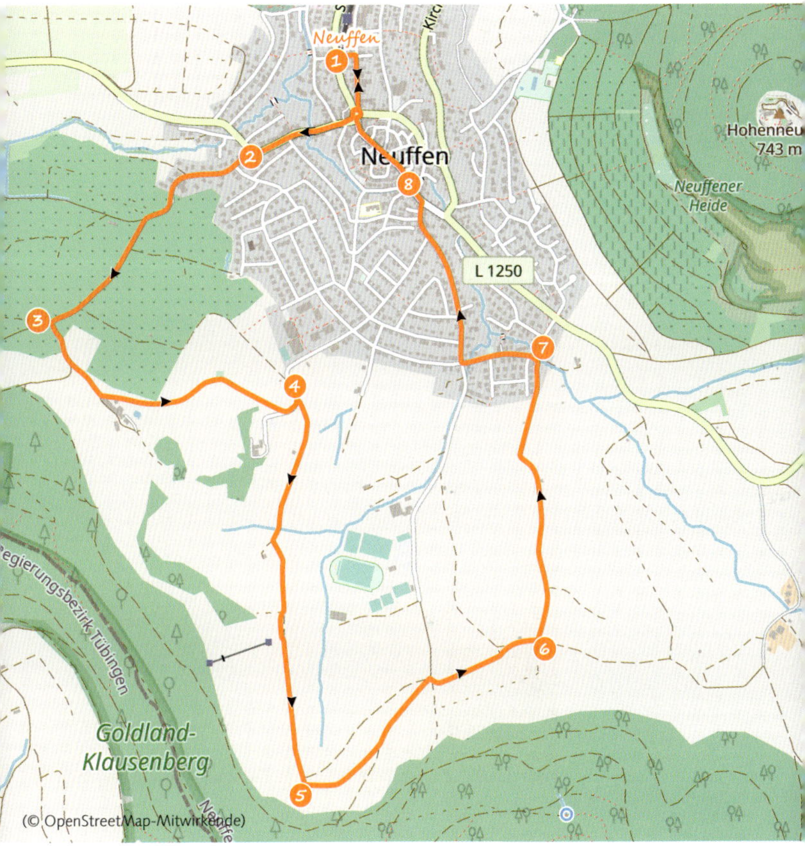

ken Weg in Richtung „Sattelbogen Hörnle“. Etwas später zweigt unterhalb des rechts oben sichtbaren Gebäudes der Schotterweg **Viehweide** nach links ab 3. Auf ihm gehen wir etwas abwärts, an einer rechts liegenden Feldscheune vorbei. Wir wandern nun eben weiter, nach einer links liegenden Feldscheune über einen Bach und an dem dort rechts liegenden **Weiher** nach links. Nach einem Rechtsbogen erreichen wir den **Schützenhausweg** 4, auf der die Wanderer kommen, die beim Schulzentrum geparkt haben.

Wir wandern nun kurz nach links im Schützenhausweg die Linkskurve entlang, bis wir bei der nächsten Abzweigung den Schützenhausweg verlassen und scharf rechts abbiegen. Dieser Weg bringt uns jetzt direkt in die Streuobst-

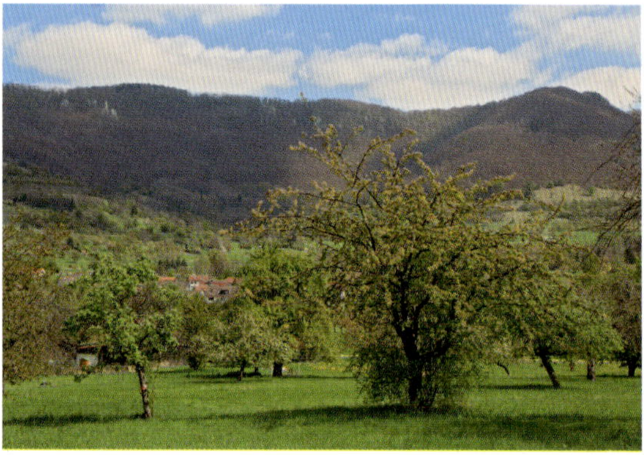

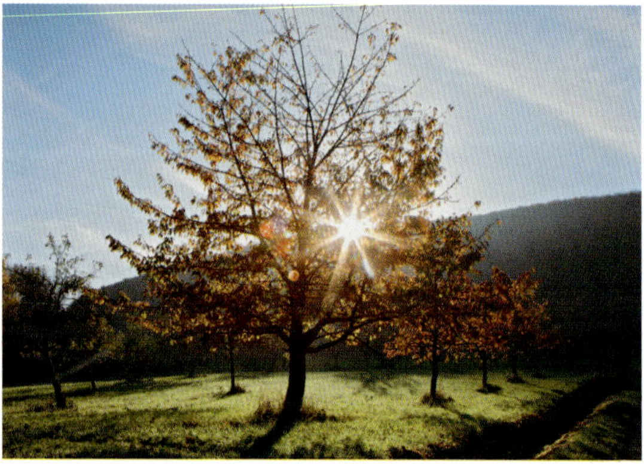

INFOS

Wanderkarte W238 Metzingen, 1:25 000, Landesamt für Geoinformation und Landentwicklung Baden-Württemberg (LGL) in Zusammenarbeit mit dem Schwäbischen Albverein e.V.; Wanderkarte mit Radwegen Reutlingen Bad Urach Blatt 52-538, 1:25 000, NaturNavi

neuffen.de

Regionalbahn RB64 bis Neuffen (unter der Woche halbstündlich / Wochenende stündlich)

Neuffen, Bahnhof, Bahnhofstraße, GPS 48.557953, 9.374090

Alternativparkplätze findet man in den Straßen beim Schulzentrum, Schützenhausweg 20, GPS 48.549624, 9.373688, sowie in den umliegenden Straßen (Schützenhausweg, Hohenzollernstraße usw.) bzw. beim Schützenhaus.

Um Neuffen findet man viele Streuobstwiesen.

wiesen. Bald quert ein Bach, danach zieht der Weg nach links. Der erst asphaltierte Weg geht nun in einen Schotterweg über. Nach einiger Zeit knickt er unterhalb des Waldes scharf links ab 5 und wir kommen im weiteren Verlauf zu einer Kreuzung. Wo der mit dem „blauen Dreieck" markierte Wanderweg quert, gehen wir nun geradeaus weiter, dann folgen wir etwas später dem zweiten links abgehenden Weg 6 hinab nach **Neuffen**. Er zieht nach links und wir queren die **Hofstettenstraße** 7. Danach folgen wir der Hebelstraße bis zum querenden **Uracher Weg**. Wir gehen nach rechts bis zur nächsten Querstraße (Hauptstraße links/ Albstraße rechts). Nun halten wir uns links und spazieren durch das **historische Zentrum** 8 Neuffens bis zum bekannten Kreisverkehr am Lindenplatz. Nun geht es in der Bahnhofstraße zurück zum Ausgangspunkt.

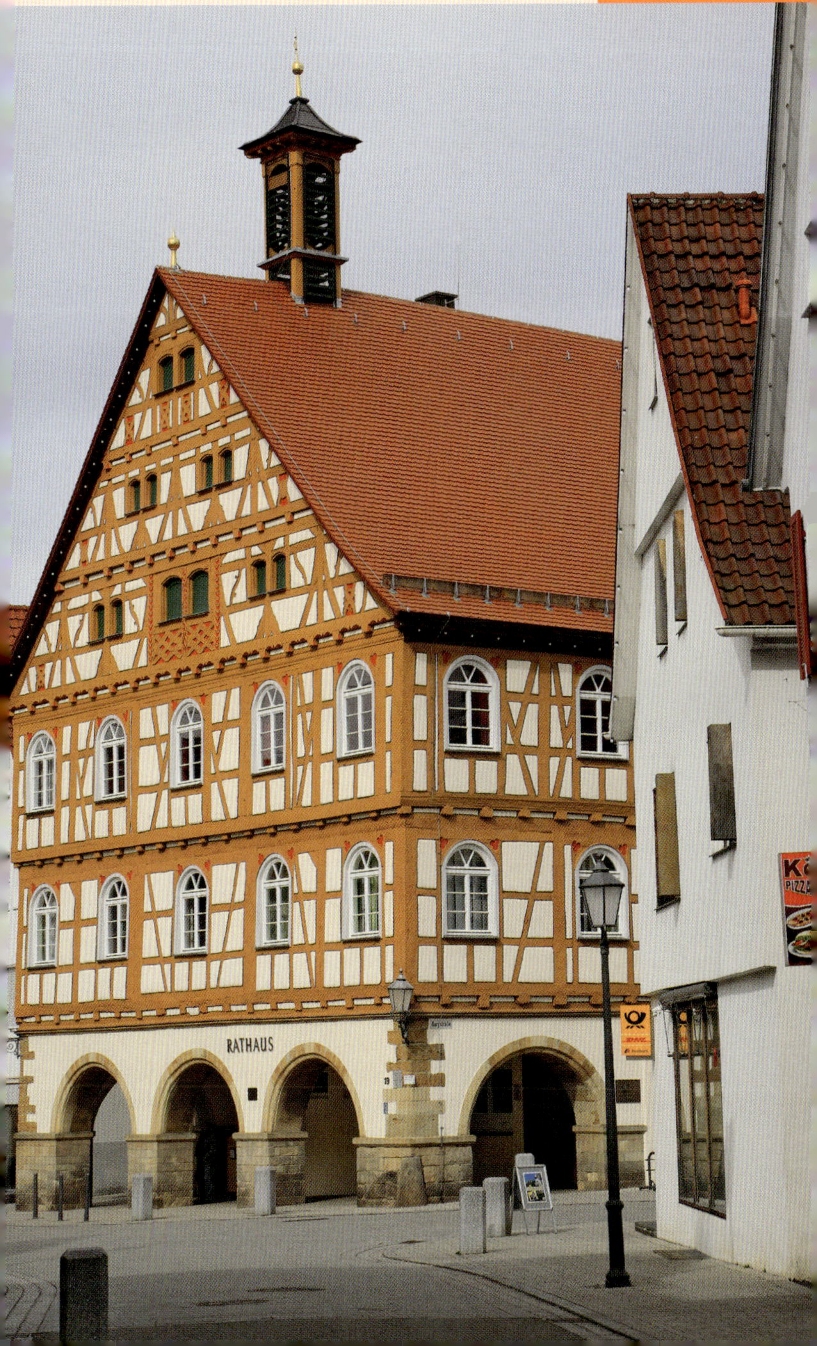
RATHAUS

Zur größten Burgruine

30

Vom Burrenhof zum Hohenneuffen

2 ½ Std
8,2 km
110 Hm

Erkenbrechtsweiler/Wanderparkplatz – Brille – Molach – Gleitseglerstartplatz – Rastplatz Schanze – Hohenneuffen – Wilhelmsfels – Stokinger Eiche – Astropfad – Wanderparkplatz

Wir wandern nahezu eben auf Pfaden und festen Wegen, nur zum Hohenneuffen steigt es an.

Brille, Molach, Hohenneuffen, Wilhelmsfels

Burrenhof, Hohenneuffen

Die größte Burg der Schwäbischen Alb ist die Ruine Hohenneuffen, die wir bei dieser Wanderung besuchen. Sie verläuft zu Teilen auf dem Premiumspazierwanderweg der „hochgehberge" „hochgehsiedelt", verlängert diesen jedoch um die Ruine und kürzt dafür den Rückweg ab. Immer wieder bietet uns die Runde eine prächtige Aussicht, so von dem Kunstwerk Brille, durch deren „Glas" man zur Ruine sehen kann, vom Hohenneuffen, vom Wilhelmsfels, aber auch von verschiedenen anderen Stellen am Trauf. Wer noch einen Abstecher machen will, besucht die Barnberghöhle oder die keltischen Grabhügel hinter dem Burrenhof.

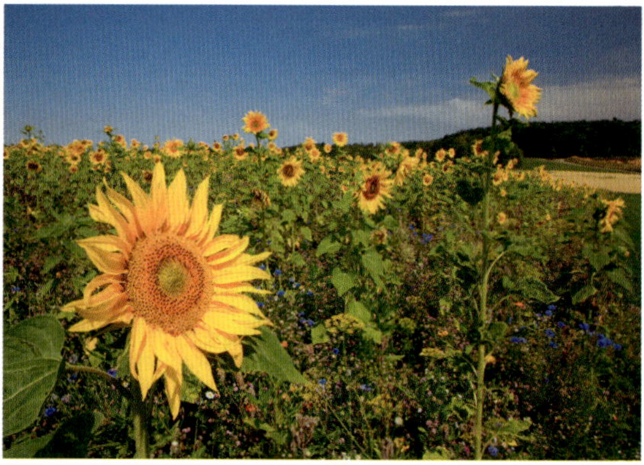

Sonnenblumenfelder machen eine Landschaft reizvoll.

Wir gehen vom **Parkplatz** 1 auf dem asphaltierten Weg, der von der Straße in westlicher Richtung wegzieht, zum Waldrand. Dort machen wir nach links einen kurzen Abstecher zum Kunstwerk **Brille** 2, von dem aus man einen ersten Blick auf den Hohenneuffen hat. Danach gehen wir wieder etwas zurück und betreten am Wanderschild **Heidengraben** (719 m) den Wald. Gleich links steht eine Informationstafel, die auf den Schlot des Schwäbi-

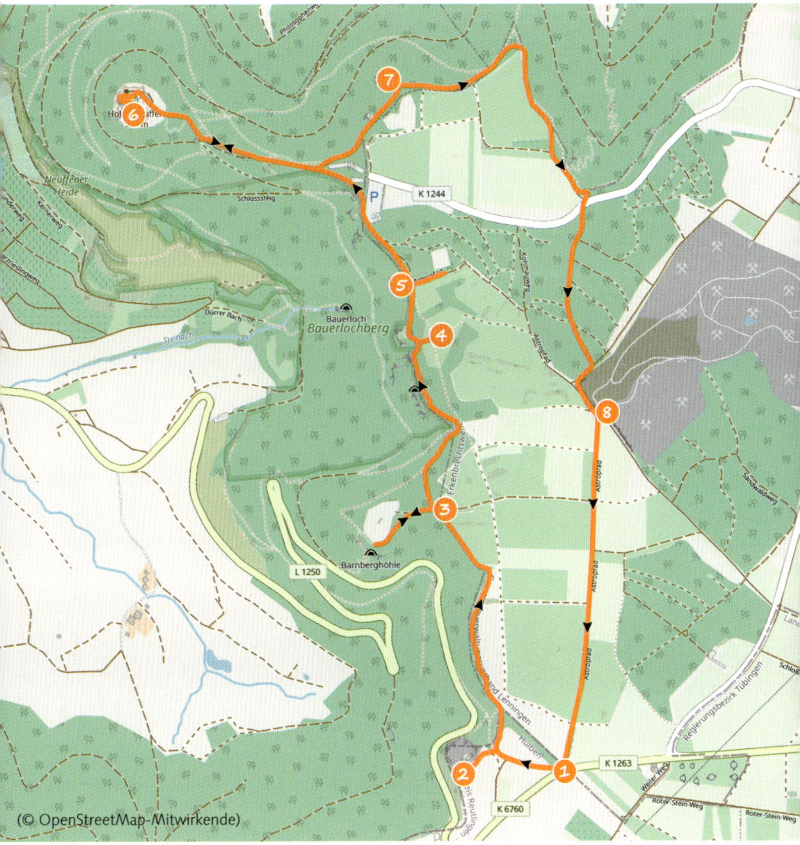

schen Vulkans hinweist, den man in einem kurzen Abstecher erreichen kann.

Wenn wir weiter dem Pfad folgen, kommen wir zum Wall des Heidengrabens, auch er wird durch eine Tafel erklärt. Nun wandern wir auf einem Pfad bis zur **Blauer Rank-Hütte** 3; hier finden wir eine Tafel zur Barnberghöhle. Wer will, kann nach links einen Abstecher dorthin machen, kehrt dann aber wieder zur Hütte zurück.

Nun gehen wir mit dem Wanderzeichen „rotes Dreieck" und „Gustav-Ströhmfeld-Weg" geradeaus und im Weiteren dem Pfad folgend weiter. Bald kann man nach rechts einen Abstecher zum **Molachsee** 4 machen. Danach folgen wir dem Pfad weiter. Es steigt nun nach rechts etwas

INFOS

Wanderkarte Kirchheim unter Teck, 1:25 000, Hrsg.: Schwäbischer Albverein e. V., Kartographie: Landesamt für Geoinformation und Landentwicklung Baden-Württemberg (LGL); Wanderkarte mit Radwegen Reutlingen Bad Urach Blatt 52-538, 1:25 000, NaturNavi

hochgehberge.de, erkenbrechtsweiler.de

Bus Linie 191 bis Haltestelle Erkenbrechtsweiler Burrenhof oder Erkenbrechtsweiler Wanderparkplatz Hohenneuffen (fährt nur am Wochenende)

Erkenbrechtsweiler, Wanderparkplatz Hochholz Astropfad, GPS 48.537827, 9.411564

Ein Ausweichparkplatz ist der Wanderparkplatz Hohenneuffen.

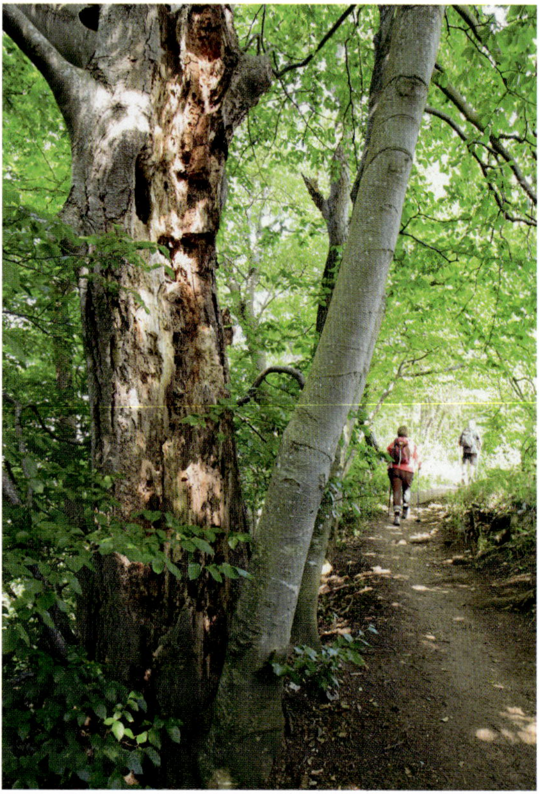

Ein Pfad führt mit leichtem Auf und Ab durch den Wald zum Hohenneuffen.

an bis zum **Startplatz der Gleitschirmflieger**, wo wir erneut eine prächtige Aussicht haben – entlang des Albtraufs, aufs Hörnle mit der Wunde des ehemaligen Steinbruchs, nach Neuffen und nach rechts auf die Ruine Hohenneuffen.

Danach erreichen wir eine Wiese mit dem Schild **Bei der Schanze** (732 m) 5. Die Schanze erreichen wir, wenn wir etwas nach rechts in die Wiese hineingehen, dort liegt sie links im Wald auf einer Lichtung. Auf der Wiese finden wir auch Tische und Bänke sowie eine Grillstelle. Danach gehen wir geradeaus auf dem ursprünglichen Pfad weiter, lassen den Parkplatz Hohenneuffen rechts liegen und folgen dem Fahrweg hinauf zur **Ruine Hohenneuffen** 6.

Nach der Besichtigung und einer Rast gehen wir zurück bis kurz vor den Parkplatz, wo wir dem „roten Dreieck" nach links folgen. Bald erreichen wir den aussichtsreichen **Wil-**

Kunstwerk „Brille"

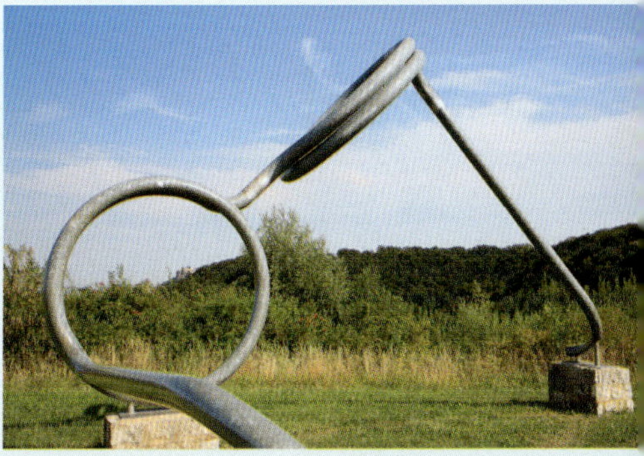

Das **Kunstwerk „Brille"** wurde von Karl Schwarz für die Gemeinde Hülben geschaffen; am Sockel stehen die Namen der Sponsoren geschrieben. Durch das linke „Brillenglas" kann man gut zur Ruine Hohenneuffen sehen.

Molach

Der **Molach** (oder Molachsee/Molachmaar) entstand auf dem wasserundurchlässigen Material des Schlots eines einstigen Vulkans. Der kleine, moorige See (Maar) gehört zu den zahlreichen trichterförmigen Mulden auf der Albhochfläche, die vor 15 Millionen Jahren im Tertiär entstanden sind. Der Trichter war einst noch größer, wurde aber durch Erosion am Trauf eingeschnitten. Die Mulde füllt sich bei Regen mit Wasser und da sie aus Vulkantuff besteht, bleibt das Wasser stehen – anders als im sonstigen Kalkgestein der Alb. Außer Schilf wachsen in ihm Seerosen. Wasserstellen mit ähnlicher Entstehungsgeschichte führten zur Gründung von Dörfern auf der Schwäbischen Alb – Beispiele sind Zainingen, Hengen oder Donnstetten, wo sich die Ansiedlung um die Hüle, das Wasserloch bildete.

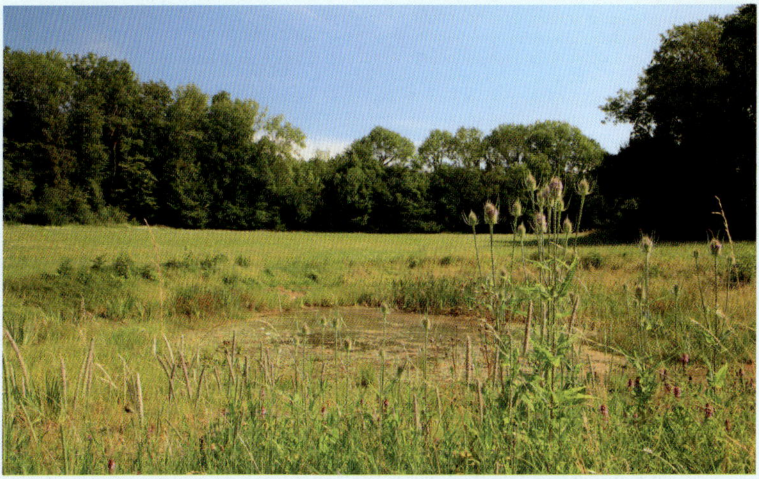

Schanze

Die auf einer Geländekuppe liegende **Schanze** besaß eine Seitenlänge von 62 Metern. Als die Gegend früher unbewaldet war, hatte man sicher einen guten Ausblick von ihr. Im 18. Jahrhundert hielt man die Lage für geeignet, um den Zufahrtsweg zur Burg Hohenneuffen zu überwachen und baute sie zu einer Redoute (= franz. für Schanze) aus. Die frühere Meinung, es handele sich um eine Schanze aus der Keltenzeit, konnte nicht durch Funde belegt werden.

Ruine Hohenneuffen

Die **Ruine Hohenneuffen** liegt auf einem Bergsporn, der mit dem Albmassiv nur durch einen schmalen Sattel verbunden ist. Bereits die Kelten besiedelten den weit ins Albland vorspringenden Berg. Seit dem 11. Jahrhundert war er Sitz der 1198 erstmals erwähnten Edelfreien von Neuffen. Aus dieser Familie stammte auch der Minnesänger Gottfried von Neuffen (ca. 1212–ca. 1270). Die Burg war von 1301 bis 1801 eine der stärksten württembergischen Festungen. Ab 1543 wurde sie von dem grausamen und streitsüchtigen Herzog Ulrich zu einer sogenannten Landesfestung ausgebaut. Von der heutigen Ruine stammen nur die Ringmauern aus dem Mittelalter, die das Erscheinungsbild bestimmenden runden Geschütztürme aber aus dem 16. Jahrhundert. Das Ende kam 1801/1802, als die Burg auf Befehl der Franzosen geschleift wurde. Vom 15. bis zum 18. Jahrhundert diente sie auch als Staatsgefängnis. Das letzte wichtige „Großereignis" war die Dreiländerkonferenz 1948, in welcher die Ministerpräsidenten der drei Nachkriegsländer für den Zusammenschluss zu einem einheitlichen Südweststaat die Weichen stellten.

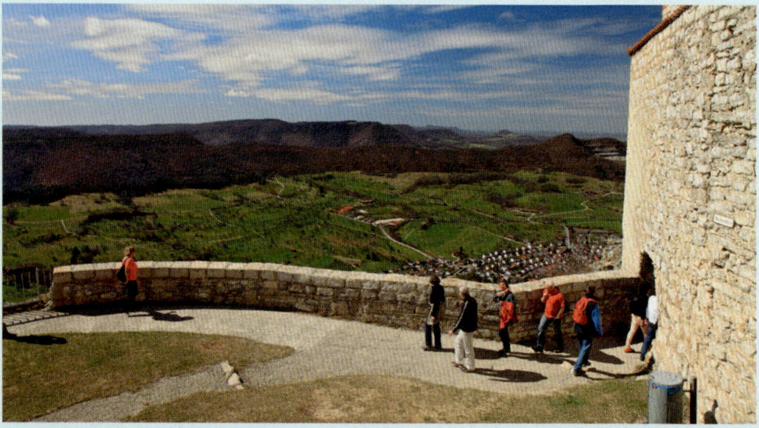

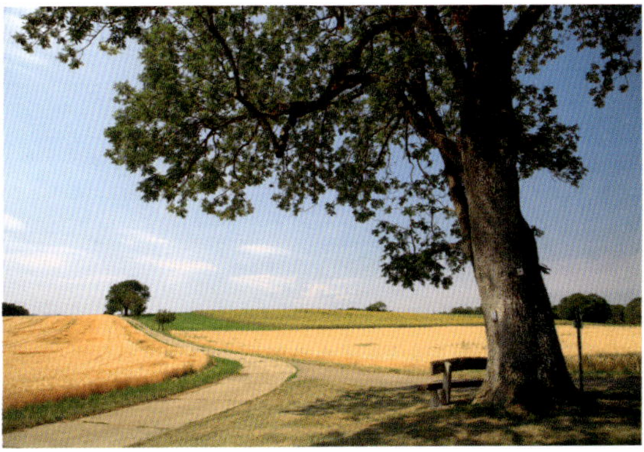

Eine Felderlandschaft ist besonders vor der Ernte reizvoll.

helmsfels (7), danach knickt der Weg rechts ab und bringt uns nach einiger Zeit zur **K1244**. Wir überqueren sie und folgen dem **Käsbaumweg** durch den Wald nach Süden. Am Waldende halten wir uns rechts und kommen zu einer mächtigen **Esche** (8). Hier halten wir uns an der Verzweigung rechts und wandern auf dem **Astropfad** zurück zum Ausgangspunkt.

Wer will, kann noch zum hinter der Straße liegenden **Burrenhof** gehen. Bei ihm sehen wir einige Grabhügel aus der Zeit des Heidengrabens.

Impressum / Bildnachweis

Titel:	WANDERN IM LANDKREIS ESSLINGEN
Untertitel:	Die 30 schönsten Touren
Autor:	Dieter Buck
Titelbild:	Dieter Buck
Porträtfoto:	© Melanie Buck
Fotos:	Dieter Buck
Kartengrundlagen:	OpenStreetMap
Kartengestaltung:	Charmaine Wagenblaß (vr)
Herstellung:	verlag regionalkultur
Satz:	Charmaine Wagenblaß (vr)
Umschlaggestaltung:	Charmaine Wagenblaß (vr)
Korrektorat:	Anja Heim, Michelle Weber (vr)

Alle Angaben ohne Gewähr.

ISBN 978-3-95505-426-7

Die Deutsche Nationalbibliothek verzeichnet diese Publikation in der Deutschen Nationalbibliografie; detaillierte bibliografische Daten sind im Internet über http://dnb.dnb.de abrufbar.

Dieses Buch ist auf alterungsbeständigem und säurefreiem Papier (TCF nach ISO 9706) gedruckt entsprechend den Frankfurter Forderungen.

verlag regionalkultur
Ubstadt-Weiher · Heidelberg · Speyer · Stuttgart · Basel
Verlag Regionalkultur GmbH & Co. KG
Bahnhofstraße 2 · D-76698 Ubstadt-Weiher
Tel 07251 36703-0 · Fax 07251 36703-29
E-Mail kontakt@verlag-regionalkultur.de · www.verlag-regionalkultur.de